SOMMAIRE

Écrit en 2007 par Lester Brown et préfacé par Nicolas Hulot, *Le Plan B* nous avait alertés sur les menaces effarantes pesant sur notre environnement et sur la civilisation. Il traçait aussi les chemins possibles pour éviter l'effondrement, et nous indiquait les efforts à produire pour nous conduire sur ces chemins.

Quatre ans plus tard, les menaces se sont accrues et encore précisées. Elles se fondent sur une série d'événements dont la gravité frappe d'autant plus l'opinion qu'ils sont visualisés à travers le monde à l'instant même où ils se produisent : inondations, accidents nucléaires, vagues de chaleur, famines, violences ethniques et sociales, répressions sanglantes montrent la fragilité et les sursauts et de la nature, considérablement amplifiés par une activité humaine en proie à la démesure. Ces événements confèrent un caractère anxiogène au monde d'aujourd'hui.

Qu'il s'agisse de l'épuisement des nappes phréatiques, de l'érosion des sols, de l'instabilité climatique, Lester Brown met en lumière l'augmentation vertigineuse de risques accumulés pouvant aller jusqu'à la rupture et ayant dès à présent des effets dévastateurs : pénuries alimentaires, migrations massives de populations fuyant la misère, désagrégation de certains États, diffusion de la violence, crise générale de nos civilisations.

Mais cette crise peut être aussi régénératrice ; là où est le pire, le meilleur peut se développer. Et Lester Brown renforce à cette fin les propositions du Plan B : réorienter les ressources énergétiques, donner une plus grande efficience à leur usage, restaurer notre environnement naturel par une gestion maîtrisée des sols, des forêts et de la mer. Il ne sépare pas ces exigences écologiques d'objectifs économiques et sociaux très ambitieux : stabiliser la population, éradiquer la faim, la misère, l'illettrisme, sauver notre civilisation.

PRÉFACE

Lester Brown insiste sur le lien étroit entre ces objectifs mutuellement dépendants. Il est improbable, dit-il, que l'on puisse atteindre un but sans atteindre les autres. Et il ajoute que l'on ne peut pas y parvenir sans une appréciation exacte de la vérité globale des prix, c'est-à-dire sans incorporer dans ceux-ci les coûts écologiques et sociaux, les désordres induits ou évités par notre activité. Ce n'est malheureusement pas le cas, explique-t-il : « Nous avançons en aveugles dans un système de comptabilité qui nous mène à la faillite. »

La force de conviction de Lester Brown est telle, l'urgence de ses propositions si évidente que l'on est stupéfait devant les hésitations, les retours en arrière d'États qui sont sous la pression d'intérêts financiers. Lester Brown rappelle *a contrario* la rapidité des réactions du président Roosevelt au lendemain du désastre de Pearl Harbor en 1941 : en quelques mois, l'économie subit une réorientation totale. Les géants de l'automobile Ford et General Motors ne sortent plus une seule voiture civile ; ce qui a été réussi pour la guerre, ces transferts massifs de financement qui ont modifié brutalement les objectifs de production et le comportement des consommateurs, ne peuvent-ils être réalisés pour sortir de la crise, éviter le saut dans le gouffre, réorienter l'économie vers la restauration de la nature et la sauvegarde sociale ?

Les chiffres précis avancés par Lester Brown montrent que de tels transferts, aussi radicaux soient-ils, sont réalisables : 75 milliards de dollars par an pour l'ensemble des objectifs sociaux de base (éducation, santé, enfance, condition des femmes…) et 110 milliards de dollars pour la restauration de l'environnement naturel (eau, sols, forêts, milieu maritime, diversité des espèces…) ; chiffres qui doivent être comparés au budget militaire des seuls États-Unis (661 milliards) et du monde (1 522 milliards). Au-delà même de ces dépenses militaires, on pourrait ajouter celles relatives au marketing, à la publicité, au luxe dont une réduction de 10 % permettrait de couvrir les besoins écologiques et sociaux fondamentaux.

Malheureusement, les dirigeants actuels ne songent pas à renverser ou même à réduire cet écart. Ils ne visent qu'à accroître les profits immédiats, quel qu'en soit le prix écologique et social.

Éviter le déclin, la chute de la civilisation, c'est à l'inverse réorienter l'économie vers d'autres modes d'organisation et de gouvernance, c'est la restructurer vers d'autres formes de production et de consommation.

C'est en cela que les initiatives de l'Économie sociale et solidaire rejoignent, voire prolongent le livre de Lester Brown. Elles ne sont pas soumises aux impératifs de profit du capital financier. Elles reposent sur une éthique, sur une gestion démocratique de leur activité. Elles répondent aux besoins pressants – individuels et collectifs – non satisfaits faute de rentabilité suffisante et immédiate, dans un double souci de respect de la nature et d'accessibilité de tous aux services et aux biens qu'elle produit.

Ces initiatives sont de plus en plus nombreuses, significatives et appréciées pour leurs effets régulateurs et réparateurs d'une économie déséquilibrée. Mais elles restent ponctuelles et marginales ; l'opinion ne reconnaît pas encore leur rôle transformateur, leur capacité de réorienter l'économie.

C'est en faisant le lien entre la démonstration de Lester Brown et les outils de l'Économie sociale et solidaire – qui préfigurent, amorcent les restructurations souhaitées – que l'engagement des citoyens prendra corps. Ce mouvement se transformera en volonté politique de rejeter les situations et les risques que font courir les ambitions démesurées du capital financier.

La nature et l'urgence de ces risques, mis en évidence par Lester Brown, nous permettent non seulement de les conjurer mais d'ouvrir de nouveaux espaces de progrès. Elles contribuent à mobiliser nos énergies, à donner force à nos pratiques démocratiques, à élargir le champ d'une économie solidaire de l'humain et de la nature.

Claude Alphandéry, août 2011.

Né en 1922, Claude Alphandéry est le président d'honneur de France Active, premier réseau de finance solidaire en France. Résistant à 18 ans, militant communiste puis directeur de banque, il est devenu le porte-flambeau de l'Économie sociale et solidaire – cette autre économie qui fait passer les hommes, l'environnement et les territoires avant le profit.

Lorsque je rencontre de vieux amis et qu'ils me demandent comment je vais, je leur réponds souvent que moi je vais bien, mais qu'en revanche c'est l'état du monde qui m'inquiète. Leur réaction habituelle est alors de me dire que nous en sommes tous là. Néanmoins, la plupart des gens n'ont qu'un très vague sentiment d'inquiétude vis-à-vis de l'avenir ; pour quelques-uns, la peur se cristallise sur des menaces particulières comme le changement climatique ou la croissance démographique. D'autres ont déjà franchi le pas : pour eux, la question n'est même plus de savoir si notre civilisation est condamnée au déclin par le « *business as usual* », mais quand ce déclin se produira.

Début 2009, John Beddington, premier conseiller scientifique du gouvernement du Royaume-Uni, a déclaré que le monde ferait face d'ici 2030 à une « crise absolue » de pénuries d'eau et de nourriture et à une explosion des prix du pétrole. Ces évènements, associés à l'accélération du changement climatique et aux migrations de masse transfrontaliers, pourraient provoquer des bouleversements majeurs.

Une semaine plus tard, Jonathon Porritt, ancien président de la Commission du développement durable britannique, écrivait dans le *Guardian* qu'il était en accord avec l'analyse de Beddington mais pas avec son calendrier. Pour lui, la crise « frapperait à une date bien plus proche de 2020 que de 2030 ». Il parle de « récession ultime », celle dont il pourrait être impossible de se relever.

Ces estimations de Beddington et Porritt soulèvent deux questions : si nous poursuivons dans la voie du « *business as usual* », combien de temps nous reste-t-il avant que notre civilisation ne se désagrège ? Et comment pouvons-nous la sauver ?

Basculement a été conçu en réponse à ces deux questions. On peut rapidement traiter la première : personne ne sait vraiment de combien de temps

AVANT-PROPOS

nous disposons dans un scénario de type « *business as usual* ». Nous sommes handicapés par la difficulté de comprendre l'évolution d'un processus de croissance exponentielle dans un environnement fini – la Terre. Une petite devinette utilisée en France pour expliquer aux enfants le concept de croissance exponentielle peut aider à se le représenter : un nénuphar n'a qu'une feuille le premier jour, deux le deuxième, puis quatre le troisième, et ce nombre va continuer à doubler chaque jour. Si la mare est recouverte de nénuphars le trentième jour, quand l'aura-t-elle été à moitié ? Le vingt-neuvième jour. Malheureusement pour notre planète surpeuplée, nous pourrions bien être au-delà du trentième jour.

Mon sentiment est que la « crise absolue » ou la « récession ultime » pourrait arriver à n'importe quel moment. Elle sera vraisemblablement déclenchée par un déficit sans précédent des récoltes, provoqué par l'association de canicules destructrices pour les cultures et de la montée des pénuries d'eau du fait de l'assèchement des nappes aquifères. Une telle pénurie de céréales pourrait faire exploser leurs cours très au-delà de toute référence connue, conduisant les principaux pays exportateurs à réduire ou suspendre leurs exportations – comme de nombreux pays l'ont fait suite à la flambée de 2007-2008, et comme l'a fait à nouveau la Russie en réaction à la canicule de 2010. Dans un monde où chaque pays chercherait avant tout à satisfaire ses propres besoins, la confiance, qui est le fondement de notre système économique et financier, commencerait à s'effriter.

Passons maintenant à la seconde question. Que faut-il faire pour inverser les nombreuses tendances environnementales qui sapent l'économie mondiale ? Seule une restructuration de l'économie au moyen d'une mobilisation de grande envergure, et à un rythme de mobilisation de temps de guerre, permettra d'éviter le déclin. Au sein de l'Earth Policy Institute, tout comme dans ce livre, nous l'appelons « Plan B », et sommes convaincus que cette énorme mobilisation, ou quelque chose de très similaire, est notre seul espoir.

Lorsque l'on considère les déficits écologiques qui nous font basculer vers l'abîme, il devient clair que le système de valeurs qui produit ces déficits est aussi le système de valeurs qui est à l'origine des déficits budgétaires croissants de nos États. Nous pensions jusqu'à présent que ce serait à nos enfants de faire face aux conséquences de ces déficits, mais il est maintenant clair que notre génération va être directement concernée. Les déficits écologiques et économiques ne déterminent pas seulement l'avenir, mais aussi le présent.

Il n'est pas facile de se figurer la perspective d'un effondrement sociétal ; et il est tout à l'honneur de Beddington et Porritt d'avoir placé une telle perspective au cœur du débat public. Cette difficulté est en partie due au fait qu'imaginer quelque chose que l'on n'a jamais vécu auparavant est un défi en soi. Même le vocabulaire nous manque. Il est aussi difficile d'en parler car cela ne concerne pas seulement l'avenir de l'humanité de manière abstraite, mais celui de nos familles et de nos amis. Aucune génération avant nous n'a eu à relever un défi d'une telle ampleur, d'une telle urgence et d'une telle complexité.

Mais il y a un espoir. S'il n'y en avait pas, ce livre n'existerait pas. Nous pensons que nous pouvons identifier ce qui doit être fait, et comment le faire.

La transformation qui est l'objectif du Plan B repose sur deux piliers fondamentaux.

Le premier est la restructuration fiscale : il s'agit de réduire l'impôt sur le revenu pour le compenser par une augmentation des taxes sur les émissions de carbone – en prenant en compte les coûts indirects des énergies fossiles, comme le changement climatique et la pollution de l'air. Le taux d'imposition total ne changerait pas.

Le second pilier est la redéfinition de la notion de sécurité pour le XXIe siècle. Les conflits armés ne constituent plus la principale menace qui pèse sur notre avenir ; ce qui nous menace, c'est bien davantage le changement climatique, la croissance démographique, le manque d'eau, la pauvreté, l'augmentation des prix alimentaires, et les États défaillants. Le défi à relever ne consiste pas seulement à redéfinir la sécurité en termes conceptuels, mais aussi à revoir les priorités budgétaires dans l'allocation des ressources afin de réaliser les objectifs du Plan B. Parmi ceux-ci figurent la reforestation, la préservation des sols, la remise en état des ressources halieutiques, l'éducation primaire universelle, et la généralisation de l'accès des femmes aux soins de santé génésique et aux services de planning familial.

Bien que ces objectifs soient conceptuellement simples et facilement compréhensibles, ils resteront difficiles à atteindre. Ils exigeront un énorme effort de la part de chacun d'entre nous. La capacité des industries des énergies fossiles et de l'armement à maintenir le *statu quo* est forte. Mais notre avenir est en jeu. Le vôtre et le mien.

Lester R. Brown, octobre 2010.

Earth Policy Institute
1350 Connecticut Ave. NW
Suite 403
Washington, DC 20036
États-Unis

AU POINT DE BASCULEMENT

Une canicule sans précédent a frappé Moscou durant l'été 2010. La vague de chaleur initiale s'est transformée en véritable fournaise à partir de fin juin et jusqu'à la mi-août. Au milieu de l'été, dans l'ouest de la Russie, la sécheresse et la chaleur étaient si fortes que l'on comptait entre 300 et 400 départs de feu quotidiens. Des millions d'hectares de forêt ont été dévastés, des milliers de maisons incendiées et les cultures desséchées sur pied.

La fumée dégagée par ces incendies a envahi Moscou jour après jour, sans répit. L'air était difficilement respirable pour les personnes âgées et celles souffrant d'insuffisance respiratoire. Le stress lié à la chaleur et à la fumée des incendies a provoqué une augmentation de la mortalité.

À Moscou, la température moyenne a atteint des sommets, dépassant de 8 °C la normale saisonnière. Au cours de la canicule, la température est montée par deux fois au-delà de 38 °C, atteignant des niveaux inconnus des Moscovites. Durant les 7 semaines de cette vague de chaleur, le spectacle des milliers d'incendies a tourné à l'interminable film d'horreur chaque soir au journal télévisé. Ce fut un véritable choc pour les 140 millions d'habitants de la Russie, traumatisés individuellement et collectivement par la catastrophe qui s'était abattue sur leur pays.

Durant cet épisode, la Russie a subi les plus fortes chaleurs enregistrées en 130 années de suivi des températures. Les conséquences en sont très lourdes sur le plan économique. La perte de forêts sur pied et le coût estimé de leur restauration s'élèvent à près de 300 milliards de dollars; des milliers d'agriculteurs se sont retrouvés en situation de faillite.

La récolte de céréales de la Russie est tombée de 100 à 60 millions de tonnes, suite au dessèchement d'une partie des cultures. Récemment classée troisième exportateur mondial de blé, la Russie a interdit les exportations de céréales dans une tentative désespérée de contrôle des prix alimentaires sur son marché intérieur. Entre la mi-juin et la mi-août, le prix mondial du blé a augmenté de 60 %. La sécheresse prolongée et la canicule la plus sévère de l'histoire de la Russie ont fait grimper les prix alimentaires partout dans le monde.

Cependant, certaines informations en provenance de Moscou se sont avérées positives. Le 30 juillet 2010, le président russe Dimitri Medvedev a d'abord annoncé que « pratiquement tout était en feu » dans une grande partie de l'ouest de la Russie. En sueur, il a ajouté que « l'évolution actuelle du climat de la planète doit provoquer une prise de conscience en chacun d'entre nous ». Dans ce qui s'apparente à la conversion tardive d'un malade sur son lit de mort, le président de la Russie venait d'abandonner la position négationniste de son pays face au changement climatique, et avec elle son opposition farouche aux initiatives de réduction des émissions de carbone.

Fin juillet, avant même la fin de l'épisode caniculaire en Russie, des pluies torrentielles se sont abattues sur les montagnes du nord du Pakistan, provoquant des crues de l'Indus, véritable artère du pays, ainsi que de ses affluents. Les digues qui canalisaient le fleuve et permettaient l'exploitation agricole des plaines alluviales se sont rompues. Les inondations ont finalement concerné près d'un cinquième de la surface du pays, ravageant tout sur leur passage.

Quelque 2 millions de logements et 2,5 millions d'hectares de cultures ont été détériorés ou détruits et plus de 20 millions de personnes touchées d'une façon ou d'une autre. Près de 2 000 Pakistanais sont morts et environ un million de têtes de bétail se sont noyées. Routes et ponts ont été emportés. Bien que la responsabilité directe de la catastrophe ait été imputée à ce déluge, d'autres tendances de fond étaient à l'œuvre dans ce qui a été décrit comme la plus grande catastrophe naturelle de l'histoire du Pakistan.

Le 26 mai 2010, la température sous abri avait atteint plus de 53 °C à Mohenjo-Daro[1], au sud de la partie centrale du Pakistan – un record pour l'Asie. Dans l'ouest de l'Himalaya, là où prennent sources les affluents de l'Indus, la chaleur avait provoqué une fonte accélérée de la neige et des glaciers. Comme

1 Ville et site archéologique de l'âge du bronze, dans la vallée de l'Indus.

l'a fait remarquer le glaciologue pakistanais Iqbal Khan, le débit de l'Indus était déjà important du fait de cette fonte avant même l'arrivée des pluies.

La pression exercée par la population du Pakistan sur les ressources naturelles est par ailleurs intense. Les 185 millions d'habitants du pays s'entassent sur une surface représentant 8 % des États-Unis[2]. 90 % des forêts primaires du bassin de l'Indus ont disparu, ce qui obère d'autant leurs capacités d'absorption des eaux de pluie et de réduction du ravinement. De plus, le Pakistan possède un cheptel de 149 millions de têtes (vaches, buffles, chèvres et moutons), bien supérieur aux 103 millions de ruminants des États-Unis. Il en résulte pour ce pays une perte de couvert végétal ; les eaux de pluie créent alors un ruissellement rapide qui érode le sol, envasant les réservoirs et réduisant leur capacité de stockage des eaux en cas de crue.

Il y a plus de 20 ans, le Pakistan a défini sa politique de sécurité nationale en termes principalement militaires ; alors qu'il aurait dû investir dans le reboisement, la protection des sols, l'éducation et le planning familial, il a sacrifié ces secteurs au profit de sa force armée. En 1990, le budget de la Défense représentait 15 fois le budget de l'Éducation et de façon stupéfiante 44 fois celui de la Santé et du Planning familial. En conséquence, le Pakistan est aujourd'hui une puissance nucléaire, mais pauvre, surpeuplée et dévastée sur le plan environnemental, où 60 % des femmes ne savent ni lire ni écrire.

Ce qui est arrivé en Russie et au Pakistan durant l'été 2010 illustre ce qui nous attend tous si le « *business as usual* »[3] perdure. Les médias ont décrit la vague de chaleur russe et les inondations du Pakistan comme des catastrophes naturelles. Mais l'étaient-elles vraiment ? Les climatologues nous disent depuis un certain temps maintenant que l'augmentation des températures pourrait accroître le nombre d'événements climatiques extrêmes. Les écologues prévoient des inondations de plus en plus violentes du fait de l'accroissement de la pression humaine sur les écosystèmes et de la destruction des forêts et des prairies.

---

2 Soit environ une fois et demie la France.

3 *Business as usual* : expression consacrée en anglais qui, dans ce contexte, peut être traduite par « le train-train habituel » ou « la routine habituelle ».

Sur les pas des Sumériens et des Mayas

Les signes indiquant que notre civilisation est en danger se multiplient. Depuis ses origines il y a 6 000 ans, celle-ci s'est presque toujours fondée sur l'exploitation renouvelable des écosystèmes de la planète. Mais au cours des dernières décennies, l'humanité a dépassé le niveau de prélèvement que ces écosystèmes peuvent supporter de façon durable – celui de leur capacité de renouvellement. Nous sommes en train de liquider les « actifs » naturels de la Terre pour alimenter notre consommation. La moitié de la population mondiale vit dans des pays où les nappes phréatiques baissent et où les puits sont en cours d'assèchement. L'érosion des sols dépasse leur régénération sur un tiers de la surface agricole de la planète, dégradant leur fertilité. Les troupeaux de bovins, de chèvres et de moutons – en nombre toujours croissant à l'échelle mondiale – transforment en déserts d'immenses étendues de prairies. Les forêts disparaissent au rythme de plus de 5 millions d'hectares par an pour libérer de nouvelles surfaces agricoles ou pour fournir du bois d'œuvre et de la pâte à papier. Les quatre cinquièmes des ressources halieutiques océaniques sont soit exploitées au maximum de leur capacité, soit en régime de surpêche, menant tout droit à leur épuisement.

Pendant ce temps, notre consommation massive de combustibles fossiles augmente la concentration de dioxyde de carbone (CO_2) dans l'atmosphère et provoque une élévation continue de la température de la planète ; en retour, celle-ci produit une augmentation de fréquence et d'intensité des événements climatiques extrêmes, tels que des vagues de chaleur qui brûlent les cultures, des sécheresses de plus en plus fortes, des inondations toujours plus sévères et des tempêtes terriblement destructrices.

L'augmentation de la température du globe provoque également la fonte des calottes polaires et des glaciers. L'inlandsis groenlandais fond de plus en plus vite ; sa disparition totale provoquerait l'inondation des rizières situées dans les deltas des fleuves asiatiques et celle de nombreuses villes côtières partout dans le monde. C'est par ailleurs la fonte des glaciers de l'Himalaya et du plateau Tibétain qui aide à maintenir durant la saison sèche le débit des principaux fleuves en Inde et en Chine – Gange, Yang-

Tseu-Kiang et Fleuve Jaune – et qui alimente les systèmes d'irrigation qui en dépendent.

Avec l'accroissement de volume de l'économie mondiale, les pressions excessives sur les écosystèmes, qui ne se sont longtemps fait ressentir qu'au niveau local, apparaissent maintenant comme un problème mondial. Dans une étude menée en 2002, un groupe de scientifiques dirigé par Mathis Wackernagel a entrepris de mesurer l'ensemble des pressions sur les ressources naturelles terrestres – y compris la surconcentration de CO_2 dans l'atmosphère – au moyen d'un seul indice, l'empreinte écologique. Les auteurs ont conclu que la demande collective de l'humanité a dépassé pour la première fois les capacités de régénération de la planète autour de 1980. En 1999, ce dépassement s'élevait à 20 % de la production renouvelable. Les calculs en cours montrent qu'il a dû atteindre 50 % en 2007. En d'autres termes, il nous faudrait une planète et demie pour faire face à notre niveau de consommation actuelle. Les spécialistes de l'environnement et des écosystèmes parlent d'un dépassement de capacité pour qualifier ce phénomène. Les indicateurs environnementaux montrent que l'érosion des écosystèmes qui constituent les fondements de notre économie est largement en cours – une dégradation de notre environnement qui conduit au déclin économique et à l'effondrement sociétal.

Aucune civilisation du passé n'a survécu à la destruction continue de son écosystème. Nous n'y survivrons pas non plus. Les économistes voient pourtant le futur sous un angle totalement différent. En basant principalement leurs indicateurs de progrès sur des statistiques économiques, ils considèrent que le décuplement de la taille de l'économie enregistré depuis les années 1950 et la progression associée du niveau de vie constituent la plus belle réussite de notre civilisation moderne. Au cours de cette période, et à l'échelle mondiale, les revenus par personne ont presque quadruplé, propulsant le niveau de vie à des hauteurs inimaginables auparavant. La croissance annuelle de l'économie se mesurait il y a un siècle en milliards de dollars ; elle se mesure aujourd'hui en milliers de milliards de dollars. Aux yeux des économistes néoclassiques, le monde n'a pas seulement un glorieux passé économique mais également un futur prometteur.

Ces économistes voient la récession économique globale de 2008-2009 et le quasi-effondrement du système financier international qui s'en est suivi comme un simple incident de parcours, même s'il est d'ampleur exceptionnelle, avant un retour à une croissance normale. Les prévisions de croissance économique, qu'elles proviennent de la Banque mondiale, de Goldman Sachs ou de la Deutsche Bank se basent toutes sur une expansion de l'économie mondiale de 3 % par an. À ce rythme, la sphère économique pourrait facilement avoir doublé en 2035 par rapport à son niveau de 2010. Sur de telles bases, la croissance économique à venir est plus ou moins une extrapolation de celle observée lors des dernières décennies.

Comment en est-on arrivé à cette vision si manifestement aux antipodes de la réalité environnementale ? L'économie de marché mondiale est en péril du fait de son mode de gestion actuel. Le marché est une institution qui fonctionne bien sur de nombreux plans ; il permet d'attribuer les ressources avec une efficacité qu'aucun système centralisé ne pourrait planifier et encore moins réaliser. Mais l'expansion de l'économie mondiale, d'un facteur 20 au cours du dernier siècle, a révélé une défaillance qui sonnera le glas de notre civilisation en l'absence de correction majeure.

En omettant des coûts indirects (ou externalités) qui dans certains cas dominent totalement les coûts directs, le marché crée une distorsion fondamentale dans le mécanisme de formation des prix. Prenons le cas de l'essence : pomper le pétrole, le raffiner en carburant et livrer ce dernier dans les stations-service américaines peut coûter de l'ordre de 0,80 dollar par litre. Les coûts indirects, dont le changement climatique, le traitement des maladies respiratoires, les marées noires et la présence militaire des États-Unis au Moyen-Orient pour sécuriser l'accès au pétrole représentent au total plus de 3 dollars supplémentaires par litre. Un calcul similaire peut être fait pour le charbon.

Notre système de comptabilité nous enferme dans une fiction. Ne pas tenir compte de coûts aussi colossaux dans un bilan conduit tout droit à la faillite. De même, la faillite de l'économie mondiale et à terme de notre civilisation elle-même est inscrite dans les évolutions environnementales actuelles. La baisse actuelle des nappes phréatiques est un indicateur de l'augmentation future des prix alimentaires ; la fonte des calottes polaires est un prélude à la baisse de valeur de l'immobilier en zone côtière.

Plus gravement encore, le courant de pensée économique dominant ne porte guère d'attention à la notion de seuil de production durable des écosystèmes. Les modalités modernes de la décision économique et politique ont créé une économie tellement déconnectée de son environnement qu'elle est menacée d'effondrement. Comment pouvons-nous supposer que la croissance d'un système économique fondé sur la destruction des forêts, l'érosion des sols, l'épuisement des nappes aquifères, l'effondrement de ses ressources halieutiques, le réchauffement climatique et la fonte des glaces, puisse simplement se prolonger dans le futur ? Quel processus intellectuel peut justifier de telles extrapolations ?

L'économie en tant que discipline scientifique doit effectuer sa révolution copernicienne. À une époque où l'on croyait que le Soleil tournait autour de la Terre, Copernic a dû formuler une nouvelle vision du monde céleste, fondée sur des décennies d'observations et de calculs astronomiques. De même, la contrainte écologique nous impose d'élaborer un nouveau paradigme économique fondé sur plusieurs décennies d'observations et d'analyses environnementales.

L'archéologie nous apprend que la disparition d'une civilisation n'est jamais le fruit du hasard, mais résulte d'un processus de déclin et d'effondrement. Un effondrement économique et social est presque toujours précédé d'une période de déclin environnemental. Suivant les cas, ce déclin s'explique soit par une cause environnementale unique, soit par une multiplicité de facteurs environnementaux. Pour la civilisation sumérienne, l'augmentation de la concentration de sel dans le sol, provoquée par un défaut dans la conception de leur système d'irrigation par ailleurs remarquable, a été le facteur décisif. Cette salinisation progressive a conduit à une baisse des rendements en blé ; les Sumériens ont alors remplacé le blé par l'orge, céréale plus tolérante au sel. Lorsque finalement les rendements de l'orge se sont mis eux aussi à décliner, la civilisation sumérienne a disparu.

L'archéologue Robert McC. Adams décrit le site de l'ancienne civilisation sumérienne de la plaine alluviale de l'Euphrate, sur l'actuel territoire irakien, comme une région vide, désolée et impropre à toute exploitation agricole : « La végétation est clairsemée voire inexistante en de nombreux endroits. Et pourtant, c'est ici même que battait autrefois le cœur de la plus ancienne civilisation urbaine fondée sur l'écriture. »

Dans le cas de la civilisation maya, le déclin s'explique par la déforestation et l'érosion des sols. L'expansion de l'empire maya a nécessité un défrichement continu et les rendements agricoles ont été affectés par l'érosion induite des sols tropicaux. Une équipe de scientifiques de la NASA a constaté que ce défrichage extensif a vraisemblablement altéré le climat régional, en réduisant la pluviométrie. Les scientifiques suggèrent en fait que les crises alimentaires qui ont causé la chute de la civilisation maya résultent de la conjonction de plusieurs causes environnementales et de l'amplification mutuelle d'une partie d'entre elles.

Bien que nous vivions dans une société très urbanisée et technologiquement avancée, nous sommes tout aussi dépendants des écosystèmes terrestres que l'étaient les Sumériens ou les Mayas. Si l'activité économique se poursuit sans changement – *business as usual* –, la question ne sera plus de savoir *si*, mais *quand* notre civilisation s'effondrera elle aussi. Notre économie détruit les écosystèmes et nous a conduits sur la voie du déclin et de l'effondrement. Nous sommes dangereusement proches du point de basculement. Peter Goldmark, ancien président de la fondation Rockefeller, l'exprime on ne peut plus clairement : « La mort de notre civilisation n'est plus une théorie ou une possibilité abstraite, c'est le chemin sur lequel nous nous sommes engagés. »

Pénuries et défaillances

D'un point de vue archéologique, il semble bien que les pénuries alimentaires constituent la plupart du temps un accélérateur de déclin et d'effondrement des civilisations anciennes. Les progrès effectués grâce à la modernisation de l'agriculture m'ont longtemps fait rejeter l'idée que la sécurité alimentaire pouvait au XXIe siècle constituer le maillon faible de notre civilisation.

Aujourd'hui je pense au contraire que cette idée n'est plus seulement une éventualité, mais une certitude.

Alors que nous commençons à ressentir les premiers effets de la surconsommation des ressources de la planète, notamment par l'augmentation des prix alimentaires, la dure réalité de notre situation pourrait rapidement devenir plus évidente aux yeux des économistes du courant dominant. Nous en avons eu un aperçu début 2007 lorsque les prix du blé, du riz, du maïs et du soja ont commencé à grimper pour atteindre au printemps 2008 un cours trois fois supérieur à l'historique du cours. Cette hausse a été provoquée par l'augmentation continue de la demande mondiale en céréales conjointement à une réduction des approvisionnements. Seule la conjonction de la pire récession économique globale depuis la crise de 1929 et d'une récolte mondiale exceptionnelle en 2008 a permis, au moins jusqu'à maintenant, de maîtriser l'augmentation de prix des céréales. Depuis 2008, les prix sur le marché mondial ont quelque peu baissé, mais en octobre 2010, suite à la désastreuse récolte de blé russe, les cours avaient déjà presque doublé par rapport à leur moyenne historique et continuaient de progresser.

La tendance la plus alarmante sur le plan social est celle de la progression de la faim dans le monde. Le nombre de personnes souffrant régulièrement de famine ou de malnutrition a diminué au cours des dernières décennies du XXe siècle, atteignant un minimum de 788 millions en 1996. Cette tendance s'est inversée depuis, lentement d'abord; puis le détournement de quantités massives de céréales pour la production d'agrocarburants a induit un doublement de croissance de la demande en céréales, et la progression de la faim dans le monde s'est accélérée. En 2008, plus de 900 millions d'êtres humains étaient frappés par ce fléau et le cap du milliard a été franchi en 2009. L'Organisation des Nations unies pour l'agriculture et l'alimentation – la FAO – prévoyait une baisse du nombre de personnes souffrant de la faim en 2010, mais la canicule en Russie et l'augmentation des prix des céréales qu'elle a entraînée semblent avoir ruiné cet espoir.

Ces évolutions sont préoccupantes non seulement sur le plan humanitaire mais aussi parce que le développement des famines a été un phénomène précurseur dans le processus d'effondrement de toutes ces civilisations anciennes dont nous étudions aujourd'hui les sites archéologiques. En se basant sur la famine comme indicateur de déclin et d'effondrement, il apparaît que notre propre civilisation est engagée sur cette trajectoire depuis plus de 10 ans.

Du fait de l'augmentation des atteintes à l'environnement et des tensions économiques et sociales, les gouvernements les plus fragiles sont confrontés à de réels défis. La croissance démographique mondiale entraîne la raréfaction des terres arables, l'assèchement des puits, la disparition des forêts, l'érosion des sols, la montée du chômage et la progression des famines. Dans ces conditions, les gouvernements les plus faibles perdent leur crédibilité et leur capacité à gouverner. Ils deviennent des États défaillants, des pays dont les gouvernements ne peuvent plus assurer la sécurité individuelle, l'approvisionnement de la population ou les services sociaux de base, comme l'instruction ou l'accès aux soins. La Somalie, par exemple, n'est plus aujourd'hui qu'un territoire sur une carte et non plus un « État-nation » au sens littéral du terme.

La dénomination « État défaillant » ne fait que depuis peu partie de notre vocabulaire. Parmi les nombreux gouvernements fragilisés par la montée des tensions figurent ceux d'Afghanistan, d'Haïti, du Nigeria, du Pakistan et du Yémen. La liste des États défaillants s'allonge chaque année et soulève une question dérangeante : combien de défaillances d'États notre civilisation pourra-t-elle supporter avant de sombrer elle-même dans le chaos ?

Combien de temps pourrons-nous rester encore dans cette phase de déclin tant du point de vue de la liquidation de notre patrimoine naturel et de l'extension de la famine que de celui de la multiplication des États défaillants, avant que notre civilisation ne commence à se désagréger ? Même si nous prenons en main la question de la pénurie des ressources, la population mondiale continue d'augmenter. Chaque soir, ce sont 219 000 personnes supplémentaires qui s'attablent en attente d'un dîner ; un grand nombre s'installe devant une assiette vide.

Si nous continuons comme si de rien n'était, de combien de temps disposons-nous avant un sérieux effondrement de l'économie globale ? C'est une question à laquelle il est impossible de répondre : nous avançons en territoire inconnu. Mais si nous poursuivons sur cette trajectoire, le temps qu'il nous reste se compte vraisemblablement en années et non en décennies. Nous sommes désormais si proches du point de basculement que celui-ci peut être franchi à tout moment. Que se serait-il passé, par exemple, si la canicule de 2010 s'était produite à Chicago plutôt qu'à Moscou ? En volume, une baisse de 40 % de la récolte russe (100 millions de tonnes) représente au niveau mondial un déficit de 40 millions de tonnes de céréales ; mais une baisse de 40 % de la récolte des États-Unis, bien plus importante (400 millions de tonnes), aurait conduit à un déficit de 160 millions de tonnes.

Les stocks tampons de céréales pour 2011 – la quantité restant en stock au début de la nouvelle récolte – sont passés, du fait de la canicule russe, de l'équivalent de 79 à 72 jours de consommation mondiale. Cette valeur aurait chuté à 52 jours de réserve si la canicule s'était produite à Chicago, un niveau plancher jamais enregistré, bien inférieur aux 62 jours de réserve qui ont créé les conditions du triplement du prix des céréales en 2007-2008.

En bref, si la canicule russe avait frappé la région de Chicago avec ses 8 °C au-dessus des normales saisonnières, elle aurait provoqué un chaos sans précédent sur le marché céréalier mondial. Le cours des céréales aurait atteint des niveaux inimaginables. Certains pays exportateurs auraient réduit ou interdit leurs exportations pour tenter de contenir les prix sur leur marché intérieur, comme ils l'avaient fait en 2007-2008. Les journaux télévisés du soir auraient été saturés par des reportages consacrés aux émeutes de la faim dans les pays pauvres importateurs et aux chutes de gouvernements provoquées par la progression des famines. Les pays importateurs de céréales et exportateurs de pétrole auraient tenté d'échanger du pétrole contre des céréales. Les pays pauvres importateurs de céréales auraient tout perdu. L'économie globale aurait commencé à se désintégrer avec la chute de ces gouvernements et la perte de confiance dans le marché mondial des céréales.

La stabilité des prix alimentaires dépend désormais de la capacité du système agricole mondial à engranger chaque année une récolte exceptionnelle ou presque. Par ailleurs, le changement climatique n'est pas le seul danger pesant sur la sécurité alimentaire globale. La multiplication des pénuries d'eau constitue également une menace alarmante, peut-être encore plus critique et immédiate en termes de sécurité alimentaire et de stabilité politique.

L'irrigation gonfle artificiellement la production de céréales en asséchant les nappes aquifères. Les « bulles alimentaires » qui en résultent commencent à éclater, avec pour conséquence une baisse de production de ce type d'agriculture. La première bulle alimentaire a explosé en Arabie saoudite : sa récolte de blé de 3 millions de tonnes est virtuellement en train de disparaître du fait de l'assèchement de ses réserves aquifères fossiles. Il existe au moins 17 autres pays présentant des bulles alimentaires similaires, toutes liées au « surpompage » de l'eau.

Cette perte des quelque 3 millions de tonnes de blé saoudien ne représente que moins de 1 % de la production mondiale de blé. Mais des pertes bien plus grandes sont à craindre dans d'autres pays. D'après la Banque mondiale, l'alimentation de 175 millions d'Indiens et de 130 millions de Chinois est liée directement à une production céréalière alimentée par le surpompage. Nous ignorons quand ces bulles alimentaires vont éclater, mais nous savons que cet éclatement peut désormais se produire à tout moment.

Comme l'irrigation au niveau mondial a atteint ses limites ou est en passe de le faire, nous allons entrer dans une époque de compétition intense pour les ressources en eau. En conséquence, il va devenir beaucoup plus difficile d'augmenter la production alimentaire mondiale à un rythme suffisant pour éviter une augmentation des prix. Entre un accroissement démographique annuel de 80 millions de personnes et des réserves en eau qui s'épuisent, une civilisation globale comme la nôtre pourrait connaître d'insurmontables difficultés.

Quand les bulles alimentaires liées à la surexploitation des réserves en eau exploseront dans de grands pays comme la Chine et l'Inde, les prix des denrées alimentaires à travers le monde vont nécessairement repartir à la hausse. Les plus pauvres, qui consacrent déjà l'essentiel de leurs revenus à leur alimentation et peuvent le moins se permettre une augmentation de leurs dépenses, n'auront pas d'autre choix que de réduire leurs rations journalières. Aujourd'hui même, de nombreuses familles tentent de survivre avec un seul repas par jour. Ceux qui sont en bas de l'échelle de l'économie mondiale et ne s'y agrippent que par le bout des doigts pourraient commencer à lâcher prise.

Les pics du pétrole et de l'eau peuvent survenir à peu près au même moment, rendant d'autant plus complexe la tâche qui nous attend. Sur ce point, je partage totalement l'opinion de Fatih Birol, économiste en chef à l'Agence internationale de l'énergie : « Nous devrions lâcher le pétrole avant qu'il ne nous lâche. » Une réduction graduelle de notre consommation de pétrole, suffisamment rapide pour stabiliser le climat, faciliterait une transition organisée vers une économie « décarbonée » et centrée sur les énergies renouvelables. Dans le cas contraire, nous devrons faire face à une intensification de la compétition entre pays pour la sécurisation de leur accès aux réserves pétrolières en baisse et à la réduction de leur vulnérabilité permanente aux évolutions du prix du baril. De plus, le prix des céréales est dorénavant lié à celui du pétrole depuis le développement d'une filière de transformation des céréales en énergie – c'est-à-dire en éthanol. Une augmentation du prix du pétrole signifie une augmentation du prix des denrées alimentaires.

Une fois les pics du pétrole et de l'eau atteints, la croissance démographique conduira irrémédiablement à une baisse rapide par habitant de l'accès à ces deux ressources. Comme l'eau et le pétrole sont essentiels à la production agricole, les effets de ces pics sur l'approvisionnement alimentaire pourraient laisser de nombreux pays en proie à des tensions ingérables. Celles-ci viendront s'ajouter aux menaces posées par une instabilité climatique croissante. Comme le dit William Hague, le ministre britannique des Affaires étrangères et ancien chef de file du Parti conservateur, « sans sécurité climatique, il est impossible de garantir la sécurité alimentaire, hydrique et énergétique ».

Une nouvelle sécurité

Cette situation nous pousse notamment à redéfinir la notion de sécurité en fonction des spécificités du XXIe siècle. Le temps où les forces militaires étrangères constituaient la principale menace est maintenant révolu. Les périls d'aujourd'hui sont l'instabilité climatique, l'extension des pénuries d'eau, la croissance démographique continue, la montée de la faim et l'accroissement du nombre d'États défaillants. Mettre en œuvre de nouvelles priorités fiscales et budgétaires pour faire face à ces nouveaux dangers est le défi que nous devons relever.

Nous sommes confrontés à des questions d'une complexité quasi insurmontable et d'une urgence sans précédent. Parviendrons-nous à raisonner de façon systématique et à élaborer les politiques qui s'imposent ? Pourrons-nous réagir suffisamment vite pour éviter le déclin puis l'effondrement économique ? Pourrons-nous changer de direction avant d'avoir franchi le point de basculement ?

Nous sommes engagés dans une course qui voit se confronter la politique et la nature, sans savoir où se situent les limites de la nature. Or c'est elle qui fixe les règles du jeu. La nature est le maître du temps mais nous n'avons pas accès à son horloge.

L'idée que notre civilisation est en danger de mort n'est pas un concept facile à appréhender ou à accepter. Il nous est difficile d'imaginer une chose que nous n'avons jamais vécue. Les mots nous manquent et plus encore l'expérience pour en débattre.

Afin de nous aider à comprendre comment nous sommes arrivés si près du point de basculement, les parties I et II de cet ouvrage décrivent en détail les tendances que nous venons d'aborder, c'est-à-dire la liquidation en cours des richesses de la planète, l'augmentation du nombre de personnes souffrant de la faim et l'accroissement du nombre d'États défaillants.

La destruction des écosystèmes dont dépend l'économie et le bouleversement du climat rapprochent le monde de ce point de basculement ; ce sont ces tendances qui doivent être inversées. Cet objectif réclame des mesures extraordinairement exigeantes, faisant évoluer rapidement notre système vers ce que nous appelons au sein de l'Earth Policy Institute « le Plan B ». C'est l'objet de la partie III de cet ouvrage.

Ce Plan B, d'une échelle et d'une urgence comparables à celles de la mobilisation des États-Unis lors de la Seconde Guerre mondiale, comprend quatre volets : une réduction de 80 % des émissions globales de carbone d'ici 2020, la stabilisation de la population mondiale au-dessous de 8 milliards d'ici 2040, l'éradication de la pauvreté à l'échelle planétaire, et enfin la restauration des forêts, des sols, des nappes aquifères et des ressources halieutiques.

Les émissions de carbone peuvent être réduites en augmentant de façon méthodique l'efficacité énergétique mondiale, en restructurant les systèmes de transport et en passant de la combustion des ressources fossiles à l'exploitation des richesses de la planète en matière d'énergies éolienne, solaire et géothermique. La transition entre combustibles fossiles et énergies renouvelables peut être en grande partie réalisée grâce à une restructuration fiscale, en baissant progressivement les impôts sur le revenu et en compensant cette réduction par une augmentation des taxes sur les émissions de carbone.

Les deux composantes du Plan B relatives à la stabilisation de la population et à l'éradication de la pauvreté vont de pair et se renforcent mutuellement. Elles impliquent l'accès à l'instruction, au moins jusqu'à l'école primaire, de tous les enfants, filles ou garçons. Elles induisent aussi une couverture de soins universelle – d'un niveau au moins équivalent à celui qui peut être assuré dans un dispensaire de village – afin d'augmenter la confiance des parents dans les perspectives qu'ont leurs enfants d'atteindre l'âge adulte. Enfin, les femmes doivent pouvoir partout accéder aux soins de santé génésique et aux services de planning familial.

Le quatrième volet du Plan B, relatif à la restauration des écosystèmes et des ressources naturelles, implique par exemple une initiative d'envergure mondiale pour stabiliser le niveau des nappes phréatiques par l'optimisation de l'utilisation de l'eau. Cela nécessite un passage conjugué à des systèmes d'irrigation plus efficaces et à des cultures moins exigeantes en eau et, pour les zones urbaines et l'industrie, une généralisation du recyclage de l'eau en circuit fermé. Il est temps d'interdire la déforestation à travers le monde, comme certains pays l'ont déjà fait et de planter des milliards d'arbres pour séquestrer le carbone. Nous devons mettre en œuvre un effort mondial de protection des sols comparable à ce que fut la réaction des États-Unis au *Dust Bowl*[4] dans les années 1930.

---

4 Série de tempêtes destructrices qui ont touché, pendant les années 1930, la région des Grandes Plaines aux États-Unis et au Canada. Voir également le chapitre 3.

L'Earth Policy Institute a calculé qu'il faudrait moins de 200 milliards de dollars de dépenses annuelles pour stabiliser la population, éradiquer la pauvreté et restaurer les écosystèmes sur lesquels repose notre système économique. Ces sommes représentent un huitième des dépenses militaires mondiales. Le budget du Plan B, qui couvrirait les mesures nécessaires pour prévenir l'effondrement de notre civilisation, peut être considéré comme une réponse à la hauteur des enjeux de sécurité du XXIe siècle, face auxquels une conception strictement militariste a montré ses limites.

La situation à laquelle le monde fait face aujourd'hui est bien plus urgente que la crise économique de 2008-2009. Ce n'est plus une bulle immobilière née aux États-Unis qui assombrit notre avenir, mais une bulle alimentaire liée à la surexploitation des réserves hydriques et au labourage excessif. Ces incertitudes alimentaires sont amplifiées par l'instabilité climatique et la possibilité d'événements météorologiques extrêmes. Le défi que nous devons relever n'est pas seulement de mettre en œuvre le Plan B, mais de le faire dans un délai suffisamment court pour inverser à temps le processus d'effondrement dans lequel nous sommes engagés.

Une chose est sûre, nous sommes face à un changement d'une ampleur sans précédent dans l'histoire humaine. Nous ignorons quelle sera l'origine de ce changement. En resterons-nous au « *business as usual* » qui nous fera entrer dans une période de déclin économique et de chaos grandissant ? Ou saurons-nous modifier nos priorités – à un rythme comparable à celui d'une mobilisation en temps de guerre – pour amener le monde sur une voie économique assurant la pérennité de notre civilisation ?

Données, références bibliographiques, notes de lectures et ressources documentaires complémentaires sont accessibles en langue anglaise sur le site web du Earth Policy Institute : ***www.earth-policy.org*** *; et partiellement en langue française sur le site web d'Alternative planétaire :* ***www. alternativeplanetaire.org***

PARTIE I

DES FONDEMENTS DÉGRADÉS

BAISSE DES NAPPES PHRÉATIQUES
ET DIMINUTION DES RÉCOLTES

L'embargo imposé par les pays arabes exportateurs de pétrole dans les années 1970 n'a pas seulement affecté l'approvisionnement en pétrole en provenance du Moyen-Orient. Les Saoudiens ont alors découvert que leur forte dépendance aux importations de céréales les exposait à un « contre-embargo ». Ils se lancèrent dans la production de blé par irrigation en exploitant dans le désert une nappe aquifère très profonde à l'aide de techniques de forage pétrolier. En quelques années, l'Arabie saoudite est devenue autosuffisante en blé, son principal aliment de base.

Mais après plus de 20 ans d'autosuffisance céréalière, les Saoudiens ont annoncé en janvier 2008 que cette nappe aquifère était quasiment épuisée et qu'ils devaient progressivement arrêter leur production de blé. Entre 2007 et 2010, leur récolte, qui atteignait les 3 millions de tonnes, a chuté de plus des deux tiers. À ce rythme, les Saoudiens récolteront leur dernière moisson en 2012 et redeviendront dépendants des importations pour nourrir une population de près de 30 millions de personnes.

Deux facteurs expliquent cet arrêt brutal de la culture du blé en Arabie saoudite. Tout d'abord, c'est un pays aride où il est impossible de pratiquer l'agriculture sans irrigation. D'autre part, l'irrigation elle-même dépend presque entièrement de cette nappe aquifère fossile qui, contrairement à la plupart des nappes phréatiques, ne se recharge pas naturellement grâce aux précipitations. Quant au dessalement de l'eau de mer mis en place par l'Arabie saoudite pour l'alimentation en eau potable de ses villes, il est beaucoup trop coûteux pour un usage agricole.

Les Saoudiens ont réagi à ce retour de la dépendance alimentaire vis-à-vis de l'étranger en achetant ou louant des terres dans plusieurs autres pays, dont l'Éthiopie et le Soudan. L'Arabie saoudite envisage désormais d'assurer sa sécurité alimentaire à partir des ressources en eau et en terre arable d'autres pays – qui figurent pourtant parmi les plus exposés à la sous-alimentation.

Au Yémen voisin, les nappes phréatiques renouvelables sont pompées bien au-delà de leur taux de recharge et les nappes aquifères fossiles s'épuisent elles aussi très rapidement. En conséquence, le niveau des nappes phréatiques baisse dans tout le pays d'environ 2 mètres par an. À Sanaa – la capitale de 2 millions d'habitants –, l'eau courante n'est disponible qu'un jour sur 4 ; à Taiz, au sud du pays, ce n'est qu'un jour sur 20.

L'alimentation en eau du Yemen, dont la croissance démographique est l'une des plus élevées au monde, pose chaque jour un problème plus aigu. Entre des nappes phréatiques en baisse et une demande en progression constante, la récolte de céréales a reculé d'un tiers au cours des 40 dernières années. Les Yéménites importent désormais plus de 80 % de leurs céréales. Considéré comme le plus pauvre des pays arabes, le Yémen voit son avenir plus que compromis, entre de faibles exportations pétrolières, qui vont en diminuant, une industrie pratiquement inexistante, et près de 60 % d'enfants souffrant de malnutrition et chroniquement de sous-alimentation.

Il semble inévitable que l'épuisement des nappes aquifères – provoquant par contrecoup une baisse des récoltes et une généralisation du manque d'eau et de nourriture – conduise à l'effondrement social du pays. Cet État défaillant pourrait bien se transformer en une mosaïque de fiefs tribaux, en guérilla permanente les uns contre les autres pour le contrôle des dernières ressources en eau. Et il est à craindre que ces conflits internes débordent alors au-delà de la frontière avec l'Arabie saoudite, très étendue et non surveillée.

Si ces deux pays représentent des cas extrêmes, de nombreux autres États sont également confrontés à de sérieuses difficultés d'approvisionnement en eau. Le déficit mondial en eau douce est aujourd'hui considérable ; c'est un problème en grande partie invisible, historiquement récent et en progression rapide. La moitié de la population mondiale vit dans des pays où les réserves diminuent par surexploitation des nappes aquifères. Aussi un manque d'eau peut rapidement se transformer en pénurie alimentaire puisque 70 % des prélèvements mondiaux en eau douce sont destinés à l'agriculture irriguée.

Les limites de l'irrigation

Le déficit global en eau résulte du triplement de la demande au cours du dernier demi-siècle, couplé à la généralisation, au niveau mondial, de l'usage de pompes diesel et électriques à haut débit. L'avènement de ces équipements a permis aux agriculteurs de pomper l'eau des nappes aquifères au-delà de leur taux de recharge naturel par les eaux pluviales.

Du fait de l'explosion de la demande mondiale en denrées alimentaires, des millions d'agriculteurs ont augmenté leur production en forant de nouveaux puits destinés à l'irrigation. En l'absence de contrôle gouvernemental, beaucoup trop de puits ont été creusés. De fait, les nappes phréatiques chutent et les puits s'assèchent dans près de 20 pays, y compris la Chine, l'Inde et les États-Unis, qui totalisent à eux trois 50 % de la production céréalière mondiale.

Le pompage excessif pour l'irrigation accroît temporairement la production alimentaire, mais la bulle ainsi créée éclate lorsque la nappe aquifère est épuisée. La diminution potentielle de l'approvisionnement en eau d'irrigation est très préoccupante puisque 40 % de la récolte mondiale de céréales provient de terres irriguées. Pour ne citer que les trois plus grands pays producteurs de céréales, environ un cinquième de la récolte de céréales des États-Unis dépend de l'irrigation, contre trois cinquièmes en Inde et quatre cinquièmes en Chine.

L'irrigation est alimentée soit par des eaux souterraines soit par des eaux de surface. Les eaux souterraines proviennent de nappes aquifères qui sont, pour la plupart, régulièrement reconstituées par les précipitations ; ces nappes peuvent en principe être pompées indéfiniment, aussi longtemps que le rythme d'extraction ne dépasse pas la capacité de recharge. Il existe toutefois un petit nombre de nappes aquifères fossiles où l'eau est stockée depuis des temps géologiques. Comme celles-ci ne se rechargent pas, l'irrigation qu'elles permettent s'arrête dès qu'elles sont asséchées. La réserve d'Ogallala, située sous les Grandes Plaines américaines, celle d'Arabie Saoudite décrite plus haut ou encore la nappe profonde de la grande plaine du nord de la Chine comptent parmi les nappes fossiles les plus vastes du monde.

Les eaux de surface sont généralement stockées dans des lacs de barrage et transportées vers les cultures par un réseau de canaux. Historiquement, et notamment de 1950 au milieu des années 1970, période de construction de nombreux grands barrages à travers le monde, ces eaux de surface ont constitué le principal moyen d'augmenter les surfaces irriguées à l'échelle mondiale. Cependant, durant les années 1970, alors que se réduisait le nombre de sites propices à la construction de nouveaux barrages, l'extension de l'irrigation s'est faite non plus par l'utilisation des eaux de surface mais par pompage des eaux souterraines.

Par ailleurs, s'ils en ont la possibilité, les agriculteurs préfèrent disposer de leurs propres puits. Ils peuvent ainsi décider du moment idéal pour irriguer les cultures et des quantités d'eau utilisées. Ils échappent au fonctionnement plus rigide et centralisé des grands réseaux de canaux d'irrigation, et leurs rendements sont meilleurs.

Comme la demande mondiale en céréales n'a cessé de grimper, les puits d'irrigation se sont multipliés sans que soit considérée la capacité de recharge des nappes aquifères qui les alimentent. En conséquence, les nappes phréatiques sont en baisse et des millions de puits d'irrigation sont à sec ou sur le point de le devenir.

L'émergence d'une pénurie mondiale en eau d'irrigation présente deux caractéristiques plutôt effrayantes. D'une part, les nappes phréatiques baissent simultanément dans de nombreux pays. D'autre part, une fois que la demande en eau dépasse le taux de recharge de ces nappes, non seulement s'épuisent-elles un peu plus chaque année, mais le déficit s'accélère : comme la demande en eau augmente de manière exponentielle, notamment du fait de la croissance démographique, le déclin des nappes aquifères est lui aussi exponentiel. Une baisse annuelle, initialement à peine perceptible, se transforme en une chute brutale.

Cette érosion des capacités d'irrigation est un phénomène particulièrement préoccupant pour les trois grands pays producteurs de céréales – les États-Unis, l'Inde et la Chine. Jusqu'à présent, ces pays ont réussi à éviter des baisses de récoltes au niveau national, mais la surexploitation continue des nappes aquifères pourrait bientôt changer la donne.

Dans les principaux états américains ayant recours à l'irrigation, la surface irriguée a déjà atteint son maximum et commence à régresser. En Californie, où le recours à l'irrigation a toujours été plus systématique que dans d'autres parties des États-Unis, l'effet combiné de l'épuisement des nappes aquifères et du détournement de l'eau d'irrigation vers les zones urbaines en croissance rapide, a conduit à une réduction de la superficie des terres irriguées, qui est passée de 3,6 millions d'hectares en 1997 à environ 3 millions en 2010. Au Texas, la surface irriguée, dont le maximum était de 2,8 millions d'hectares en 1978, est retombée à quelque 2 millions d'hectares lorsque les prélèvements ont atteint le fond de la nappe aquifère d'Ogallala dans la partie nord de cet état.

Également du fait de l'épuisement des nappes aquifères et de la réaffectation de l'eau d'irrigation vers les pôles urbains, l'Arizona, le Colorado et la Floride sont contraints de réduire les surfaces dédiées à l'agriculture irriguée. Dans le cas du Colorado, cette réduction a été de 15 % au cours des dix dernières années. Selon certains chercheurs de cet état, cette tendance devrait se poursuivre dans le futur, bien qu'à un rythme moins important.

Parallèlement, il n'y a pratiquement plus de marges de progression dans les états où l'on observait un accroissement rapide des terres irriguées, tels que le Nebraska et l'Arkansas.

La baisse des ressources en eau – épuisement des nappes aquifères des Grandes Plaines et de la vallée centrale de Californie – conjuguée à la croissance rapide des villes dans le sud-ouest implique que la surface irriguée aux États-Unis a probablement commencé à décliner.

Menaces sur l'Inde et la Chine

L'Inde est confrontée à une situation beaucoup plus critique. Une étude de 2005 réalisée par la Banque mondiale indiquait que l'approvisionnement en céréales de 175 millions d'Indiens repose sur un pompage excessif. Ce problème est largement répandu : les nappes phréatiques baissent et les puits s'assèchent dans la plupart des états du pays. C'est le cas notamment au Penjab et dans l'Haryana, deux états producteurs de céréales – dont les excédents fournissent la majeure partie du blé et une bonne partie du riz à d'importants programmes nationaux d'aide alimentaire destinés aux plus pauvres.

Il est difficile d'obtenir des informations fiables et actualisées sur cette question, mais il est clair que le surpompage est très répandu. Les agriculteurs qui peuvent se le permettre forent des puits de plus en plus profonds – on parle de « course à la profondeur ».

La surface irriguée en Inde est-elle encore en expansion ou a-t-elle commencé à diminuer ? Si l'on se réfère aux études de chercheurs indépendants, une expansion semble très improbable ; bien au contraire et selon toute vraisemblance, comme aux États-Unis, des décennies de pompage excessif conduisent à l'épuisement des nappes aquifères. Le phénomène est d'une telle ampleur que les capacités d'irrigation du pays tout entier en sont affectées. La bulle alimentaire indienne est peut-être sur le point d'éclater.

En Chine, bien que ce soient surtout les eaux de surface qui sont utilisées pour l'irrigation, la principale source d'inquiétude concerne la moitié nord du pays, où les précipitations sont faibles et les nappes phréatiques partout en baisse. C'est le cas notamment de la riche plaine du nord, qui s'étend du nord de Shanghai au nord de Pékin et qui produit la moitié du blé et le tiers du maïs chinois.

Le recours massif au surpompage dans cette plaine signifie que l'approvisionnement en céréales de 130 millions de Chinois repose sur une exploitation non durable des ressources en eau. L'irrigation dans cette région dépend de deux nappes aquifères : l'une est peu profonde, renouvelable mais exploitée pratiquement à sa limite de recharge ; l'autre est une nappe aquifère fossile profonde. Une fois cette dernière nappe épuisée, l'irrigation qui en dépend devra s'arrêter et les agriculteurs redeviendront tributaires des eaux pluviales pour faire vivre leurs cultures.

Il y a dix ans, l'Institut de surveillance de l'environnement géologique de Pékin a réalisé une étude hydrogéologique passée inaperçue. Cette étude indiquait que dans la province du Hebei, au cœur de la plaine du nord de la Chine, le niveau moyen de la nappe aquifère profonde avait diminué de près de 3 mètres durant l'année 2000. Autour de certaines villes de la province, la chute atteignait 6 mètres. He Qingcheng, responsable de l'équipe de surveillance des eaux souterraines au sein de cet institut, souligne qu'avec la perte de cette nappe profonde disparaît la dernière réserve d'eau de la région, son seul filet de sécurité.

En 2010, dans un entretien avec le journaliste Steven Mufson du *Washington Post*, He Qingcheng indiquait que les eaux souterraines assurent désormais les trois quarts des besoins en eau de Pékin. La ville, disait-il, doit forer à plus de 300 mètres de profondeur pour pomper l'eau, soit cinq fois plus profondément qu'il y a 20 ans. Ses préoccupations trouvent écho dans les propos inhabituellement directs d'un rapport de la Banque mondiale sur l'état des ressources en eau de la Chine, et qui prévoit « des conséquences catastrophiques pour les générations futures » à moins que la demande et l'offre en eau douce ne soient rapidement ramenées à un état d'équilibre.

En outre, la pénurie des villes chinoises en eau et la croissance soutenue du secteur industriel du pays génèrent des prélèvements de plus en plus importants dans les ressources en eau douce. Dans de nombreux cas, la croissance industrielle et la demande urbaine ne peuvent être satisfaites qu'au détriment de l'agriculture.

Il est difficile de savoir quand la superficie irriguée va commencer à diminuer en Chine. Bien que l'épuisement des nappes aquifères et la réaffectation de l'eau vers les zones urbaines menacent les cultures irriguées dans le nord de la Chine, de nouveaux barrages en cours de construction dans les montagnes du sud-ouest pourront accroître localement les capacités d'irrigation, compensant ainsi une partie des pertes subies dans d'autres régions. Toutefois, il est également possible que la superficie irriguée ait atteint son maximum à l'échelle du pays. Les trois plus importants producteurs de céréales mondiaux seraient alors dans la même situation.

Un Moyen-Orient très exposé

Le Moyen-Orient est la région où les pénuries en eau affectent le plus immédiatement la sécurité alimentaire. À l'éclatement de la bulle alimentaire en Arabie saoudite et à la détérioration rapide de la question de l'approvisionnement en eau du Yémen, s'ajoutent les problèmes d'alimentation que connaissent la Syrie et l'Irak, les deux autres pays les plus peuplés de la région – problèmes en grande partie conséquents de la réduction de débit du Tigre et de l'Euphrate, dont ces deux pays dépendent pour l'irrigation. La Turquie, qui contrôle les sources de ces fleuves, s'est lancée dans un vaste programme de construction de barrages qui réduit lentement les débits en aval. Bien que ces trois pays soient en négociation sur la question du partage de ces eaux, les objectifs ambitieux de la Turquie en matière d'hydroélectricité et d'irrigation sont en partie satisfaits au détriment de ses deux voisins.

Du fait de cette incertitude sur la disponibilité future de l'eau des deux fleuves, les agriculteurs syriens et irakiens multiplient les forages. Il en résulte un surpompage et l'émergence d'une bulle alimentaire dans les deux pays. En Syrie, la récolte de céréales a ainsi diminué d'un cinquième depuis son maximum de près de 7 millions de tonnes en 2001. En Irak, elle a chuté d'un quart pour un maximum de 4,5 millions de tonnes atteint en 2002.

La Jordanie, avec ses 6 millions d'habitants, est également sur la corde raide en matière agricole. Il y a une quarantaine d'années, elle produisait plus de 300 000 tonnes de céréales par an; aujourd'hui, 60 000 tonnes. Le pays doit désormais importer plus de 90 % de ses besoins en céréales. Dans cette région, seul le Liban a évité le déclin de sa production céréalière.

Israël a interdit l'irrigation du blé en 2000 en raison du manque d'eau douce et voit sa production de céréales baisser depuis 1983. Avec une population de 7 millions de personnes, l'État hébreu importe désormais 98 % de ses céréales.

Plus à l'est, en Iran, l'eau douce se fait également rare. On estime que l'alimentation d'un cinquième des 75 millions d'Iraniens dépend de cultures céréalières irriguées par surpompage – ce qui confronte le pays à la plus grande bulle alimentaire de la région.

Le facteur démographique

C'est donc au Moyen-Orient, où la croissance démographique est forte, que l'on observe le premier choc entre augmentation de la population et approvisionnement en eau à l'échelle d'une région du monde. Pour la première fois dans l'histoire, la production céréalière est en baisse dans une zone géographique où la perspective d'inverser ce déclin est nulle. En raison de l'incapacité des gouvernements régionaux à accorder leurs politiques démographiques et leur gestion de l'eau, chaque jour qui passe compte désormais 10 000 personnes de plus à nourrir et de moins en moins d'eau à consacrer à l'irrigation pour y parvenir.

L'Afghanistan et ses 29 millions d'habitants sont ainsi confrontés à un manque d'eau croissant du fait de l'épuisement des nappes phréatiques et de l'assèchement des puits. En 2008, un haut fonctionnaire du ministère afghan de l'Eau et de l'Énergie, le sultan Mahmoud Mahmoudi, déclarait : « Nos évaluations indiquent qu'en raison de plusieurs facteurs, principalement la sécheresse et une utilisation excessive des ressources en eau, nous avons perdu environ 50 % de nos réserves souterraines au cours des dernières années. » Le forage de puits plus profonds ne fait que repousser le moment de vérité où les nappes aquifères seront à sec et où les terres irriguées laisseront la place à une agriculture de terre aride, forcément moins productive. Forer plus profond consiste à traiter les symptômes et non la cause du problème. L'Afghanistan, un pays enclavé à forte progression démographique, importe déjà le tiers de ses céréales.

Jusqu'à présent, tous les pays confrontés à la baisse des ressources en eau affectant sensiblement les récoltes de céréales étaient assez faiblement peuplés. Mais que se passera-t-il dans des pays de taille moyenne comme le Pakistan ou le Mexique, qui surexploitent également leurs nappes aquifères pour nourrir une population en forte croissance ?

Le Pakistan, qui lutte pour préserver son autosuffisance en blé, semble avoir perdu cette bataille. Sa population de 185 millions d'habitants en 2010 devrait atteindre 246 millions en 2025 : il faut donc assurer l'alimentation de 61 millions de personnes supplémentaires sur une période d'à peine

15 ans, alors que le niveau des puits dans les villes jumelles d'Islamabad et de Rawalpindi baisse déjà chaque année d'un mètre ou plus. Il diminue aussi sous la plaine fertile du Penjab, partagée entre le Pakistan et l'Inde. Les deux grands réservoirs d'irrigation du Pakistan, Mangla et Tarbela, se sont progressivement envasés jusqu'à perdre un tiers de leur capacité de stockage au cours des quarante dernières années. Un rapport de la Banque mondiale intitulé *Pakistan's Water Economy: Running Dry* [L'économie de l'eau au Pakistan : au bord de la pénurie] résume ainsi la situation : « La survie d'un Pakistan moderne et développé est menacée par le manque d'eau. »

Le Mexique compte quant à lui 111 millions d'habitants et la demande en eau y est supérieure à l'offre. Si les problèmes d'approvisionnement de la ville de Mexico sont bien connus, les régions rurales du pays souffrent aussi. Dans l'état agricole de Guanajuato, la nappe phréatique baisse d'au moins 2 mètres par an. Dans celui du Sonora au nord-ouest du pays, producteur de blé, le pompage de la nappe aquifère Hermosillo s'effectuait auparavant à une profondeur de 12 mètres. Aujourd'hui, il faut descendre à plus de 120 mètres. Au Mexique, où 51 % de tous les prélèvements en eau sont effectués dans des nappes aquifères surexploitées, une autre bulle alimentaire est prête à éclater.

Une compétition féroce

Dans un monde où l'eau se fait rare, la compétition entre zones agricoles et zones urbaines s'intensifie. L'agriculture est défavorisée, tout simplement parce que la production de denrées alimentaires exige de grandes quantités d'eau. Par exemple, alors qu'il ne faut que 14 tonnes d'eau pour produire une tonne d'acier, il faut 1 000 tonnes d'eau pour produire une tonne de blé. Dans les pays dont la priorité est le développement économique et la création d'emplois, l'agriculture doit se contenter de la portion congrue.

Environ 70 % de la consommation d'eau à travers le monde est destinée à l'irrigation, 20 % à l'industrie et 10 % aux usages domestiques. Les villes d'Asie, du Moyen-Orient et d'Amérique du Nord se tournent vers les agriculteurs pour faire face à leurs besoins en eau. C'est particulièrement frappant à Chennai (anciennement Madras), une ville de 8 millions d'habitants du sud-est de l'Inde. En raison de l'incapacité des autorités locales à approvisionner en eau de nombreux habitants, une industrie florissante de camions-citernes a vu le jour. Elle achète de l'eau à des agriculteurs pour la livrer aux citadins. Pour les agriculteurs proches de la ville, le bénéfice tiré de ce marché dépasse de loin la valeur des cultures qu'ils peuvent produire. Malheureusement, les 13 000 camions-citernes livrant cette eau à Chennai siphonnent les ressources souterraines de la région. Le niveau des nappes phréatiques s'abaisse et les puits les moins profonds se sont asséchés. À terme, même les puits plus profonds finiront par se tarir, privant ces communautés non seulement de leurs ressources agricoles mais aussi de leurs moyens de subsistance.

Dans les Grandes Plaines du sud et dans le Sud-Ouest des États-Unis où l'eau se fait rare, les besoins croissants des pôles urbains et de milliers de petites bourgades ne peuvent être satisfaits qu'au détriment des usages agricoles. Une publication mensuelle californienne, *Water Strategist*, consacre plusieurs pages à des annonces de vente de droits d'accès à l'eau dans l'ouest des États-Unis. Ces ventes ont lieu quasiment quotidiennement. Une étude de l'université de l'Arizona portant sur plus de 2 000 de ces transferts entre 1987 et 2005 indique qu'au moins 8 ventes sur 10 impliquent des agriculteurs indépendants ou des districts d'irrigation cédant leurs droits d'usage à des municipalités.

L'un des marchés les plus actifs au monde se trouve au Colorado. Dans cet état de forte immigration, villes et bourgs en développement rapide achètent des droits sur l'eau aux agriculteurs et aux éleveurs. Les villes de Colorado Springs et d'Aurora, une banlieue de Denver, ont déjà acheté un tiers des droits détenus par les agriculteurs sur le bassin supérieur de l'Arkansas – qui occupe le quart sud-est de l'état. Aurora a ainsi acquis des droits sur l'eau qui irriguait auparavant 9 000 hectares de terre cultivée dans la vallée s'étendant de l'Arkansas au Colorado.

Des achats plus importants encore sont effectués par les villes de Californie. En 2003, San Diego a acheté des droits sur un volume annuel de 247 millions de mètres cubes aux agriculteurs voisins d'Imperial Valley. Il s'agit là du plus important transfert d'eau de la ferme à la ville de l'histoire des États-

Unis ; cet accord est conclu pour les 75 prochaines années. Le Metropolitan Water District, organisme qui assure l'approvisionnement en eau de quelque 19 millions de Californiens de plusieurs villes du sud de l'état, a négocié avec des agriculteurs en 2004 et pour les 35 prochaines années l'achat de 137 millions de mètres cubes d'eau par an. Sans irrigation, les terres très productives de ces exploitants se transforment en friches. Les vendeurs préféreraient les garder en culture, mais là encore les municipalités paient l'eau à un prix bien plus élevé que ce que l'exploitation agricole pourrait leur rapporter.

Une guerre perdue ?

Que ce soit par voie d'expropriation gouvernementale, par surenchère économique des zones urbaines ou du fait de municipalités s'offrant des puits d'une profondeur impossible à financer par les agriculteurs, la guerre de l'eau est en passe d'être perdue par l'agriculture mondiale. Cette dernière n'a souvent droit qu'à la portion congrue d'une ressource de plus en plus rare. Lentement mais sûrement, l'urbanisation contraint les agriculteurs à abandonner leurs droits sur l'eau alors même qu'ils s'efforcent de nourrir 80 millions de personnes supplémentaires chaque année.

Dans les pays où la quasi-totalité de l'eau douce disponible est déjà affectée à différents usages, comme en Afrique du Nord et au Moyen-Orient, les zones urbaines ne peuvent généralement accroître leur quote-part qu'au détriment de l'irrigation. Ces pays compensent par un recours aux importations les pertes de production céréalière résultant de ce transfert. Comme il faut 1 000 tonnes d'eau pour produire une tonne de céréales, l'importation de céréales devient le moyen le plus efficace pour importer de l'eau. Les États utilisent donc de fait ces importations comme un moyen de faire face à leurs besoins en eau. De la même façon, les contrats à terme sur les céréales sont, en un sens, des contrats à terme sur l'eau. Si l'on considère qu'il existe un marché mondial de l'eau, c'est au sein du marché mondial des céréales qu'il se trouve.

Comment ces pressions sur l'approvisionnement en eau affectent-elles la production céréalière dans chacun des pays et au niveau mondial ?

La superficie totale irriguée est-elle en expansion ou en régression ? Si elle diminue, est-ce assez rapidement pour annihiler les gains de productivité et réduire la récolte de céréales en valeur absolue, ou ralentit-elle simplement sa croissance ?

Aujourd'hui, plus de la moitié de la population mondiale vit dans des pays dont la production céréalière est artificiellement gonflée par une irrigation non durable. La question pour chacun de ces pays n'est pas de savoir si la bulle alimentaire ainsi créée va éclater, mais quand, et comment leurs gouvernements vont s'organiser pour y faire face. Seront-ils en mesure de compenser les pertes de production par des importations ? Pour certains pays, l'éclatement de cette bulle peut être catastrophique. Pour la planète dans son ensemble, l'éclatement quasi simultané de plusieurs de ces bulles du fait de l'épuisement des nappes aquifères pourrait conduire à des pénuries alimentaires incontrôlables.

Cette situation constitue une menace imminente pour la sécurité alimentaire et la stabilité politique mondiale. Nous devons faire un choix. Nous pouvons continuer sur le rythme actuel de surexploitation des eaux souterraines et en subir les conséquences. Nous pouvons à l'inverse nous lancer dans un effort coordonné au niveau mondial, visant à stabiliser les nappes aquifères en augmentant la productivité de l'eau comme on a su, il y a un demi-siècle, augmenter la productivité des terres céréalières.

ÉROSION DES SOLS
ET PROGRESSION DES DÉSERTS

Le 20 mars 2010, une tempête de poussière suffocante s'est abattue sur Pékin. Fait exceptionnel, le service météorologique de la ville a qualifié de dangereuse la qualité de l'air et vivement conseillé aux habitants de rester chez eux ou de se couvrir le visage s'ils devaient sortir. La visibilité était très faible, obligeant les automobilistes à rouler phares allumés en plein jour.

Cette tempête de poussière exceptionnelle n'a pas envahi que Pékin; de nombreuses autres villes ont été touchées dans cinq provinces chinoises, affectant directement plus de 250 millions de personnes. Il ne s'agit pas d'un événement isolé. Chaque printemps, les habitants des villes de l'est de la Chine, dont Pékin et Tianjin, restent cloîtrés quand les tempêtes de poussière reviennent. En plus de difficultés respiratoires et d'irritations des yeux dues à la poussière, c'est une lutte incessante qu'il faut mener pour empêcher la poussière et le sable de rentrer dans les maisons et nettoyer pas-de-porte et trottoirs. Le prix à payer est encore plus lourd pour les agriculteurs et les éleveurs qui voient leurs moyens de subsistance partir en fumée.

Ces tempêtes de poussière annuelles frappent également les pays voisins. La tempête du 20 mars 2010 est passée en Corée du Sud peu après avoir quitté Pékin. Selon les services météorologiques coréens (Korean Meterorological Administration, KMA) il s'agit de la pire jamais enregistrée.

Dans un article détaillé du *New York Times*, Howard French décrit une autre tempête venant de Chine qui s'est abattue sur la Corée le 12 avril 2002. La Corée du Sud, raconte-t-il, était enveloppée d'une telle quantité de poussière que les habitants de Séoul en avaient le souffle coupé. On a dû fermer les écoles, annuler les vols commerciaux, et les cliniques ont été débordées par l'afflux de patients atteints de difficultés respiratoires. L'activité commerciale s'est ralentie. Chaque année, les Coréens redoutent désormais l'arrivée de ce qu'ils appellent « la cinquième saison », c'est-à-dire les tempêtes de poussière de la fin de l'hiver et du début du printemps.

Et la situation continue de se détériorer. Selon le KMA, le nombre de jours où Séoul subit ces « épisodes de poussière » est passé de 23 dans les années 1970 à 41 dans les années 1980, puis à 70 dans les années 1990, avant d'atteindre 96 au cours de la dernière décennie.

Si les populations chinoise et sud-coréenne ne sont que trop familières de ces épisodes, le reste du monde ne découvre généralement l'ampleur croissante de cette catastrophe écologique que lorsque ces tempêtes gigantesques quittent l'Asie. Le 18 avril 2001, tout l'ouest des États-Unis, de la frontière de l'Arizona jusqu'au Canada, a été recouvert de poussière. Celle-ci avait été charriée par une gigantesque tempête qui s'était déclenchée au nord-ouest de la Chine et en Mongolie le 5 avril précédent.

Neuf ans plus tard, en avril 2010, la trajectoire d'une tempête de poussière en provenance de Chine a été suivie par un satellite de la NASA lors de son passage sur la Côte est des États-Unis. Originaire des déserts de Gobi et du Taklimakan, elle a finalement recouvert une zone s'étendant de la Caroline du Nord à la Pennsylvanie[1]. Chacune de ces énormes tempêtes transporte des millions de tonnes de sol chinois – une ressource qui mettra des siècles à se reconstituer.

La peau à vif

Notre civilisation s'est bâtie sur la fine couche de terre arable qui recouvre une grande partie des continents et dont la profondeur se mesure habituellement en centimètres. Le géomorphologiste Daniel Montgomery, dans son ouvrage *Dirt : The Erosion of Civilizations* [Poussière : l'érosion des civilisations], décrit le sol comme « la peau de la planète – la frontière entre la géologie et la biologie ». Après la formation de la Terre, le sol s'est lentement constitué au cours des temps géologiques par effritement progressif des

1 Soit environ 700 km.

roches. C'est sur ce sol que sont apparues les premières formes de végétation terrestre. L'expansion du règne végétal a protégé les sols du ravinement et de l'érosion due au vent, augmentant leur fertilité. Ce processus a facilité l'accumulation d'une couche superficielle favorisant une grande diversité végétale et animale.

La situation reste favorable tant que l'érosion des terres cultivées ne dépasse pas leur rythme de régénération. Quand ce n'est plus le cas, on assiste à la perte de fertilité du sol et, à terme, à l'abandon des terres. Cette couche arable formée à l'échelle des temps géologiques est malheureusement en train de disparaître en l'espace d'une vie humaine.

Dans *Earth Island Journal* [Journal d'une île nommée Terre], le journaliste Stephen Leahy compare l'érosion du sol à une « crise globale silencieuse [...] Comme l'usure des pneus d'une voiture, c'est un processus graduel et imperceptible, mais aux conséquences potentiellement catastrophiques s'il reste trop longtemps ignoré ».

La perte de la couche arable signifie à la fois un appauvrissement du sol en matières organiques et une réduction du couvert végétal ; elle implique donc des émissions de carbone massives dans l'atmosphère. Rattan Lal, pédologue à l'université d'état de l'Ohio, fait remarquer que les 760 milliards de tonnes de carbone présentes dans l'atmosphère représentent peu de chose au regard des 2500 milliards de tonnes stockées dans les sols. Là réside un des aspects essentiels du problème : la dégradation des terres contribue au changement climatique.

L'érosion des sols n'est pas un phénomène nouveau, il est aussi vieux que la planète elle-même. Mais l'accélération sans précédent d'un processus qui remonte aux débuts de l'agriculture constitue une évolution récente. C'est probablement au cours du XIXe siècle que la perte de la couche arable due à l'érosion a pris le dessus sur le renouvellement naturel des sols.

Aujourd'hui, près d'un tiers des terres cultivées dans le monde est soumis à une érosion excessive, ce qui réduit leur productivité naturelle. L'analyse comparée de plusieurs études relatives à l'effet de cette érosion sur le rendement des cultures aux États-Unis indique que la perte d'un centimètre de couche arable fait baisser de 2,5 % les rendements en blé et en maïs.

Déserts et tempêtes

Les Nations unies ont annoncé en août 2010 que la désertification touche aujourd'hui 25 % des surfaces continentales. Ce phénomène constitue une menace pour la vie quotidienne de plus d'un milliard de personnes, pour l'essentiel des populations d'éleveurs et d'agriculteurs répartis dans une centaine de pays.

Les tempêtes de poussière sont des manifestations tangibles de ces mécanismes d'érosion des sols et de désertification. Une fois la végétation détruite par le labourage excessif ou le surpâturage, le vent commence son œuvre en emportant les plus fines particules du sol. Du fait de leur faible taille, ces particules peuvent être transportées sur de grandes distances. Quand ne restent pratiquement que les particules les plus grosses, les tempêtes de sable commencent à se former. Ce sont des phénomènes locaux qui conduisent souvent à la formation de dunes et à l'abandon de l'agriculture et de l'élevage. Ces tempêtes de sable constituent la phase ultime du processus de désertification.

La fertilité des sols est menacée par le labourage excessif, comme pendant le *Dust Bowl* aux États-Unis, mais aussi par le surpâturage, comme c'est le cas actuellement dans le nord de la Chine. Dans les deux cas, le couvert végétal permanent est détruit et les terres se retrouvent exposées à l'érosion des eaux et du vent.

Les grandes tempêtes de poussière sont récentes à l'échelle de l'Histoire puisqu'elles ne sont apparues qu'au siècle dernier. À la fin du XIXe siècle, les grandes plaines de l'Ouest américain ont été colonisées par des millions de migrants, et de grandes étendues de prairies ont été mises en culture pour y produire du blé. Beaucoup de ces terres sont fragiles ; elles sont fortement sujettes à l'érosion une fois labourées et auraient dû rester à l'état de pâturages. Ce processus lié à la surexploitation agricole, aggravé par une sécheresse prolongée, a culminé lors du *Dust Bowl* des années 1930, une période traumatisante relatée dans le roman de John Steinbeck *Les Raisins de la colère*. Grâce à un programme d'urgence destiné à sauver leurs sols, les États-Unis ont alors reconverti en prairies de grandes étendues de terres arables érodées, adopté un mode d'exploitation et d'assolement en bandes alternant cultures et jachères, et planté des milliers de kilomètres de haies bocagères.

L'histoire s'est répétée 30 ans plus tard en URSS. Dans un effort acharné pour accroître leur production céréalière, les Soviétiques ont mis en labour une superficie de prairies équivalente à celle consacrée à la culture du blé par le Canada et l'Australie réunis. Cette politique a mené tout droit à un désastre écologique, un deuxième *Dust Bowl*, comme l'avaient d'ailleurs prévu les agronomes soviétiques.

Le Kazakhstan était au cœur de cette opération, baptisée « Terres Vierges » ; les surfaces consacrées à la culture du blé y ont culminé au milieu des années 1980 avec un peu plus de 25 millions d'hectares. En 1999, elles étaient redescendues sous les 11 millions d'hectares ; elles sont aujourd'hui à nouveau en lente augmentation et atteignent 17 millions d'hectares. Le rendement moyen du blé sur les terres encore en exploitation dépasse à peine une tonne à l'hectare, un chiffre bien éloigné des 7 tonnes observées en France, premier producteur de blé d'Europe de l'Ouest.

La Chine en péril

Deux gigantesques zones de tempêtes de poussière sont actuellement en cours de formation. La première se situe au cœur de l'Asie ; elle s'étend sur un vaste territoire du nord et de l'ouest de la Chine et déborde sur l'ouest de la Mongolie et l'Asie centrale. La seconde se trouve au Sahel, zone de savane du centre de l'Afrique qui sépare le désert du Sahara des forêts tropicales du sud. Ces deux zones immenses, sans commune mesure avec ce que l'on a connu auparavant, constituent à l'échelle du globe une menace de désertification massive. Elles sont provoquées, à des degrés divers, par le surpâturage, le labourage excessif et la déforestation.

La Chine est sans doute le pays le plus concerné par ce danger. À la suite des réformes économiques de 1978, la production agricole jusque-là assurée par de grandes structures étatiques a été transférée à des exploitations familiales. Les cheptels de bovins, caprins et ovidés du pays se sont alors multipliés. La Chine compte 92 millions de têtes de bovins, soit légèrement moins que les 97 millions de têtes des États-Unis, pays aux capacités de pâturage comparables ; mais les cheptels caprin et ovin s'élèvent à 281 millions de têtes, contre seulement 9 millions aux États-Unis. Concentrés dans les provinces du nord et de l'ouest du pays, les moutons et les chèvres détruisent le couvert végétal qui protège les sols. Le vent fait le reste, transformant en désert les zones de pacage.

Wang Tao, l'un des plus grands spécialistes mondiaux des déserts, rapporte qu'entre 1950 et 1975 la désertification a progressé chaque année de plus de 1 500 km² en moyenne. En 1987, ce chiffre est passé à 2 100 km² annuels, avant d'atteindre 3 600 km² par an à la fin du xxe siècle.

La Chine est maintenant en guerre. Son territoire est menacé, non par des armées étrangères, mais par l'extension des déserts. Les déserts les plus anciens progressent et de nouveaux se forment. Cette lutte perpétuelle s'apparente à une forme de guérilla qui frapperait à l'improviste, obligeant Pékin à combattre sur plusieurs fronts.

Un rapport de l'ambassade des États-Unis intitulé « Fusion et expansion des déserts » décrit ainsi les images satellites de deux déserts du centre-nord de la Chine en train de s'étendre et de fusionner en une unique grande zone désertique couvrant les provinces de Gansu et de la Mongolie intérieure. À l'ouest de la province du Xinjiang, deux déserts encore plus importants – le Taklimakan et le Kumtagh – sont aussi sur le point de se rejoindre. Les autoroutes traversant la bande de plus en plus étroite qui les sépare sont régulièrement envahies par des dunes de sable.

Bien que les grosses tempêtes de poussière fassent l'objet d'une forte couverture médiatique quand elles touchent les villes, les dégâts les plus lourds affectent les régions où ces tempêtes se sont formées. Ces zones sont en effet touchées par des tempêtes mêlant poussière et sable. Un article scientifique décrit de façon frappante une puissante tempête qui a dévasté la province de Gansu au nord-ouest de la Chine en 1993. La visibilité était réduite à néant : le jour, le ciel était « aussi noir qu'une nuit d'hiver ». La tempête a ravagé 172 000 hectares de terres cultivées, détérioré 40 000 arbres, tué 67 000 têtes de bétail (moutons et bovins), emporté 27 000 hectares de serres en plastique – faisant

49 morts et 278 blessés. 42 trains de voyageurs et de marchandises ont dû être annulés, retardés ou tout simplement arrêtés le temps que la tempête soit passée et le sable dégagé des voies.

Tandis que la Chine lutte contre la progression des déserts, l'Inde se débat pour alimenter 17 % de la population et 18 % du bétail mondiaux sur des terres représentant à peine 2 % de la surface continentale totale. D'après une équipe de scientifiques de l'Agence indienne de recherche spatiale (ISRO), 24 % des terres du pays se transforment lentement en désert. La maigreur d'une grande partie du cheptel et la famine chronique qui affecte 40 % des enfants indiens en sont malheureusement des conséquences directes.

Une Afrique érodée

L'Afrique souffre aussi lourdement d'une exploitation insoutenable de ses prairies et de ses terres arables. Rattan Lal a publié la première estimation des pertes de rendement liées à l'érosion et à d'autres formes de dégradation des sols sur le continent africain. Il en a conclu qu'elle représente un manque à gagner de 8 millions de tonnes de céréales par an, soit environ 8 % de sa production annuelle. Lal s'attend à ce que cette perte de rendement atteigne 16 millions de tonnes d'ici 2020 si le phénomène n'est pas endigué.

À la limite septentrionale du Sahara, des pays comme l'Algérie et le Maroc cherchent à contenir la désertification qui menace la fertilité de leurs terres arables : d'après le président algérien Abdelaziz Bouteflika, la désertification serait responsable de la perte annuelle de 40 000 hectares des meilleures terres céréalières de la région. Ce n'est pas rien pour un pays qui n'en possède que 2,8 millions d'hectares. L'Algérie, entre autres mesures, est en train de convertir ses terres cultivées les plus méridionales en vignobles, vergers et oliveraies, afin que ces plantations contribuent à stabiliser les sols.

Les pressions liées à la croissance démographique sont omniprésentes en Afrique, l'augmentation des cheptels étant étroitement corrélée à celle de la population. En 1950, l'Afrique comptait 227 millions d'habitants et un cheptel de près de 300 millions de têtes. En 2009, on dénombrait 1 milliard d'habitants et 862 millions d'animaux d'élevage. La pression exercée par les troupeaux excédant souvent de moitié au moins les capacités de production des pâturages, ceux-ci se transforment en désert. Certaines régions du Sahel souffrent non seulement du surpâturage mais aussi d'une sécheresse prolongée que les scientifiques expliquent par le changement climatique.

Il n'est même pas besoin de se rendre dans ces pays aux sols dévastés pour se convaincre de la sévérité de l'érosion du continent africain : les tempêtes de poussières dues à ces nouvelles zones de désertification sont suivies par satellite. Le 9 janvier 2005, la NASA a ainsi communiqué des images d'une immense tempête se déplaçant vers l'ouest en provenance du centre de l'Afrique. Le nuage de poussière ocre s'étendait sur plus de 5 300 km, soit la largeur des États-Unis.

Andrew Goudie, professeur de géographie à l'université d'Oxford, indique que les tempêtes de poussière sahariennes, autrefois rares, ont vu leur fréquence s'accroître d'un facteur 10 au cours des cinquante dernières années. Le Niger, le Tchad, la Mauritanie, le nord du Nigeria et le Burkina Faso figurent parmi les pays les plus touchés par l'érosion des sols. En Mauritanie, à l'extrême ouest de l'Afrique, le nombre annuel de tempêtes de poussière a explosé, passant de deux au début des années 1960 à 80 ces dernières années.

1,3 milliard de tonnes de sol seraient perdues chaque année dans la dépression de Bodélé au Tchad, emportées par le vent – soit une augmentation d'un facteur 10 depuis le début du suivi de ce phénomène en 1947. L'Afrique est en train de perdre lentement sa fertilité et sa productivité biologique, au rythme de presque 3 milliards de tonnes de fines particules de sol par an. Et ce n'est pas tout : ces particules traversent l'Atlantique jusque sur l'espace Caraïbe – en si grande quantité que l'eau de mer se trouble et les coraux se détériorent.

Le Nigeria, pays le plus peuplé d'Afrique, perd chaque année près de 350 000 hectares de pâturages et de terres cultivées du fait de la désertification. Le pays a vu sa population passer de 37 à 151 millions d'habitants entre 1950 et 2008, et la taille de ses troupeaux croître dans le même temps de 6 à 104 millions de têtes – soit une progression d'un facteur 17. Les besoins en nourriture de ses 16 millions de bovins et 88 millions de chèvres et moutons dépassent la production renouvelable des prairies et le nord du pays se transforme lentement en désert. Si la croissance démographique du Nigeria se révèle conforme aux prévisions, la dégradation des terres qui en découle finira par y compromettre toute forme d'élevage et d'agriculture.

À l'est de l'Afrique, le Kenya subit aussi l'avancée des déserts. La désertification affecte près d'un quart des 39 millions d'habitants du pays. Comme ailleurs, l'érosion des sols provoquée par les effets combinés du surpâturage, d'un défrichage et d'un labourage excessifs détruit les terres fertiles du pays.

De l'Afghanistan à un Croissant de moins en moins fertile

En Afghanistan, une équipe du Programme des Nations unies pour l'environnement (PNUE) rapporte que « près d'une centaine de villages de la région du Sistan ont été envahis par la poussière et le sable charriés par des bourrasques de vent ». Le désert du Registan progresse vers l'ouest, gagnant du terrain sur les zones agricoles. Au nord-ouest du pays, le prélèvement de bois de feu et le surpâturage ont entraîné la disparition de la végétation stabilisatrice et les dunes de sable envahissent les terres agricoles en amont du bassin de l'Amou-Daria. L'équipe du PNUE a observé l'existence de dunes de sable de 15 mètres de haut bloquant les voies de circulation et obligeant les habitants à tracer de nouvelles routes.

Un rapport du ministère afghan de l'Agriculture et de l'Alimentation résonne comme une épitaphe : « La fertilité du sol décline ; les nappes phréatiques ont baissé dangereusement, la perte de végétation est massive et l'érosion des sols par l'eau et le vent se généralise. » À l'issue de trois décennies de conflit armé qui ont généré privations et destructions, l'Afghanistan a perdu presque toutes ses forêts. Les terres arables de sept provinces du sud du pays sont envahies de dunes de sable. Et même si l'Afghanistan avait pu définir une politique environnementale appropriée, le pays n'aurait pas été en mesure de la mettre en œuvre, faute de l'autorité nécessaire sur son territoire, comme beaucoup d'autres États défaillants.

L'Iran voisin illustre bien les pressions auxquelles doit faire face le Moyen-Orient. Les pâturages iraniens se dégradent, surexploités par les 8 millions de bovins et 79 millions de chèvres et de moutons qui fournissent la laine des légendaires tapis persans. Au sud-est, dans la province du Sistan-Balouchestan, 124 villages ont été abandonnés, ensevelis par des tempêtes. Le sable en suspension dans l'air a recouvert les zones de pâturage ; les troupeaux sont affamés et les villageois privés de leurs moyens de subsistance.

Une nouvelle zone de désert est apparemment en formation en Irak, pays déjà affaibli par une décennie de guerre et une récente sécheresse. Chroniquement en proie au surpâturage et au labourage excessif, l'Irak perd désormais l'accès à son eau d'irrigation au profit de ses voisins situés en amont des fleuves qui le traversent : Turquie, Syrie et Iran. La baisse du débit des rivières se conjugue à l'assèchement des marais, à la dégradation des infrastructures d'irrigation et à la diminution des surfaces irriguées. Le Croissant fertile, berceau de la civilisation, pourrait se transformer en désert.

De fait, la fréquence des tempêtes de poussière augmente en Irak. En juillet 2009, la pire tempête de son histoire a fait rage pendant plusieurs jours. Lorsqu'elle a quitté l'Irak pour l'Iran voisin, les autorités de Téhéran ont fait fermer les ministères, les bureaux, les écoles et les usines. Bien que de taille modeste comparée aux deux zones de désertification du nord-ouest de la Chine et du centre de l'Afrique, ce *Dust Bowl* moyen-oriental constitue néanmoins un tournant préoccupant pour cette région.

Le poids de l'élevage

La variation des populations de chèvres par rapport à celles de moutons et de bovins constitue un indicateur pertinent de l'état des prairies. Quand celles-ci se détériorent, l'herbe est généralement remplacée par un couvert de buissons adapté aux zones arides. Les bovins et les moutons ne peuvent prospérer dans un environnement aussi dégradé ; à l'inverse, les chèvres, qui sont des ruminants particulièrement robustes, peuvent se satisfaire d'arbustes pour leur subsistance. Entre 1970 et 2009, le cheptel bovin mondial a augmenté de

28 %, le nombre de moutons est resté relativement stable, tandis que celui des chèvres a plus que doublé.

Dans certains pays en voie de développement, la croissance du cheptel caprin est spectaculaire. Entre 1961 et 2009, si le nombre de bovins au Pakistan a doublé et celui des moutons triplé, la population de chèvres a plus que sextuplé ; elle égale aujourd'hui en nombre la somme des populations bovine et ovine.

Un approvisionnement insuffisant

La perte des terres arables d'un pays signifie en fin de compte la perte de sa capacité à nourrir sa population. Le Lesotho, Haïti, la Mongolie et la Corée du Nord sont confrontés à ce problème.

Le Lesotho, l'un des plus petits pays d'Afrique avec seulement 2 millions d'habitants, paie au prix fort l'appauvrissement de ses sols. En 2002, une équipe des Nations unies s'est rendue sur place pour évaluer les perspectives alimentaires du pays. Le constat est sans ambiguïté : « Au Lesotho, le futur de l'agriculture paraît catastrophique. La production agricole décline et pourrait complètement cesser sur de grandes étendues si des mesures ne sont pas prises pour stopper l'érosion, la détérioration et la perte de fertilité des sols. »

Le *Washington Post* s'est fait l'écho du fait que près de la moitié des enfants de moins de 5 ans du Lesotho accusent un retard de croissance. « Beaucoup d'entre eux, écrit le journaliste Michael Grunwald, sont trop faibles pour aller à l'école. » Au cours des dix dernières années, la production céréalière du Lesotho a chuté de moitié en raison de la baisse de fertilité des sols. L'effondrement de son agriculture a rendu ce pays très fortement dépendant des importations alimentaires.

Dans les Caraïbes, Haïti est l'un des plus anciens États défaillants du monde. Largement autosuffisant en céréales il y a une quarantaine d'années, il a depuis perdu presque toutes ses forêts et une grande partie de ses terres arables ; le recours aux importations est nécessaire pour plus de la moitié de son approvisionnement en céréales. Comme pour le Lesotho, la survie d'Haïti dépend du Programme alimentaire mondial (PAM) de l'ONU.

La Mongolie est confrontée à une situation similaire : sa production de blé a chuté de 80 % au cours des 20 dernières années du fait de l'impact cumulé de la baisse des rendements et de l'abandon de près de trois quarts des surfaces consacrées à cette culture. La Mongolie importe désormais près de 70 % de son blé.

La Corée du Nord est lourdement frappée par la déforestation, les inondations, l'érosion et la détérioration des sols. Sa production annuelle de céréales est tombée d'un maximum de 5 millions de tonnes au cours des années 1950 à moins de 3,5 millions de tonnes durant la dernière décennie.

Les hommes paient un lourd tribut à l'érosion. Que ce soit en Haïti, au Lesotho, en Mongolie, en Corée du Nord ou dans les nombreux autres pays confrontés à la dégradation de leur sol, la santé des populations est intimement liée à celle de leurs terres.

ÉLÉVATION DES TEMPÉRATURES ET INSÉCURITÉ ALIMENTAIRE

Le 5 août 2010, un iceberg de 250 km², soit 4 fois la superficie de Manhattan, s'est détaché du glacier Petermann sur la côte nord-ouest du Groenland. Cette « île de glace » dérive lentement vers le sud au gré des courants. Fin 2010, elle était quelque part entre le Groenland et le Canada. Son épaisseur atteignant la moitié de la hauteur de l'Empire State Building[1], plusieurs années pourraient être nécessaires à sa disparition totale.

Cet événement a attiré, une fois de plus, l'attention sur l'état de la calotte glaciaire du Groenland. En 2007, Robert Corell, président du Groupe d'évaluation d'impact sur le climat arctique (Arctic Climate Impact Assessment) constatait déjà « une accélération considérable de la vitesse à laquelle les glaciers s'avancent dans la mer ». Selon lui, la glace progressait alors à une vitesse de 2 mètres par heure, sur un front de 5 km de large par 1,6 km de haut.

Trois ans plus tard, en août 2010, Richard Bates, membre d'une expédition britannique de surveillance du Groenland, déclarait à son tour : « Cette année est encore une année de fonte record au Groenland ; les températures et la fonte des glaces sur l'ensemble de la calotte glaciaire ont dépassé tout ce qu'on avait enregistré jusqu'à aujourd'hui. »

Le Groenland n'est pas seul à avoir connu des températures extrêmes en 2010. Des records de températures maximales ont en effet été battus dans 18 pays. Ce nombre est en lui-même un record dépassant le total antérieur – 15 pays – qui remontait à 2007. Nous l'avons vu précédemment, la température a atteint 53 °C le 26 mai 2010 au sud de la partie centrale du Pakistan, ce qui est non seulement un record pour ce pays, mais représente la température la plus haute jamais atteinte en Asie.

---

1 L'Empire State Building domine Manhattan du haut de ses 102 étages et de ses 381 mètres. Il mesure 55 mètres de plus que la tour Eiffel.

Aux États-Unis, de nombreuses villes de la Côte est, dont New York, Philadelphie et Washington, ont connu de juin à août 2010 l'été le plus chaud jamais enregistré. À Los Angeles, après un été relativement frais, la température a atteint, le 27 septembre, le niveau sans précédent de 45 °C, juste avant que le thermomètre officiel ne tombe en panne. Sur un site de mesure voisin, l'appareil a résisté aux 48 °C constituant le nouveau record de la région. Aux États-Unis, les records de températures maximales sont désormais battus près de deux fois plus souvent que ceux relatifs aux températures minimales.

Plus généralement, on observe une augmentation au niveau planétaire de l'intensité des canicules, de la puissance des tempêtes et de la capacité de destruction des inondations. Tous ces phénomènes sont conformes aux modèles climatiques qui prévoient un réchauffement. Les pires canicules et inondations de l'histoire de la Russie et du Pakistan sont le genre d'événements extrêmes qui risquent de se multiplier tant que le « *business as usual* » prévaudra. James Hansen, climatologue et directeur d'un des centres de recherche de la NASA, s'interroge : « Ces événements se seraient-ils produits si la concentration atmosphérique en dioxyde de carbone (CO_2) était restée au niveau des 280 ppm (parties par million) de l'époque préindustrielle ? » Sa réponse est claire : « Très vraisemblablement non. »

Les températures vont sans doute continuer à augmenter à l'avenir du fait de l'élévation du niveau de CO_2 dans l'atmosphère. La température moyenne de la planète a progressé au cours de chacune des quatre dernières décennies et la progression la plus forte a été constatée au cours des dix dernières années. L'augmentation prévue des températures devrait être, de façon générale, plus importante sous les hautes latitudes que dans les régions équatoriales, sur les continents que sur les océans et à l'intérieur des terres que sur les régions côtières.

Le réchauffement de la planète entraîne une modification des conditions climatiques. L'élévation des températures provoque plus d'évaporation et donc plus de précipitations. Certaines régions du monde seront plus arrosées et d'autres, au contraire, deviendront plus arides. Les périodes et les zones de mousson vont se modifier. Les régions les plus humides se situeront essentiellement en Asie du Sud-Est ainsi qu'aux latitudes élevées – Canada, Europe du Nord et Russie. Le bassin méditerranéen, l'Australie et la Côte ouest des États-Unis figureront en revanche parmi les régions les plus exposées aux sécheresses.

L'instabilité du climat devient la règle. Les conditions climatiques du passé ne sont plus des indicateurs fiables de ce qu'il va advenir. Nous sommes entrés dans l'âge de l'imprédictibilité.

Des cultures menacées

L'agriculture d'aujourd'hui résulte d'une évolution qui s'est étalée sur plus de 11 000 ans, période par ailleurs remarquable par sa stabilité climatique. En conséquence, l'agriculture mondiale a optimisé sa productivité dans des conditions bien spécifiques. Mais du fait de l'accroissement des températures, nos pratiques agricoles vont se retrouver de moins en moins adaptées aux conditions interglaciaires qui ont permis leur émergence – au point de mettre en péril notre sécurité alimentaire.

Tout d'abord, les rendements des cultures céréalières chutent quand les températures s'élèvent fortement durant la croissance végétative. Selon une loi empirique établie par les agronomes, une élévation de 1 °C de la température au-dessus de l'optimum pendant cette période génère une baisse de 10 % des rendements.

La température a également un impact sur la photosynthèse. Dans le cadre d'une étude portant sur la viabilité des écosystèmes locaux, Mohan Wali et ses collègues de l'université d'État de l'Ohio ont remarqué qu'en dessous de 20 °C, l'activité photosynthétique des plantes augmente avec la température. Elle est ensuite stable jusqu'à 35 °C, avant de commencer à décroître. La photosynthèse cesse complètement au-dessus de 40 °C.

Quant à la phase de pollinisation, elle constitue le moment le plus critique dans le cycle biologique de la plante. Parmi les trois principales cultures mondiales – riz, blé et maïs –, le maïs est le plus sensible au stress thermique. Pour que le maïs puisse se reproduire, le pollen doit tomber des inflorescences mâles présentes à l'extrémité de la tige sur les inflorescences femelles en forme de brins filiformes, ou soies, qui dépassent de chaque épi. Chacun de ces brins est relié sur l'épi à un emplacement pour un grain de maïs. Pour qu'un grain puisse se développer, le pollen doit non seulement tomber sur les soies mais ensuite migrer jusqu'à cet emplacement. Quand les températures sont trop élevées, les brins sèchent prématurément, virent au brun et sont incapables de jouer leur rôle dans le processus de fertilisation. Les effets de la température sur la pollinisation du riz ont été étudiés en détail aux Philippines. D'après les scientifiques, celle-ci chute d'un indice 100 à un indice quasi nul quand la température passe de 34 °C à 40 °C, provoquant l'anéantissement de la culture.

Des effets indirects

Chacun peut comprendre que les canicules déciment les récoltes. Cependant, l'augmentation des températures pourrait compromettre notre approvisionnement alimentaire pour des raisons moins évidentes mais tout aussi sérieuses. Ainsi en est-il de l'élévation du niveau de la mer due à la fonte des imposantes calottes glaciaires du Groenland et de l'Antarctique occidentale.

Au Groenland, la fonte est si brutale que d'immenses pans de glace de plusieurs millions de tonnes se brisent et glissent dans la mer, créant de véritables mini-séismes.

Dans l'Antarctique occidentale, la glace se brise également de plus en plus vite. L'effondrement en 1995 de l'énorme plateforme glacière Larsen-A a été l'un des premiers signes de la désagrégation de la calotte antarctique. En 2002, la plateforme glaciaire Larsen-B s'est abîmée à son tour dans la mer. À peu près au même moment, plus de 5 000 km² de glace se détachaient du glacier de Thwaites et, en janvier 2010, un iceberg plus vaste que l'état du Rhode Island[2] s'est détaché de la plateforme glaciaire de Ronne-Filchner.

2 Le Rhode Island est le plus petit état américain. Sa superficie est de 4 000 km², soit un peu moins de la moitié de la Corse.

Le niveau des océans monterait de près de 5 mètres si la calotte glaciaire de l'Antarctique occidentale venait à fondre complètement.

L'augmentation des températures est plus rapide en Arctique que partout ailleurs, avec des conséquences se faisant sentir sur l'ensemble de la planète. Les températures hivernales en Alaska, à l'ouest du Canada et à l'est de la Russie ont progressé de 2 °C à 4 °C au cours des 50 dernières années. La banquise de l'océan Arctique s'est réduite au point que, selon certains scientifiques, cet océan pourrait être entièrement navigable pendant la saison estivale d'ici 2015 – soit dans moins de cinq ans. Cette perspective inquiète les climatologues en raison de l'effet albédo[3] : la glace renvoie vers l'espace jusqu'à 70 % des rayons incidents du soleil, et 30 % sont absorbés sous forme de chaleur. Mais quand la banquise disparaît, les rayons du soleil sont absorbés à 94 % par l'eau de mer, bien plus sombre que la glace, et seuls 6 % sont renvoyés dans l'espace. Ceci crée une rétroaction positive – un phénomène qui se renforce lui-même une fois qu'il est enclenché.

Si la glace de mer vient à disparaître complètement en été et que sa superficie diminue en hiver, le réchauffement de l'Arctique va continuer de s'aggraver, accélérant le processus de fonte de la calotte polaire du Groenland. Les études récentes indiquent que du fait de la fonte des calottes glaciaires et de la dilatation de l'eau liée à son réchauffement, l'élévation du niveau des océans pourrait être au total de près de 2 mètres au cours de ce siècle, contre 15 centimètres au siècle dernier.

Même une élévation limitée à 1 mètre réduirait fortement la récolte de riz en Asie, où vit la moitié de la population mondiale. Elle inonderait la moitié des rizières du Bangladesh, un pays de 164 millions d'habitants, et submergerait en partie le delta du Mékong, où est produite la moitié du riz

---

3 Météo France propose la définition suivante de cette notion scientifique : « Considérons un milieu physique pourvu d'une surface qui reçoit un rayonnement électromagnétique bien déterminé, par exemple un élément de la surface terrestre sur lequel parvient le rayonnement solaire. Une partie du rayonnement incident va être renvoyée vers le milieu où il se propageait, après avoir subi une réflexion contre la surface du milieu recevant le rayonnement. L'albédo du milieu considéré est alors le rapport du flux de rayonnement réfléchi par ce milieu au flux de rayonnement incident. » Source : http://comprendre.meteofrance.com/pedagogique/pour_tous

vietnamien. Le Vietnam étant le deuxième exportateur mondial de riz derrière la Thaïlande, l'arrêt de ses exportations contraindrait une vingtaine de pays à trouver d'autres sources d'approvisionnement.

Par ailleurs, cette augmentation d'un mètre du niveau des mers ne se limiterait pas aux deltas du Gange au Bangladesh et du Mékong au Vietnam mais submergerait aussi à des degrés divers de nombreux autres deltas en Asie, région d'où provient 90 % de la récolte mondiale de riz.

Les glaciers aussi

La fonte des calottes glaciaires s'accompagne de celle des glaciers de montagne qui constituent des réserves naturelles d'eau douce. L'existence de ces quantités d'eau stockée sous forme de neige et de glace apparaît comme un fait acquis, car ces glaciers étaient déjà là bien avant la naissance de l'agriculture. Cette situation est en train de changer. En laissant le réchauffement de la planète se poursuivre, nous risquons de perdre « ces réservoirs du ciel » dont tant d'agriculteurs et de villes dépendent désormais.

Les Américains peuvent se rendre compte dans leur propre pays de la fonte massive des glaciers. À sa création en 1910, le parc national de Glacier, dans l'ouest du Montana, en abritait près de 150. Il n'en restait plus que 27 à la fin 2009 ; et en avril 2010, l'administration du parc a annoncé la fonte de 2 glaciers supplémentaires. Leur disparition totale n'est plus qu'une question de temps.

Le phénomène touche également d'autres sites emblématiques du globe : les glaciers du Mont Kilimandjaro en Afrique de l'Est ont perdu 85 % de leur volume entre 1912 et 2007. Comme ceux du parc national de Glacier, ils pourraient bientôt ne plus exister que sous forme de photographies dans des musées.

Selon le Service de surveillance mondial des glaciers (World Glacier Monitoring Service), nous venons de vivre la dix-neuvième année consécutive de recul des glaciers de montagne. Celui-ci concerne toutes les grandes chaînes de la planète, dont les Andes, les montagnes Rocheuses, les Alpes, l'Himalaya et le plateau Tibétain.

Associée à l'assèchement des nappes aquifères, la fonte des glaciers constitue la plus importante menace pour la sécurité alimentaire que le monde ait connue. Les glaciers de l'Himalaya et du plateau Tibétain contribuent en effet à l'alimentation des grands fleuves d'Asie durant la saison sèche, au moment où les besoins en irrigation sont les plus importants. Dans les bassins de l'Indus, du Gange, du Yang-Tseu-Kiang et du Fleuve Jaune, l'irrigation dépend directement de ces fleuves ; toute perte de débit durant la saison sèche met en difficulté les paysans de ces régions.

En Inde, le glacier géant de Gangotri, qui alimente le Gange pendant la saison sèche, recule. De très loin la principale source d'irrigation de l'Inde, le Gange alimente également en eau les 407 millions de personnes qui vivent dans son bassin.

Pour Yao Tandong, éminent glaciologue chinois, les glaciers du plateau Tibétain à l'ouest de la Chine fondent désormais de plus en plus vite ; beaucoup de petits glaciers ont déjà disparu. Yao pense que les deux tiers pourraient avoir fondu d'ici 2060. D'après lui, si cette fonte se poursuit, elle « conduira au final à une catastrophe écologique ».

147 millions de personnes vivent dans le bassin hydrographique du Fleuve Jaune ; leur existence dépend très directement du fleuve car les précipitations sont faibles dans la moitié nord de la Chine. Le Yang-Tseu-Kiang, le plus grand fleuve du pays, contribue quant à lui à la production d'au moins la moitié des 130 millions de tonnes de riz chinois. 369 millions de personnes vivent dans le bassin du Yang-Tseu-Kiang, soit plus que l'ensemble de la population des États-Unis.

Le nombre de personnes concernées par la fonte et la disparition durable des glaciers est donc considérable. La perspective de réduction du débit des fleuves à la saison sèche intervient dans un contexte démographique très difficile : d'ici 2030, les populations de l'Inde et de la Chine, actuellement de 1,2 et 1,3 milliards d'habitants, devraient respectivement augmenter de 270 et 108 millions de personnes. Les agriculteurs chinois et indiens, confrontés à la baisse de leurs capacités d'irrigation du fait du surpompage des nappes aquifères, vont également devoir faire face à une baisse de l'irrigation alimentée par les fleuves.

La Chine est le premier producteur mondial de blé et l'Inde le second, devant les États-Unis. Avec le riz et le blé, ces deux pays dominent totalement la production céréalière mondiale. Dans un monde où le prix des céréales a récemment atteint des records historiques, toute baisse des récoltes de riz ou de blé dans ces deux pays, du fait du manque d'eau, se traduira par un accroissement de leurs importations de céréales et donc des cours de ces matières premières. Les prix des denrées alimentaires vont vraisemblablement y augmenter à mesure que les glaciers disparaissent et que les eaux fluviales en saison sèche diminuent, provoquant une instabilité politique sans précédent dans des pays parmi les plus densément peuplés du monde. De graves troubles sociaux pourraient se développer en Chine en cas de baisse de l'approvisionnement alors qu'elle éprouve déjà des difficultés à enrayer l'inflation sur les denrées alimentaires. En Inde, où plus de 40 % des enfants de moins de 5 ans sont sous-alimentés et atteints de rachitisme, la faim va s'intensifier et la mortalité infantile probablement beaucoup progresser.

La fonte des glaciers peut se traduire dans un premier temps par une augmentation de débit des rivières, ce qui accroît potentiellement la quantité d'eau disponible pour l'irrigation. On observe ainsi, comme avec l'exploitation excessive des nappes aquifères, à un gonflement artificiel de la production alimentaire. Mais ce phénomène est limité dans le temps ; le recul des plus grands glaciers et la disparition pure et simple des plus petits mènent inévitablement à la réduction des volumes d'eau disponibles pour l'irrigation.

Un problème mondial

Au Pérou, près de 22 % de la couverture glaciaire a disparu ; celle-ci alimente les nombreuses rivières dont dépendent les agriculteurs et les villes des régions côtières très arides. En 2007, le glaciologue Lonnie Thompson de l'université d'État de l'Ohio relevait que le glacier de Quelccaya, au sud du pays, reculait de 60 mètres par an – alors que son recul n'était que de 6 mètres dans les années 1960. Début 2009, il indiquait dans une interview à *Science*

News que « le glacier recule aujourd'hui de 45 cm par jour, une évolution que l'on peut presque suivre à l'œil nu ».

En raison du recul des glaciers péruviens, la quantité d'eau parvenant jusqu'à la région côtière, où vit 60 % de la population, va décliner durant la saison sèche. Ceci concerne en particulier Lima, qui, avec près de 9 millions d'habitants est, après Le Caire, la deuxième plus grande ville du monde située en zone désertique. Au vu de la baisse à venir de ses ressources en eau, une étude des Nations unies parle à son sujet d'une « crise imminente ».

La Bolivie est aussi en train de perdre, à vitesse accélérée, les glaciers qui alimentent en eau ses villes et son agriculture. Sa couverture glaciaire s'est réduite de presque moitié entre 1975 et 2006. Le fameux glacier bolivien de Chacaltaya, où se trouvait autrefois la station de ski la plus haute du monde, a disparu en 2009.

La disparition des glaciers ainsi que la baisse de débit des rivières à la saison sèche menacent la sécurité alimentaire et la stabilité politique du Pérou, de la Bolivie et de l'Équateur, qui comptent au total 53 millions d'habitants. Les rivières alimentées par les glaciers n'assurent pas seulement une grande partie de la production régionale de blé et de pommes de terre, mais aussi la fourniture en électricité de cette région, dont plus de la moitié est produite par des barrages hydroélectriques. Peu de pays sont actuellement autant concernés par la fonte des glaciers que ces sociétés andines.

Pour un grand nombre de régions dans le monde, la neige est la principale source d'irrigation et d'eau potable. Au sud-ouest des États-Unis, par exemple, le débit du fleuve Colorado – première ressource en eau d'irrigation de la région – dépend en grande partie de l'enneigement des montagnes Rocheuses. La Californie est non seulement largement tributaire du Colorado, mais doit également compter sur la fonte des neiges des montagnes de la Sierra Nevada pour alimenter la zone de production de Central Valley qui approvisionne les États-Unis en fruits et légumes.

Une étude préalable sur l'effet de l'augmentation des températures sur trois grands systèmes hydrographiques de l'Ouest américain – ceux de la Columbia, du Sacramento et du Colorado – indique qu'en hiver les chutes de neige dans les montagnes vont radicalement diminuer alors qu'au contraire pluies et inondations hivernales deviendront plus fréquentes. Les modèles climatiques globaux prévoient une réduction de 70 % de l'enneigement de l'ouest des États-Unis d'ici le milieu du siècle dans l'hypothèse de la poursuite de la politique énergétique actuelle. Une étude détaillée menée sur la vallée de la rivière Yakima, importante région fruitière de l'état de Washington, montre que les pertes de production vont aller en s'accentuant avec la réduction de l'enneigement et donc de l'eau disponible pour l'irrigation.

Dans un même ordre d'idée, les capacités d'irrigation des pays d'Asie Centrale (Afghanistan, Kazakhstan, Kirghizstan, Tadjikistan, Turkménistan, et Ouzbékistan) dépendent fortement de la fonte des neiges provenant des massifs de l'Hindou Kouch, du Pamir et du Tian Shan ; en Iran, une bonne partie de l'eau du pays est fournie par la fonte des neiges de la chaîne de montagnes Alborz, qui culmine à 5 700 mètres entre Téhéran et la mer Caspienne.

De fortes interactions

La fonte des glaciers sur le plateau Tibétain est perçue par les Américains comme un problème interne chinois. C'est vrai, mais certains aspects de cette question nous concernent tous. En premier lieu, ce problème peut se transformer en scénario catastrophe pour les consommateurs américains. Si la Chine se met à acheter d'énormes quantités de céréales sur le marché mondial, comme cela a déjà été le cas pour le soja au cours de la dernière décennie, elle se tournera nécessairement vers les États-Unis qui sont de loin le premier exportateur mondial. Une compétition directe pour la production céréalière des États-Unis entre consommateurs américains et 1,3 milliard de Chinois aux revenus en croissance rapide n'est pas à exclure. La montée des prix alimentaires qu'elle induirait est une perspective inquiétante pour l'ensemble de la planète.

Dans les années 1970, le gouvernement américain a restreint les exportations de céréales quand la tension sur les marchés internationaux a généré une inflation inacceptable du prix des denrées alimentaires sur son marché intérieur. Cette politique n'est plus envisageable aujourd'hui vis-à-vis de la Chine : le gouvernement chinois est en effet l'un des plus gros acheteurs de bons du Trésor américain émis chaque mois par le ministère du Budget pour couvrir le déficit des États-Unis. La Chine, qui détient près de 900 milliards de dollars de sa dette, est devenue son principal banquier. Que cela leur plaise ou non, les consommateurs américains partageront avec les consommateurs chinois la production céréalière des États-Unis. L'idée que le recul des glaciers du plateau Tibétain puisse un jour faire monter le prix des denrées alimentaires aux caisses des supermarchés américains illustre la complexité des interactions dans le monde moderne.

Curieusement, les deux pays qui prévoient de construire la plupart des nouvelles centrales thermiques à charbon, c'est-à-dire l'Inde et la Chine, sont précisément ceux dont la sécurité alimentaire est la plus menacée par les émissions de carbone provenant de la combustion du charbon. Or, leur véritable intérêt serait de tout mettre en œuvre pour sauver leurs glaciers : il leur faudrait pour cela réorienter leur politique énergétique en investissant dans l'efficacité énergétique et dans les sources d'énergie renouvelables que constituent les fermes éoliennes, les centrales solaires thermiques et les centrales géothermiques.

L'histoire nous apprend que le déclin puis l'effondrement des civilisations anciennes s'explique souvent par la chute des récoltes. Dans le cas des Sumériens, l'augmentation de la concentration en sel du sol avait fait baisser les rendements du blé et de l'orge, ce qui a conduit à terme à la disparition de cette remarquable civilisation. Dans notre cas, l'augmentation de la concentration en dioxyde de carbone dans l'atmosphère pourrait, via le réchauffement climatique, provoquer une baisse généralisée de la production céréalière mondiale et au bout du compte l'anéantissement de toute notre civilisation.

PARTIE II

LES CONSÉQUENCES

ÉMERGENCE D'UNE GÉOPOLITIQUE
DE LA PÉNURIE ALIMENTAIRE

Durant les années 2007 et 2008, les cours mondiaux du blé, du riz, du maïs et du soja ont explosé, triplant leur niveau historique moyen. L'augmentation du prix des produits alimentaires a provoqué des troubles sociaux dans de nombreux pays. Dans plusieurs provinces thaïlandaises, du riz à maturité a été volé de nuit dans les rizières. En réponse, les villageois ont organisé une surveillance armée des parcelles éloignées des habitations. Pour la mission du PAM (Programme alimentaire mondial de l'ONU) au Soudan qui approvisionne en céréales 2 millions de réfugiés dans les camps du Darfour, la tâche s'est révélée très difficile : au premier trimestre 2008, 56 camions chargés de céréales ont été détournés. L'aide alimentaire elle-même a été interrompue. Au Pakistan, où le prix de la farine a doublé, la sécurité alimentaire est devenue un sujet d'inquiétude national : des milliers de militaires pakistanais ont été affectés à la garde des silos et des transports routiers de blé.

L'étau de cette montée des prix se refermant sur les populations les plus démunies, les « émeutes de la faim » se sont multipliées. En Égypte, des soldats ont été réquisitionnés pour aider à la fabrication du pain ; des scènes de combats et quelquefois même de meurtres se sont produites dans les files d'attente devant les boulangeries d'État. Au Maroc, 34 émeutiers de la faim ont été arrêtés. Au Yémen, les émeutes ont provoqué la mort d'au moins douze personnes. Au Cameroun, on dénombre des dizaines de morts et des centaines d'arrestations. Des émeutes ont aussi éclaté en Éthiopie, à Haïti, en Indonésie, au Mexique, aux Philippines et au Sénégal ; particulièrement dures à Haïti, elles ont contraint le Premier ministre à la démission après des semaines de violence et d'affrontements.

Le triplement des prix mondiaux des céréales a aussi brutalement réduit les capacités d'aide alimentaire, mettant en danger des dizaines de pays dépendant du PAM. Les responsables de celui-ci ont lancé en mars 2008 un appel pressant pour récolter 500 millions de dollars de fonds supplémentaires. Avant même la hausse des prix, ils estimaient que 18 000 enfants mourraient chaque jour de faim ou de maladies associées.

Le monde a connu plusieurs hausses des prix des céréales au cours des 50 dernières années, mais aucune comparable à celle de 2007-2008. Dans le passé, ces hausses étaient conséquentes d'un événement particulier – une mauvaise mousson en Asie, une sécheresse sévère en Union soviétique, ou une canicule dévastatrice dans le Middle West américain. Ces augmentations des prix étaient provisoires, liées à la météorologie, et la récolte suivante résolvait habituellement le problème. Mais la hausse record des prix des céréales de 2007-2008, confirmée et amplifiée en 2010, est structurelle : elle résulte de la conjugaison de tendances récentes ou anciennes affectant l'offre et la demande alimentaire.

Des facteurs multiples

Trois facteurs sont à l'origine de l'augmentation de la demande : la croissance démographique, l'augmentation de la richesse – qui dope la consommation de viande, de lait et d'œufs – et enfin l'utilisation de céréales pour la production d'agrocarburants. La croissance démographique est née avec l'agriculture, mais représente aujourd'hui un accroissement de près de 80 millions de personnes par an au niveau mondial. Fait aggravant, l'écrasante majorité de ces nouveaux arrivants voit le jour dans des pays déjà confrontés à un déficit de terres cultivables, à l'érosion des sols et à l'assèchement des puits d'irrigation.

Au-delà de cette pression démographique, près de 3 milliards d'habitants cherchent à améliorer leur alimentation par la consommation de protéines animales dont la production requiert de grandes quantités de céréales. La consommation annuelle de céréales croît avec l'augmentation du revenu, passant de moins de 180 kg par personne en Inde, à près de 720 kg aux États-Unis, où les régimes alimentaires sont riches en viande et produits laitiers.

Le troisième facteur a émergé avec la politique des États-Unis consistant en la conversion de céréales en éthanol pour réduire la dépendance du pays au pétrole. Peu de temps après Katrina – l'ouragan qui s'est abattu sur la Nouvelle-Orléans en 2005 – l'essence a fortement augmenté aux États-Unis et les investissements réalisés dans les distilleries d'éthanol sont devenus extrêmement rentables. La croissance de la demande mondiale en céréales, qui était habituellement de 20 millions de tonnes par an, a soudain franchi les 50 millions de tonnes en 2007 puis en 2008, suite à la mise en service d'un nombre très important de nouvelles distilleries. L'investissement massif dans cette filière aux États-Unis a déclenché une concurrence sans précédent entre alimentation et agrocarburants.

La transformation de céréales en carburant automobile a encore progressé en 2009. 119 des 416 millions de tonnes de la récolte américaine de céréales ont ainsi fini dans les distilleries d'éthanol ; cette quantité dépasse les productions canadienne et australienne réunies.

Alors même que ces trois facteurs se conjuguaient pour augmenter la consommation mondiale, les spéculateurs sont entrés dans la danse. En achetant les céréales sur les marchés à terme et en soustrayant certains stocks du marché, ils ont contribué à aggraver la flambée des prix.

Une offre alimentaire qui se réduit

Si l'on considère maintenant l'offre alimentaire, plusieurs tendances étudiées dans les chapitres précédents empêchent une croissance suffisamment rapide de la production pour faire face à l'augmentation de la demande. Il s'agit de l'érosion des sols, de l'épuisement des nappes aquifères, de la multiplication des canicules détruisant les récoltes, de la fonte des calottes glaciaires et des glaciers de montagne et enfin du détournement de l'eau d'irrigation en faveur des zones urbaines.

Les agriculteurs perdent aussi des terres cultivables au profit d'usages non agricoles. Populations et automobiles sont en concurrence non seulement pour les produits de la terre, mais pour la terre elle-même. Les États-Unis ont ainsi bitumé une superficie supérieure à la moitié de l'Italie. Tout ajout de cinq véhicules au parc automobile américain conduit au goudronnage d'une superficie comparable à celle d'un demi-terrain de football (4 000 m²).

Dans le cas de la Chine, les implications de cette relation entre automobiles et terres arables sont stupéfiantes. Pour la première fois en 2009, le nombre d'automobiles vendues en Chine a dépassé les ventes aux États-Unis. Si le taux d'équipement des Chinois devait atteindre celui des Américains, c'est-à-dire trois voitures pour quatre personnes, il y aurait plus d'un milliard de véhicules en Chine, soit plus que l'ensemble de la flotte mondiale actuelle. La surface artificialisée requise correspondrait aux deux tiers de la surface actuelle des rizières du pays.

Demande exponentielle de soja

À l'échelle mondiale, cette pression sur les terres arables se heurte à la demande accrue en soja, facteur-clé de l'augmentation des productions de viande, de lait et d'œufs. Son introduction dans la ration alimentaire du bétail et des volailles améliore nettement l'efficacité de la conversion des céréales en protéines animales. C'est la cause de l'explosion de la consommation mondiale en soja qui est passée de 17 millions de tonnes en 1950 à 252 millions de tonnes en 2010, soit une progression d'un facteur 15.

Cette explosion de la demande n'est nulle part aussi forte qu'en Chine, pays dont la plante est originaire. Il y a peu, en 1995, la Chine produisait 14 millions de tonnes de soja et en consommait autant ; en 2010, sa production était inchangée mais sa consommation avait atteint un total de 64 millions de tonnes. La moitié des exportations mondiales de soja sont aujourd'hui destinées à la Chine.

La demande en soja explose, mais la stagnation des rendements par hectare fait que la progression de la production mondiale est surtout liée à l'accroissement des surfaces consacrées à cette culture. Le soja accapare les ressources en terres arables aux États-Unis, au Brésil et en Argentine ; ces pays représentent à eux trois les quatre cinquièmes de la production mondiale de soja et 90 % des exportations. La surface plantée en soja aux États-Unis dépasse aujourd'hui celle du blé. Au Brésil, elle supplante le total des emblavages en maïs, blé et riz. En Argentine, elle est désormais le double de celle plantée en céréales. Il s'agit virtuellement d'une monoculture de soja dont la demande en forte croissance conduit à la déforestation du Brésil et à la mise en culture des prairies d'Argentine.

Tensions croissantes entre offre et demande

Ce déséquilibre croissant entre l'offre et la demande est à l'origine d'une véritable tempête sur l'économie alimentaire mondiale, et favorise l'émergence d'une géopolitique de la pénurie alimentaire. L'explosion des prix alimentaires peut nuire à la stabilité politique de certains pays. La Russie et l'Argentine ont commencé à la fin de 2007 à réduire ou à interdire leurs exportations de blé pour tenter de contrôler l'inflation sur leur marché intérieur. Le Vietnam, deuxième exportateur mondial de riz, en a interdit l'exportation pendant plusieurs mois. Ces mesures rassurantes pour les populations concernées ont par contrecoup semé la panique chez nombre de pays importateurs de céréales. Les gouvernements de ces derniers ont soudain réalisé qu'ils ne pouvaient plus compter sur le marché mondial pour assurer leurs approvisionnements.

En réaction, certains ont alors tenté de conclure des accords commerciaux bilatéraux à long terme pour garantir leurs besoins futurs en céréales. Les Philippines, l'un des principaux pays importateurs de riz, ont ainsi négocié un contrat de trois ans avec le Vietnam garantissant un approvisionnement de 1,5 million de tonnes de riz par an. Le Yémen, qui importe désormais l'essentiel de son blé, a envoyé sans succès une délégation en Australie dans l'espoir de négocier un accord d'importation de blé à long terme. L'Égypte a conclu un contrat du même ordre avec la Russie portant sur l'importation de plus de 3 millions de tonnes de blé par an. D'autres pays importateurs ont cherché à conclure des accords similaires. Mais peu y sont parvenus dans un contexte où la demande excède considérablement l'offre.

Acquisition de terres

La perte de confiance des pays importateurs a conduit les plus riches d'entre eux à acheter ou louer de grandes étendues de terres à l'étranger pour garantir leur sécurité alimentaire. En langage diplomatique ou boursier, il s'agit d'acquisition de terres ; pour les petits fermiers et les ONG qui travaillent avec eux, c'est une confiscation. Du fait de la contraction des ressources alimentaires, nous assistons à une lutte sans précédent pour l'accès aux terres agricoles au plan international. Guidées au départ par l'insécurité alimentaire, ces acquisitions de terres sont devenues aujourd'hui de lucratives opportunités d'investissement. Fatou Mbaye d'ActionAid au Sénégal fait observer que « les terres arables sont en train de devenir un nouvel Eldorado et font actuellement l'objet d'une forme moderne de ruée vers l'or ».

L'Arabie saoudite, la Corée du Sud et la Chine figurent parmi les pays les plus offensifs dans ce mouvement d'achats de terres à l'étranger. L'Arabie saoudite, qui épuise rapidement sa ressource en eau d'irrigation, verra bientôt son approvisionnement en céréales entièrement dépendre de ses importations et de ses projets à l'étranger. La Corée du Sud importe aujourd'hui plus de 70 % de ses céréales. La tension monte en Chine, confrontée à l'assèchement de ses nappes aquifères et à une réduction importante des surfaces cultivées au profit d'usages non agricoles. Après dix années d'autosuffisance en céréales, la Chine a commencé en 2010 à importer du maïs des États-Unis, du blé de l'Australie, du Kazakhstan, du Canada et des États-Unis.

Bien qu'elle ne soit pas un pays riche, l'Inde est aussi devenue un acteur majeur de ces opérations d'acquisition de terres. Elle s'inquiète pour sa sécurité alimentaire alors que ses puits d'irrigation commencent à s'assécher et que l'instabilité climatique grandit. L'Égypte, la Libye, Bahreïn, le Qatar et les Émirats arabes unis font partie des autres pays qui développent une politique de location et d'achats de terres à l'étranger.

Les toutes premières opérations d'acquisition de terres étaient principalement le fait de gouvernements préoccupés par leur sécurité alimentaire. Elles associaient diplomatie et monde des affaires, les gouvernements négociant souvent au côté d'entreprises de leur propre pays – certaines ayant été créées spécialement pour la production alimentaire à l'étranger. Une fois les négociations terminées, les entreprises prenaient généralement le contrôle des opérations. Le temps passant, ces acquisitions de terres sont aussi devenues des opportunités d'investissement pour des sociétés agroalimentaires, des banques d'investissement et des fonds souverains.

L'Indonésie, les Philippines et la Nouvelle-Guinée figurent au nombre des pays d'Asie vendant ou louant leurs terres. En Amérique latine, le pays le plus concerné est le Brésil, devant l'Argentine et le Paraguay. En Afrique, les transactions s'opèrent à des niveaux de prix bien inférieurs à ceux pratiqués en Asie, et l'Éthiopie, le Soudan et le Mozambique sont au rang des nombreux pays ciblés par les investisseurs. Un hectare de terre peut, par exemple, être loué en Éthiopie pour moins d'un dollar par an, contre 100 dollars ou plus en Asie, où la terre fait défaut. L'Afrique constitue pour ces acquisitions de terres une nouvelle opportunité.

Ce sont surtout des pays pauvres et le plus souvent sujets à la famine qui vendent ou louent leurs terres, tels que l'Éthiopie et le Soudan. L'Arabie saoudite s'est félicitée en janvier 2009 de la première livraison de riz produit sur des terres achetées à l'étranger ; celui-ci provient d'Éthiopie, un pays où la subsistance de quelque 5 millions de personnes dépend des efforts du PAM. Le Soudan est quant à lui bénéficiaire dans le cadre du PAM du plus important programme mondial de lutte contre la famine.

Les objectifs de ces acquisitions de terres sont variables. Dans certains cas, il s'agit de produire des céréales comme du riz ou du blé ; dans d'autres, il s'agit de produire pour le bétail et la volaille, principalement du maïs. La troisième raison est la demande en carburant automobile. L'objectif que s'est assignée l'Union européenne d'atteindre 10 % d'énergies renouvelables dans les transports encourage ces confiscations de terres en vue de la production d'agrocarburants destinés au marché européen.

La Chine se démarque par l'ampleur de ses investissements. Les Chinois auraient acquis 2,8 millions d'hectares en République démocratique du Congo (RDC) pour y produire de l'huile de palme utilisable dans l'alimentation ou comme carburant. La superficie en question est à comparer au 1,2 million d'hectares que la RDC consacre à la production de maïs, aliment de base pour ses 68 millions d'habitants. Tout comme l'Éthiopie ou le Soudan, le pays est dépendant de l'aide du PAM. La Chine est également en négociation pour 2 millions d'hectares en Zambie où elle compte faire pousser du jatropha, une plante vivace oléagineuse. L'Australie, la Russie, le Brésil, le Kazakhstan et la Birmanie figurent aussi parmi les pays où la Chine a déjà réalisé des achats de terres ou projette de le faire.

La Corée du Sud, grand importateur mondial de maïs, investit des sommes importantes dans plusieurs pays. Elle aussi est très offensive dans cette course à la sécurité alimentaire, ayant notamment signé des accords avec le Soudan pour la production de blé sur quelque 690 000 hectares. À titre de comparaison, cette superficie représente presque les trois quarts de la surface que la Corée du Sud consacre chez elle à la production de riz, pour lequel elle est autosuffisante. L'Arabie saoudite acquiert des terres en Éthiopie, au Soudan, en Indonésie et aux Philippines. Les premiers investissements indiens sont quant à eux concentrés dans plusieurs pays africains et principalement en Éthiopie.

On souligne assez rarement que ces achats de terres sont aussi des achats de ressources en eau. La terre, qu'elle soit en culture pluviale ou irriguée, procure un droit sur les eaux du pays hôte. Les contrats d'achats de terres sont donc une question encore plus sensible dans les pays où la pression sur la ressource en eau est déjà importante. Les acquisitions de terres en Éthiopie, où jaillissent la plupart des sources du Nil, ou au Soudan, qui prélève de l'eau de ce fleuve plus en aval, sont synonymes d'une baisse de la ressource pour l'Égypte et donc d'une dépendance encore accrue de ce pays vis-à-vis des importations de céréales.

Ces investissements fonciers présentent un autre aspect dérangeant. En effet, ils ont lieu dans des pays comme l'Indonésie, le Brésil et la RDC, où l'expansion des cultures est souvent synonyme de destruction des forêts primaires tropicales qui séquestrent des quantités importantes de carbone. Cette déforestation pourrait donc augmenter de façon non négligeable les émissions mondiales de carbone, accroissant la menace que fait peser le changement climatique sur la sécurité alimentaire.

Des conditions d'acquisition opaques

Ces opérations bilatérales d'acquisition de terres soulèvent de nombreuses questions. Tout d'abord, ces négociations et les accords auxquels elles conduisent manquent presque toujours de transparence. Seuls quelques fonctionnaires de haut rang sont généralement impliqués et les termes des contrats demeurent confidentiels, alors que les terres font partie du patrimoine commun. Non seulement un grand nombre de parties prenantes dont les agriculteurs ne sont pas présents à la table des négociations, mais ils ne découvrent souvent l'existence de ces accords qu'après leur signature. Et comme la jachère est pratiquement inexistante dans ces pays, de nombreux agriculteurs se voient purement et simplement évincés de leurs terres. Celles-ci peuvent être confisquées ou rachetées à des prix sur lesquels ils peuvent difficilement s'aligner. On comprend mieux l'hostilité publique que ces accords provoquent généralement sur le terrain.

Dans un article de référence consacré à l'accaparement de terres en Afrique, paru dans *The Observer*, John Vidal cite les propos de Nyikaw Ochalla, un Éthiopien de la région de Gambella : « Les entreprises étrangères arrivent en force, privant de leurs terres ceux qui en ont eu l'usage pendant des siècles. Il n'y a pas de consultation des populations locales. Les accords sont signés en secret. La seule chose que voient les habitants ce sont des gens arrivant avec force tracteurs pour envahir leurs terres. » Parlant de son propre village, dont une entreprise indienne est en train de s'emparer, Ochalla dit : « On leur a pris leur terre de manière autoritaire sans la moindre compensation ; les gens ne peuvent pas croire à ce qui leur arrive. »

L'hostilité des populations locales à cette forme de saisie effective est généralisée. La Chine, par exemple, a signé en 2007 avec le gouvernement philippin un contrat de location portant sur plus d'un million d'hectares de terres à cultiver. Quand l'information a filtré, les protestations publiques – émanant des agriculteurs philippins, pour l'essentiel – ont forcé le gouvernement à suspendre le contrat. Une situation similaire s'est produite à Madagascar, où la société coréenne Daewoo Logistics avait obtenu des droits sur plus de 1,2 million d'hectares de terres, soit la moitié de la superficie de la Belgique. Cet accord a contribué à alimenter une violente crise politique qui a conduit à un changement de gouvernement et à l'annulation du contrat.

Ces investissements sont notamment réalisés par des entreprises agroalimentaires dans des pays pauvres, et pour une production destinée uniquement à l'exportation. Ces acquisitions vont appauvrir les populations locales, beaucoup se retrouvant sans terres; il y aura moins de terres disponibles au niveau national pour l'agriculture de subsistance des habitants.

En cas de hausse des prix alimentaires dans le pays hôte, le pays investisseur pourra-t-il effectivement faire exporter la production issue des terres qu'il y aura acquises ? La population sous-alimentée de ces pays restera-t-elle les bras croisés face aux exportations de céréales produites sur des terres qui étaient autrefois les siennes ? Les investisseurs devront-ils embaucher des forces de sécurité pour s'assurer de l'expédition de leurs récoltes délocalisées ? Ceux qui achètent des terres dans des pays où règne la famine sont en train de semer les germes de futurs conflits.

Effets secondaires

Ces acquisitions à grande échelle de terres à l'étranger par les pays importateurs soulèvent une question centrale : quels en seront les effets sur la production et la sécurité alimentaires mondiales ? Dans un rapport de septembre 2010, la Banque mondiale a identifié 464 opérations d'acquisition de terres en cours entre octobre 2008 et octobre 2009, en se basant sur les annonces faites par voie de presse. Seul un cinquième des projets déclarés était entré en production, en partie en raison du grand nombre de contrats conclus uniquement à des fins de spéculation sur la valeur future des terres achetées, et non pour une mise en culture à court terme par le pays acquéreur. Le rapport donnait plusieurs autres explications à ce lent démarrage : « Objectifs irréalistes, variation des prix, infrastructure, technologies et institutions inadaptées. »

La superficie était connue pour seulement 203 projets, correspondant déjà à 47 millions d'hectares, soit l'équivalent de l'ensemble des surfaces plantées en blé et maïs aux États-Unis. Ces contrats laissent supposer des investissements d'au moins 50 milliards de dollars. Parmi les 405 projets pour lesquels la culture prévue est connue, 21 % sont affectés à la production d'agrocarburants et 21 % à des cultures industrielles ou commerciales ; seuls 37 % sont dédiés à la production de cultures vivrières.

Quel sera le niveau de productivité des terres qui seront réellement exploitées ? On peut supposer que le niveau des compétences et des technologies agricoles utilisées permettra d'obtenir des rendements relativement élevés. En Afrique, par exemple, le simple fait d'appliquer un fertilisant sur des sols appauvris en nutriments permettra de doubler le rendement des céréales. Les investisseurs devraient être capables de doubler ou tripler les rendements sur une grande partie du continent.

Bien que de spectaculaires gains de production puissent être envisagés dans certains pays, on peut aussi s'attendre à l'abandon de projets économiquement non viables. L'agriculture « offshore » pourrait s'avérer très onéreuse du fait des coûts de transport dans un contexte de hausse du prix des carburants. De plus, l'introduction de nouvelles cultures en zone tropicale et subtropicale, où ont lieu la plupart des acquisitions de terres, pourrait favoriser l'occurrence de phytopathologies et d'attaques d'insectes.

Une autre incertitude tient à la difficulté de planifier les opérations. Comme l'indique l'étude de la Banque mondiale, la mise en production de toutes ces terres ne se fera pas automatiquement en un ou deux ans. Si de nombreuses acquisitions ont été enregistrées depuis 2008, peu de récoltes avaient été effectivement réalisées en 2010. Comme mentionné précédemment, les Saoudiens ont récolté leur première production de riz en Éthiopie fin 2008. La société sud-coréenne Hyundai Heavy Industries a récolté près de 4 500 tonnes de soja et 2 000 tonnes de maïs sur une exploitation de 10 000 hectares rachetée à ses propriétaires russes, 160 km au nord de Vladivostok. Hyundai prévoit d'étendre d'ici 2012 l'exploitation à 50 000 hectares, pour produire annuellement 100 000 tonnes de soja et de maïs (moins de 1 % de la consommation sud-coréenne) pour son marché national à échéance de 2015. Une société indienne a également commencé à récolter du maïs en Éthiopie.

Les infrastructures publiques nécessaires au fonctionnement d'une agriculture de marché moderne sont absentes d'une large partie de l'Afrique. Il faudra des années avant que ne soient construites les routes permettant l'exportation des productions agricoles et l'acheminement des engrais et autres intrants nécessaires. L'agriculture moderne exige l'accès à ses propres infrastructures – hangars pour les machines et les intrants agricoles, silos à céréales, installations de stockage de carburant et, dans de nombreux cas, pompe d'irrigation et matériel de forage. Au total, le développement agricole dans ce contexte est un processus lent, qui exige un travail intensif.

Même si certains de ces projets peuvent améliorer de façon spectaculaire la productivité de la terre, la question de savoir si les populations locales vont en profiter demeure entière. Si tous les intrants (équipements agricoles, engrais, pesticides, semences) sont importés de l'étranger et toute la production ensuite exportée, cela ne favorisera ni l'économie ni la production alimentaire locales. Au mieux, les habitants pourront être employés comme ouvriers agricoles dans ces exploitations ; selon toute vraisemblance, les emplois seront peu nombreux dans des fermes fortement mécanisées. Dans le pire des scénarios, ces pays se retrouveront avec moins de terres disponibles et des ressources en eau insuffisantes pour satisfaire les besoins de leurs populations déjà sous-alimentées.

La stabilité politique est l'un des paramètres les plus difficiles à évaluer. L'arrivée au pouvoir des partis d'opposition pourrait conduire à l'annulation des contrats au vu de l'opacité dans laquelle ces accords ont été conclus. Les acquisitions de terre au Soudan et en RDC sont de ce point de vue particulièrement risquées. Ces deux pays figurent parmi les cinq premiers du classement des États défaillants. Retirer leur terre aux gens qui les exploitent est sans doute l'acte le plus à même de déclencher des révoltes : l'équipement agricole peut facilement être saboté et les champs de céréales brûlent très facilement lorsqu'ils sont incendiés à maturité.

La Banque mondiale, en collaboration avec l'Organisation des Nations unies pour l'alimentation et l'agriculture et d'autres agences associées, a proposé une procédure relative aux acquisitions de terres. Si ces règles sont bien conçues, aucun moyen n'est cependant prévu pour imposer leur application.

La Banque mondiale ne semble guère décidée à remettre en cause le principal argument des acheteurs de terres, selon lequel ces achats seront bénéfiques aux exploitants des pays « hôtes ».

Le principe de ces acquisitions forcées est remis en cause sur le principe par une coalition d'une centaine d'ONG nationales et internationales. Ces groupes de pression luttent contre la mainmise de grands groupes qui imposent cette forme d'exploitation à grande échelle, très mécanisée et réclamant de lourds investissements ; ils demandent au contraire une aide internationale en faveur d'une agriculture de proximité, basée sur des exploitations familiales qui génèrent des emplois dont ces pays ont tant besoin, et produisent pour les marchés locaux et régionaux.

La raréfaction des terres et de l'eau, l'élévation des températures à la surface du globe ainsi que la dégradation de la sécurité alimentaire mondiale favorisent l'émergence d'une dangereuse géopolitique de la pénurie. Depuis plusieurs décennies, cette tendance se renforce et la véritable prise de conscience de son impact est très récente. L'accaparement de terres agricoles fait partie intégrante d'une lutte de pouvoir pour la sécurité alimentaire à l'échelle planétaire. Conçu au bénéfice des riches, ce phénomène laissera probablement les pauvres encore plus démunis.

LE FLOT GRANDISSANT
DES RÉFUGIÉS ENVIRONNEMENTAUX

Fin août 2005, alors que l'ouragan Katrina s'approchait des côtes américaines, plus d'un million de personnes ont été évacuées de la Nouvelle-Orléans et des petites villes et communautés rurales côtières. Sage décision : dans certaines agglomérations, la tempête et son raz-de-marée de 8,5 mètres de hauteur ont tout emporté sur leur passage. Si la Nouvelle-Orléans a résisté au premier impact, plusieurs quartiers ont été inondés quand les digues ont cédé ; en de nombreux endroits, seuls les toits restaient émergés – derniers refuges pour des milliers de personnes.

Après le passage de l'ouragan, on s'attendait comme lors des tempêtes précédentes à ce que les habitants évacués rentrent chez eux pour réparer et reconstruire. Si 700 000 personnes sont bien revenues, près de 300 000 ne sont toujours pas rentrées et ne prévoient pas de le faire. La plupart n'ont plus de domicile et ont perdu leur travail. Ce ne sont plus des évacués, mais des réfugiés climatiques. Il est frappant de noter que la première vague importante de réfugiés climatiques de notre temps s'est produite aux États-Unis, plus grand émetteur au monde du CO_2 atmosphérique – responsable du réchauffement de la Terre. La Nouvelle-Orléans est le premier cas moderne de ville côtière en partie abandonnée.

L'augmentation du flot de réfugiés environnementaux est une des caractéristiques de notre époque. Ces populations fuient la montée du niveau des mers, les tempêtes de plus en plus destructrices, la progression des déserts, les pénuries d'eau et les risques liés à la concentration en polluants toxiques de leur environnement. À long terme, l'essentiel du flot de réfugiés environnementaux sera composé de personnes fuyant la montée du niveau des mers. Il est probable qu'au cours de ce siècle la montée des eaux atteigne près de 2 mètres. Une élévation d'un seul mètre inonderait en partie de nombreuses villes côtières situées à basse altitude, de même que les deltas de grands fleuves et les États insulaires de faible élévation moyenne. Les premiers réfugiés seront ces millions de familles asiatiques vivant de la culture du riz dans les deltas des fleuves, dont les terres se retrouveront en dessous du niveau de la mer.

Les réfugiés chassés par la montée des eaux seront principalement issus des villes côtières. Londres, New York, Washington, Miami, Shanghai, Calcutta, Le Caire et Tokyo figureront parmi les premières villes touchées. Si l'élévation du niveau de la mer ne peut être maîtrisée, les villes devront se résoudre à construire des digues pour bloquer sa progression ou à planifier le relogement de leurs habitants.

Le déplacement de ces millions de réfugiés vers des régions plus élevées à l'intérieur de leur pays va créer deux marchés de l'immobilier, le premier à la baisse dans les régions côtières et le second à la hausse dans les zones protégées par leur élévation. Les primes d'assurance du secteur immobilier sont déjà en train d'augmenter dans les zones inondables et exposées aux tempêtes comme la Floride.

Les deltas des fleuves abritent certaines des populations les plus nombreuses et exposées, notamment celles des deltas du Mékong, de l'Irrawaddy en Birmanie, du Niger, du Nil, du Mississippi, du Yang-Tseu-Kiang, du Gange et du Brahmapoutre. Un accroissement de 2 mètres du niveau de la mer provoquerait le déplacement de 15 millions de Bangladais habitant les deltas très densément peuplés du Gange et du Brahmapoutre.

Premières victimes

Basée à Londres, la fondation Environmental Justice souligne que « l'élévation d'un mètre du niveau de la mer modifierait jusqu'à 70 % de la bordure côtière du Nigeria et toucherait plus de 2,7 millions d'hectares. L'Égypte perdrait au moins 2 millions d'hectares dans le delta particulièrement fertile du Nil, ce qui provoquerait le déplacement de 8 à 10 millions de personnes dont la quasi-totalité de la population d'Alexandrie. »

Les îles basses seront aussi durement touchées. Les 39 membres de l'Alliance des petits États insulaires (Alliance of Small Island States, AOSIS) s'attendent à perdre tout ou partie de leurs territoires en raison de la montée du niveau des mers. Les îles les plus menacées à très court terme sont les Tuvalu, les Kiribati et les îles Marshall dans le Pacifique, et les Maldives dans l'océan Indien. Bien avant d'être totalement submergés, les habitants de ces îles doivent faire face à l'intrusion d'eau salée qui contamine leur eau potable et rend impossible la survie des plantes à racines profondes. À terme, toutes les cultures seront condamnées. Près de 3 000 des 10 000 habitants des Tuvalu ont déjà émigré en Nouvelle-Zélande et cherchent du travail dans le cadre d'un programme migratoire dédié. Pour les populations plus importantes – comme les 300 000 habitants des Maldives –, émigrer ailleurs sera plus compliqué. Le président des Maldives consacre toute son énergie à tenter d'acheter des terres où pourrait émigrer son peuple. À la suite du tsunami de 2004 qui a ravagé l'Indonésie, le gouvernement des Maldives a décidé d'organiser un « repli programmé » en déplaçant la population des quelque 200 îles les plus basses vers une douzaine d'autres plus élevées ; l'altitude de ces dernières ne dépasse cependant pas 2,5 mètres. En prévision de la montée du niveau de la mer, le gouvernement de Papouasie-Nouvelle-Guinée a également déplacé 1 000 habitants des îles Carteret vers l'île plus grande de Bougainville.

Parallèlement au bouleversement social et à l'anéantissement individuel que vivent les populations qui voient leur pays envahi par la mer, des questions légales restent à résoudre. Quand un pays cesse-t-il légalement d'exister ? Quand il n'y a plus de gouvernement en exercice ou quand le pays a disparu sous les eaux ? À partir de quel moment un pays perd-il son droit de vote aux Nations unies ? Quoi qu'il en soit, la montée du niveau des mers va vraisemblablement réduire le nombre des membres de l'ONU avec la disparition des états insulaires de faible élévation.

Jusqu'à 12 mètres d'élévation ?

De combien le niveau des eaux peut-il monter ? Rob Young et Orrin Pilkey indiquent dans *The Rising Sea* [La montée des mers] que les instances de planification urbaine de Rhode Island et Miami se basent sur une hausse minimale d'au moins un mètre à l'horizon 2100. Une étude de même type pour la Californie retient quant à elle le chiffre de 1,40 mètre d'ici la fin du siècle. Les Néerlandais, pour les besoins de gestion de leur littoral, font l'hypothèse d'une montée de l'eau de 0,75 mètre en 2050.

En fait, la fonte totale de la calotte glaciaire du Groenland, dont l'épaisseur atteint par endroits plus de 1,6 km, provoquerait une montée du niveau des mers de 7 mètres. Si le même phénomène survenait en Antarctique occidentale, le niveau des mers s'élèverait de 5 mètres. Le niveau des mers s'élèverait donc de près de 12 mètres en cas de fonte de ces deux masses de glace, qui sont considérées par les scientifiques comme les plus vulnérables. Ce chiffre ne tient par ailleurs pas compte de la dilatation thermique de l'eau des océans qui accompagne son réchauffement et contribuera de façon importante à l'élévation.

Une étude publiée par l'Institut international pour l'environnement et le développement (IIED) a analysé les conséquences d'une augmentation de 10 mètres du niveau de la mer. 634 millions de personnes vivent dans des zones littorales situées à moins de 10 mètres au-dessus du niveau de la mer – ce qu'on appelle la zone côtière à faible altitude. Le pays le plus exposé serait la Chine et ses 144 millions de réfugiés climatiques potentiels, devant l'Inde et le Bangladesh, avec respectivement 63 et 62 millions de réfugiés. 43 millions de personnes seraient concernées au Vietnam et 42 millions en Indonésie. Parmi les 10 premiers pays de ce classement, on trouve aussi le Japon avec 30 millions de réfugiés, l'Égypte avec 26 millions et les États-Unis avec 23 millions. Certains réfugiés pourraient simplement s'installer dans leur propre pays, à plus haute altitude. Les autres, confrontés à la surpopulation à l'intérieur des terres, devraient trouver refuge à l'étranger.

Ouragans et tempêtes

La seconde catégorie de réfugiés environnementaux est elle aussi fortement liée à l'élévation globale des températures. Sous les tropiques, l'augmentation de la température des eaux de surface fournit une plus grande réserve d'énergie aux tempêtes tropicales, dont la capacité de destruction se trouve multipliée. L'effet combiné de la puissance accrue des tempêtes et des raz-de-marée qu'elles déclenchent peut être dévastateur, comme on l'a constaté à la Nouvelle-Orléans. Les régions actuellement exposées aux tempêtes les plus violentes sont l'Amérique centrale, les Antilles et les côtes américaines de l'Atlantique et du Golfe du Mexique, l'est et le sud-est du continent asiatique – en particulier les Philippines, Taiwan, le Japon, la Chine et le Vietnam – ainsi que le Golfe du Bengale – notamment le Bangladesh.

À l'automne 1998, l'ouragan Mitch – l'un des plus puissants jamais enregistrés en provenance de l'Atlantique, avec des vents dépassant les 300 km/h – a frappé les côtes d'Amérique centrale. Les conditions atmosphériques empêchaient la progression normale de cet ouragan vers le nord et ce sont près de 2 mètres d'eau de pluie qui se sont déversés en l'espace de quelques jours sur certaines régions du Honduras et du Nicaragua. Routes et ponts ont été détruits. Habitations, écoles et usines se sont effondrées sous ce déluge qui n'a laissé que des ruines sur son passage. Au Honduras, 70 % des cultures ont été emportées, ainsi que l'essentiel de la couche arable. De gigantesques coulées de boue ont détruit des villages entiers, ensevelissant parfois leurs habitants. La tempête a tué 11 000 personnes et des milliers d'autres ont été portées disparues.

L'ex-président du Honduras, Carlos Flores, résuma la situation de son pays en ces termes : « Ce qui a été détruit en quelques jours avait nécessité cinquante années d'efforts pour être construit. » Les dégâts provoqués par cette tempête ont dépassé le PIB annuel des deux pays et ont provoqué un retour en arrière de vingt ans dans leur développement économique.

Cette première décennie du XXIe siècle a été caractérisée par un nombre exceptionnel de tempêtes particulièrement destructrices. En 2004, une dizaine de typhons ont frappé le Japon, pour un coût évalué à 10 milliards de dollars. Dans l'Atlantique, les 15 ouragans de l'année 2005 – dont Katrina – en font l'année la plus catastrophique jamais enregistrée. Elle aura coûté la bagatelle de 115 milliards de dollars aux compagnies d'assurances.

Et le désert avance

La troisième catégorie de réfugiés est due à l'avancée des déserts, phénomène de plus en plus généralisé. Le désert du Sahara progresse dans toutes les directions ; au nord, les populations du Maroc, de la Tunisie et de l'Algérie sont poussées vers la Méditerranée. Au sud, le Sahel – vaste zone de savane qui s'étend du sud du Sahara aux forêts tropicales d'Afrique centrale – recule. Le désert envahit le Nigeria, pays le plus peuplé d'Afrique, contraignant les éleveurs et les agriculteurs à migrer vers le sud et à s'entasser dans une zone productive de plus en plus restreinte. Certains « réfugiés du désert » échouent dans les agglomérations et pour beaucoup dans des bidonvilles ; d'autres émigrent à l'étranger. Une conférence des Nations unies sur la désertification s'est tenue en 2006 en Tunisie. Selon ses prévisions, près de 60 millions de personnes pourraient émigrer d'ici 2020 de l'Afrique subsaharienne vers l'Afrique du Nord et vers l'Europe.

En Iran, on compte déjà des milliers de villages abandonnés en raison de l'avancée du désert ou du manque d'eau. 88 d'entre eux ont été abandonnés dans les environs de Damavand, une petite ville située à une heure de route de Téhéran.

En Amérique latine, les déserts progressent et provoquent des déplacements de population, tant au Brésil qu'au Mexique. Près de 100 millions d'hectares de terres sont touchés au Brésil, surtout dans le nord-est du pays. Au Mexique, c'est la désertification qui, chaque année, cause le départ de migrants issus des communautés rurales des régions arides et semi-arides du pays. Certains réfugiés environnementaux finissent dans les villes, d'autres traversent la frontière nord du pays pour les États-Unis. Les analystes américains estiment que le Mexique doit abandonner chaque année au désert plus de 1 000 km² de terres agricoles.

En Chine, la désertification s'accélère depuis 1950. L'expert Wang Tao indique qu'au cours des cinquante dernières années, près de 24 000 villages du nord de la Chine ont été partiellement ou entièrement abandonnés du fait de la progression du désert. D'après l'Agence d'État de protection de l'environnement (State Environment Protection Agency, SEPA), le désert de

Gobi s'est étendu de 52 400 km^2 entre 1994 et 1999 – soit près du dixième de la superficie de la France métropolitaine. Ce désert est maintenant à moins de 240 km de Pékin et les responsables chinois commencent à prendre conscience de la gravité de la situation.

Le *Dust Bowl* américain des années 1930, lié au labourage excessif et déclenché par la sécheresse, a obligé plus de 2 millions d'habitants à quitter leurs terres de l'Oklahoma, du Kansas et du Texas; la plupart d'entre eux sont partis pour la Californie. Mais en Chine, la désertification concerne une population bien plus importante. Dans les années 1930, la population des États-Unis n'était que de 150 millions d'habitants, comparée aux 1,3 milliard d'habitants de la Chine d'aujourd'hui. L'émigration américaine concernait des millions de personnes; en Chine, elle pourrait se mesurer en dizaines de millions. Comme le faisait remarquer l'ambassade des États-Unis dans un rapport intitulé *Grapes of Wrath in Inner Mongolia* [Les raisins de la colère en Mongolie Intérieure], « les émigrés du *Dust Bowl* chinois de ce début de XXIe siècle n'ont malheureusement pas de Californie où s'enfuir – du moins, pas en Chine ».

Des régions en stress hydrique

Autre catégorie de personnes concernées par l'exil: celles qui habitent des pays dont les nappes phréatiques s'épuisent. Les projections démographiques prévoient un accroissement de la population mondiale de plus de 3 milliards de personnes d'ici 2050; pour l'essentiel, les naissances auront lieu dans ces mêmes pays et les migrations imposées par le manque d'eau vont se banaliser. Ces réfugiés quitteront les régions arides et semi-arides, où les populations surconsomment leurs ressources en eau et sombrent dans une forme de « pauvreté hydrologique ». Au nord-ouest de l'Inde, des villages sont abandonnés en raison de l'épuisement des nappes aquifères et l'impossibilité pour les habitants de trouver de l'eau. Le manque d'eau pourrait également contraindre au déplacement des millions de villageois du nord de la Chine, ainsi que du nord-est du Mexique.

Les évacuations provoquées par les pénuries d'eau n'ont touché jusqu'à maintenant que des villages, mais des villes entières pourraient bientôt être concernées, comme Sanaa, capitale du Yémen, ou Quetta, capitale de la province du Bélouchistan au Pakistan.

Sanaa est une ville de plus de 2 millions d'habitants en développement rapide, dont les puits, qui plongent à 400 mètres de profondeur, commencent à s'assécher. Dans la « course aux profondeurs » qui a lieu dans la vallée de Sanaa, du matériel de forage pétrolier est utilisé pour creuser des puits encore plus profonds. Certains atteignent déjà plus de 800 mètres de profondeur. La situation est critique car toute tentative d'approvisionnement en eau de cette vallée d'altitude à partir des autres provinces provoquerait des conflits tribaux. Le dessalement de l'eau de mer sur la côte serait trop coûteux : le processus lui-même est très cher, la distance de pompage de l'eau et l'altitude élevée de la ville (2100 mètres) sont trop importantes. Sanaa pourrait bientôt devenir une ville fantôme.

Quetta a été initialement conçue pour accueillir 50 000 personnes. La population dépasse maintenant le million d'habitants. Leur accès à l'eau dépend exclusivement de 2000 puits alimentés par une nappe aquifère que l'on pense être fossile. Quetta sera bientôt « une ville morte », selon les termes d'un rapport consacré à l'évolution de ses ressources en eau.

Deux autres pays semi-arides du Moyen-Orient, la Syrie et l'Irak, souffrent de pénuries d'eau. Ils commencent à observer les conséquences du surpompage, qui se traduit par l'assèchement de leurs puits d'irrigation.

En Syrie, 160 villages ont dû être abandonnés à cause de ce phénomène. Des centaines de milliers de fermiers et d'éleveurs ont quitté leurs terres et planté leurs tentes à la périphérie des villes, espérant y trouver du travail. Un rapport de l'ONU évalue à plus de 100 000 le nombre de personnes déracinées par les pénuries d'eau dans le nord de l'Irak. Hussein Amery, un expert en hydrologie du Moyen-Orient, issu de l'École des Mines du Colorado (Colorado School of Business), l'exprime de façon directe : « Les pénuries d'eau obligent les gens à quitter leurs terres. »

Fuir la pollution

La cinquième catégorie de réfugiés environnementaux n'existe que depuis cinquante ans. Il s'agit des populations qui fuient les zones exposées aux déchets toxiques ou à des niveaux dangereux de radioactivité. À la fin des années 1970, Love Canal, une petite ville au nord de l'état de New York, construite en partie au-dessus d'une décharge de déchets toxiques, a fait la une des journaux locaux et internationaux. À partir de 1942, l'entreprise Hooker Chemical y a déversé 2 000 tonnes de déchets toxiques, dont du chlorobenzène, des dioxines, des composés organiques halogénés et des pesticides. En 1952, la décharge a été fermée par l'entreprise qui l'a recouverte, et en a fait don au Conseil des affaires scolaires de la ville de Love Canal. Une école élémentaire a été construite sur le site, le terrain étant gratuit. Au cours des années 1960 et 1970, la population a commencé à remarquer que des odeurs et des écoulements s'échappaient de la zone de déchets enterrés. Malformations congénitales et autres maladies sont devenues fréquentes. À partir d'août 1978, des familles ont été relogées aux frais du gouvernement et leurs maisons remboursées au prix du marché. En octobre 1980, 950 familles au total avaient été définitivement relogées.

Quelques années plus tard, les habitants de Times Beach, dans le Missouri, ont commencé à se plaindre de divers problèmes de santé. Une entreprise chargée d'épandre de l'huile sur les routes pour retenir la poussière utilisait une huile de vidange contenant des déchets chimiques toxiques. L'Agence de protection de l'environnement des États-Unis (U.S. Environmental Protection Agency, EPA) ayant constaté des taux de dioxine bien supérieurs aux normes de santé publique, le gouvernement fédéral organisa l'évacuation et le relogement des 2 000 habitants de la ville.

La catastrophe de la centrale nucléaire de Tchernobyl près de Kiev, en avril 1986, est la cause d'une autre vague tristement célèbre de réfugiés environnementaux. L'explosion initiale a provoqué un gigantesque incendie dans la centrale, qui a duré une dizaine de jours. Des quantités colossales de matières radioactives ont été projetées dans l'atmosphère et d'importantes retombées ont touché les villes et les villages de la région. Les 350 400 habitants de la ville voisine de Pripyat et des alentours en Ukraine, en Biélorussie et en Russie ont dû être évacués et relogés. En 1992, six ans après l'accident, la Biélorussie consacrait 20 % de son budget national à la réinstallation des réfugiés et aux nombreux autres coûts générés par l'accident.

Si la présence de polluants toxiques pour la santé a conduit les États-Unis à déplacer les populations de deux agglomérations, les 459 « villages du cancer » identifiés en Chine laissent à penser que des centaines de communautés urbaines ou rurales devront être évacuées. Les statistiques du ministère chinois de la Santé montrent que le cancer est désormais la première cause de mortalité dans ce pays. Le taux de cancer du poumon, amplifié aussi par le tabagisme, a presque été multiplié par 5 au cours des 30 dernières années.

En raison de l'absence presque totale de contrôle de la pollution, les agglomérations chinoises situées à proximité des usines chimiques connaissent des taux de cancer sans précédent. La Banque mondiale a indiqué que les taux de cancer du foie et de l'estomac affectant la population rurale chinoise sont respectivement quatre fois et deux fois plus élevés que la moyenne mondiale. Les industriels chinois construisent leurs usines dans des régions rurales où la main-d'œuvre est bon marché et où les réglementations antipollution sont peu contraignantes ou inexistantes. Les jeunes quittent massivement ces régions pour les villes à la recherche d'un travail et d'une vie potentiellement plus saine. Mais de nombreux autres habitants, trop pauvres ou trop malades, sont condamnés à y rester.

Destins brisés

Il n'est pas facile d'identifier quels facteurs spécifiques sont la cause des flux de réfugiés que nous constatons aujourd'hui. Les pressions environnementales et économiques qui déclenchent ces migrations sont souvent étroitement liées. Cependant, quelle que soit la raison qui les pousse à partir, les gens se lancent dans des actions de plus en plus désespérées. Les titres des médias relatifs aux réfugiés qui tentent de traverser la Méditerranée sont éloquents : « Une centaine de disparus au large de la Libye se sont probablement noyés » (reportage de la BBC de 2009) ; « 70 migrants probablement morts au cours de leur traversée vers l'Europe » (article de 2008 du *Guardian*) ; « Espagne : le calvaire de la migration fait 35 morts » (rapporté par Associated Press en 2008).

Certaines histoires sont poignantes au-delà de tout ce qu'il est possible d'imaginer. À la mi-octobre 2003, les autorités italiennes ont découvert un bateau à destination de l'Italie qui transportait des réfugiés en provenance d'Afrique. Ayant dérivé pendant plus de deux semaines, à cours de carburant, de nourriture et d'eau, beaucoup de passagers étaient morts. Au début, les cadavres étaient jetés par-dessus bord, mais les forces ont fini par manquer aux survivants pour hisser les corps à hauteur du bastingage. Les vivants et les morts gisaient ensemble dans le bateau, dans ce qu'un sauveteur a décrit comme « une scène tout droit sortie de *l'Enfer* de Dante ». On pense qu'il s'agissait de Somaliens embarqués en Libye, mais les survivants n'ont pas voulu révéler leur pays d'origine de peur d'y être renvoyés. On ne sait pas s'il s'agissait de réfugiés politiques, économiques ou environnementaux. Les États défaillants comme la Somalie génèrent ces trois types de migrants. Ce dont nous sommes certains, c'est que la Somalie est une zone de non-droit, que sa situation environnementale est catastrophique, que le pays est victime de surpopulation et de surpâturage, et que la désertification qui en résulte détruit son économie pastorale.

En avril 2006, un pêcheur a découvert un bateau de six mètres qui dérivait au large de La Barbade ; à bord se trouvaient les corps de onze jeunes hommes, pratiquement « momifiés » par le soleil et les embruns. Sentant sa fin approcher, un passager avait rédigé un court message, qu'on a retrouvé coincé entre deux cadavres : « Je voudrais envoyer de l'argent à ma famille à Basada [Sénégal]. S'il vous plaît, pardonnez-moi. Adieu. » L'auteur de cette note faisait apparemment partie d'un groupe de 52 personnes qui avaient quitté le Sénégal le soir de Noël à bord d'un bateau à destination des îles Canaries – un point d'entrée pour l'immigration clandestine en Europe.

Chaque jour, des Mexicains risquent leur vie dans le désert de l'Arizona pour rejoindre les États-Unis où ils espèrent trouver du travail. Entre 400 et 600 personnes quittent quotidiennement les régions rurales, abandonnant des lopins de terre trop petits ou trop érodés pour leur permettre de vivre. Ils migrent vers les villes mexicaines, ou essaient de franchir illégalement la frontière avec les États-Unis. Beaucoup de ceux qui tentent la traversée du désert de l'Arizona périssent dans la fournaise ; tous les ans, de nombreux corps sont retrouvés le long de cette frontière.

Des déplacements transfrontaliers massifs touchent déjà certains pays. L'Inde, confrontée à un flot incessant de migrants en provenance du Bangladesh, est en train de construire une barrière de 10 mètres de haut le long de sa frontière, par crainte d'en voir arriver des millions d'autres. Les États-Unis murent aussi leur frontière avec le Mexique. On observe un mouvement similaire de population de la Chine vers la Sibérie ; considérée aujourd'hui comme temporaire, cette émigration pourrait bien devenir permanente. La mer Méditerranée, autre frontière naturelle importante, est maintenant systématiquement patrouillée par des navires militaires qui tentent d'intercepter les petits bateaux de migrants africains à destination de l'Europe.

Les gouvernements pourront-ils survivre aux tensions politiques et économiques provoquées par ces importants flux migratoires, qu'ils soient nationaux ou internationaux ? C'est bien la question, car les flux les plus considérables seront probablement transfrontaliers et vraisemblablement illégaux. Les réfugiés environnementaux émigreront des pays pauvres vers les pays riches : de l'Afrique, de l'Asie et de l'Amérique latine vers l'Amérique du Nord et vers l'Europe. Malgré la montée des pressions environnementales, cette migration sera-t-elle limitée et organisée, ou au contraire massive et chaotique ? Les gens ne quittent leurs foyers, leurs familles et leurs quartiers que lorsqu'ils n'ont plus d'autre solution. Le temps est peut-être venu pour les gouvernements d'examiner s'il ne serait pas moins coûteux et plus humain de s'attaquer en amont aux causes de l'immigration plutôt que de tenter de la gérer par la suite. Un tournant politique de ce type passe par une collaboration avec les pays en voie de développement pour restaurer les écosystèmes sur lesquels repose leur économie – les sols, les pâturages, les forêts. Il s'agit également de favoriser la transition vers des familles moins nombreuses pour aider les populations à sortir de la pauvreté. Traiter les symptômes plutôt que les causes est aussi inefficace en matière de politique publique qu'en matière de médecine.

TENSIONS CROISSANTES,
ÉTATS DÉFAILLANTS

Fin novembre 2009, des pirates somaliens ont attaqué dans l'océan Indien le *Maran Centaurus*, un supertanker battant pavillon grec. Les 2 millions de barils de pétrole qui constituaient sa cargaison avaient été évalués à plus de 150 millions de dollars. Après deux mois de négociation, une rançon de 7 millions de dollars a été versée : 5,5 millions de dollars en espèces ont été largués par hélicoptère sur le pont du *Centaurus* tandis que 1,5 million de dollars étaient virés sur un compte bancaire privé.

Cette version moderne de la piraterie en haute mer est dangereuse, coûteuse, perturbatrice, et néanmoins extraordinairement efficace. Dix-sept pays – dont les États-Unis, la France, la Chine et la Russie – coordonnent leurs efforts pour éradiquer ce phénomène, mais le déploiement de forces navales dans cette région du monde ne donne pour l'instant que peu de résultats. En 2009, les pirates somaliens ont attaqué 217 navires en pleine mer et sont parvenus à en détourner 47 pour en tirer rançon. Ces chiffres représentent une nette augmentation par rapport à 2008 où on avait enregistré 111 attaques et 42 détournements effectifs. Les montants des rançons étant eux aussi supérieurs en 2009, les revenus de la piraterie ont pratiquement doublé par rapport à 2008.

La Somalie est un État sinistré, soumis à la loi de chefs tribaux et de groupes jihadistes, chacun revendiquant le contrôle d'un territoire de ce qui formait autrefois un pays. Le gouvernement national est impuissant. Une partie du sud du pays est contrôlée par Al-Shabab, un groupe radical affilié à Al-Qaïda. Al-Shabab, qui forme désormais des terroristes, a revendiqué en juillet 2010 des attentats à la bombe contre deux groupes de téléspectateurs rassemblés à Kampala, en Ouganda, pour suivre un match de la Coupe du monde de football. Ces attentats ont fait au moins 70 morts et un très grand nombre de blessés.

L'Ouganda a été pris pour cible du fait de sa participation à la force africaine de maintien de la paix en Somalie. Al-Shabab est également contre le football, sport « infidèle », dont il interdit la pratique et le spectacle sur le territoire qu'il contrôle. La Somalie est devenue à la fois une base arrière pour la piraterie et un terrain d'entraînement pour les terroristes. Comme le journal *The Economist* l'a souligné, « un État défaillant, tout comme un individu gravement perturbé, constitue un danger non seulement pour lui-même, mais aussi pour son entourage proche et lointain ».

Après un demi-siècle de création de nouveaux États suite au démantèlement des empires coloniaux ou à l'éclatement de l'Union soviétique, la communauté internationale est aujourd'hui confrontée au phénomène inverse : la désintégration des États. L'expression « État défaillant » est entrée dans notre vocabulaire au cours de la dernière décennie. Les pays concernés font désormais partie intégrante du paysage politique international. La revue *Foreign Policy* a très bien défini le processus : « La question des États défaillants est rapidement passée de périphérique à centrale en matière de politique internationale. »

Autrefois, la concentration de puissance d'un État constituait la principale menace à l'échelle mondiale, comme dans le cas de l'Allemagne nazie, du Japon impérial ou de l'Union soviétique. Mais aujourd'hui, ce sont les États défaillants qui menacent le plus la stabilité et l'ordre mondiaux. Comme le souligne *Foreign Policy*, « ce n'est plus l'excès de puissance étatique, mais son absence qui préoccupe maintenant les responsables politiques ».

Le classement de *Foreign Policy*

Certaines organisations nationales et internationales élaborent leurs propres listes d'États défaillants, faibles ou fragiles – l'appellation est variable. La Central Intelligence Agency (CIA) finance le Political Instability Task Force [Groupe de travail sur l'instabilité politique] qui évalue les facteurs de risque politique. L'Agence de développement international du gouvernement britannique a identifié 46 États fragiles. La Banque mondiale quant à elle concentre son attention sur quelque 30 pays pauvres « fragiles et affaiblis par les conflits armés ».

Foreign Policy publie tous les ans dans son numéro de juillet/août l'analyse la plus complète, mise à jour en permanence, de la vulnérabilité des États face à la défaillance institutionnelle. Menée par le Fund for Peace [Fonds pour la paix], cette évaluation annuelle est irremplaçable ; elle s'appuie sur des milliers de sources à travers le monde pour donner un aperçu clair des changements en cours et des grandes tendances mondiales.

L'équipe de recherche analyse les données de 177 pays et classe ceux-ci en fonction de « leur vulnérabilité à un conflit interne violent et à la détérioration de la société ». En 2010, elle a placé la Somalie en tête du classement des États défaillants (voir tableau), devant le Tchad, le Soudan, le Zimbabwe et la République démocratique du Congo (RDC). Trois pays exportateurs de pétrole figurent parmi les 20 premiers : le Soudan, l'Irak et le Nigeria. Le Pakistan, maintenant classé dixième, est le seul État défaillant doté d'un arsenal nucléaire, mais la Corée du Nord, classée dix-neuvième, s'est dotée d'un programme pour en disposer à son tour.

Ce classement se fonde sur 12 indicateurs sociaux, économiques et politiques qui englobent la croissance démographique, les inégalités économiques et la légitimité du gouvernement. Chaque indicateur est noté de 1 à 10, et les 12 notes sont ensuite agrégées en un seul indice pour chaque pays. Un score de 120 signifie que la société considérée est totalement défaillante sur tous les plans. La première liste publiée par *Foreign Policy* en 2005, sur la base de données de 2004, ne contenait que 7 pays dont les scores dépassaient 100. En 2006, ce chiffre est passé à 9. En 2009, ils étaient 14, soit un doublement en quatre ans. En 2010, 15 pays étaient concernés. Si cette tendance n'est pas encore définitivement établie, les scores plus élevés obtenus par les pays classés en haut de la liste et le doublement des pays ayant des scores supérieurs à 100 donnent à penser que le phénomène se répand et s'aggrave.

LES 20 PREMIERS ÉTATS DÉFAILLANTS EN 2010

Rang	Pays	Score
1	Somalie	114,3
2	Tchad	113,3
3	Soudan	111,8
4	Zimbabwe	110,2
5	RDC	109,9
6	Afghanistan	109,3
7	Irak	107,3
8	République centrafricaine	106,4
9	Guinée	105,0
10	Pakistan	102,5
11	Haïti	101,6
12	Côte d'Ivoire	101,2
13	Kenya	100,7
14	Nigeria	100,2
15	Yémen	100,0
16	Birmanie	99,4
17	Éthiopie	98,8
18	Timor oriental	98,2
19	Corée du Nord	97,8
20	Niger	97,8

Source : Fund for Peace et *Foreign Policy*

Violence et insécurité alimentaire

L'un des symptômes les plus visibles de la défaillance d'un État réside dans son incapacité à faire respecter la loi et dans l'accroissement concomitant des violences faites aux personnes. Autrement dit, les États deviennent défaillants lorsque les gouvernements nationaux perdent le contrôle de tout ou partie de leur territoire et ne peuvent plus garantir la sécurité de leurs habitants. L'émiettement du pouvoir central et l'affaiblissement du cadre légal vont de pair. Arrivés à ce stade, les gouvernements se tournent souvent vers l'ONU dans l'espoir d'obtenir de l'aide. En fait, 8 des 20 premiers pays du classement sont assistés par les forces de maintien de la paix des Nations unies, dont Haïti, le Soudan et la République démocratique du Congo. Entre 2002 et 2008, le nombre de missions de maintien de la paix a doublé.

La défaillance des États dégénère souvent en guerre civile lorsque des factions opposées luttent pour le pouvoir. En Haïti, les bandes armées ont régné dans les rues jusqu'à l'arrivée d'une force de maintien de la paix de l'ONU en 2004. En Afghanistan, ce sont les seigneurs de la guerre locaux ou les Talibans, et non le gouvernement central, qui contrôlent le pays à l'extérieur de Kaboul.

Un facteur plus récent de désagrégation de la puissance publique est lié à l'incapacité à assurer la sécurité alimentaire – qui n'est pas nécessairement la conséquence de l'incompétence du gouvernement, mais plutôt de la difficulté à obtenir une quantité suffisante de nourriture. Cette question s'est aggravée avec la hausse des prix alimentaires constatée depuis le début de l'année 2007. Bien que les prix des céréales aient quelque peu diminué par rapport à leur pic du printemps 2008, ils restent toujours bien supérieurs à leur moyenne historique. Pour des pays pauvres, en déficit alimentaire, trouver suffisamment de nourriture constitue un défi de plus en plus dur à relever.

Sur le terrain, on assiste par ailleurs à un recul de l'ONU dans ses actions d'aide alimentaire et de force d'interposition. C'est d'autant plus critique que le Programme alimentaire mondial (PAM), une agence des Nations unies, remplit un rôle équivalent dans le domaine de l'alimentation à celui des forces de maintien de la paix. Ce programme fournit une aide alimentaire d'urgence dans plus de 60 pays, dont 19 des 20 premiers États défaillants dans la liste établie par *Foreign Policy*. Certains d'entre eux, comme Haïti, dépendent d'une force de maintien de la paix des Nations unies pour assurer l'ordre public et du PAM pour couvrir une partie de leurs besoins alimentaires. Haïti est, *de facto*, sous tutelle de l'ONU.

Un cercle vicieux

Les États défaillants sont rarement des cas isolés. Les conflits armés se déplacent facilement dans les pays voisins, comme lors du génocide au Rwanda qui s'est propagé en République démocratique du Congo (RDC), où on estime que la guerre civile toujours en cours a provoqué la mort de plus de 5 millions de personnes entre 1998 et 2007. En RDC, la grande majorité des décès n'est pas due aux combats ; la plupart d'entre eux sont provoqués par la faim, les maladies respiratoires, les diarrhées ou d'autres maladies, le conflit ayant poussé hors de chez eux des millions de personnes. Dans le cas du Darfour, les massacres commis à l'intérieur du Soudan se sont rapidement étendus au Tchad, quand les victimes ont fui de l'autre côté de la frontière.

Des États défaillants comme l'Afghanistan ou la Birmanie sont devenus des pays producteurs de drogue. En 2009, l'Afghanistan a fourni 89 % de l'opium mondial, dont la majeure partie a été transformée en héroïne. Loin derrière, la Birmanie est toutefois l'un des principaux fournisseurs d'héroïne de la Chine.

Même si le processus de défaillance d'un État est lent à se mettre en place, l'effondrement lui-même peut être rapide. Le Yémen, par exemple, est confronté à plusieurs tendances qui compromettent son avenir à brève échéance. Il est à court de pétrole et d'eau. Le bassin souterrain qui alimente en eau la capitale Sanaa sera peut-être complètement épuisé d'ici 2015. La production de pétrole, qui représente 75 % des recettes publiques et une part encore plus importante des revenus à l'exportation, a diminué de près de 40 % de 2003 à 2009. Avec ses deux principaux gisements de pétrole déjà largement épuisés, aucune perspective ne semble pouvoir enrayer le déclin du pays.

La croissance rapide de la population du Yémen – de surcroît la plus pauvre des pays arabes – conjuguée à un taux de chômage estimé à 35 %, est à la source de ses difficultés. Sur le plan politique, le pouvoir yéménite déjà chancelant fait face à une insurrection chiite dans le nord, à un durcissement du conflit entre le nord et le sud, et à la présence d'environ 300 agents d'Al-Qaïda sur son territoire. La longue frontière poreuse avec l'Arabie saoudite pourrait faire du Yémen une base arrière pour Al-Qaïda, ainsi qu'une voie d'accès facile vers l'Arabie saoudite, à la fois terre d'Islam et principal exportateur mondial de pétrole – dont la prise de contrôle demeure l'objectif de cette organisation terroriste.

Une démographie elle aussi défaillante

Le classement des États défaillants est étroitement lié aux indicateurs démographiques. 15 des 20 premiers États défaillants ont des taux de croissance de leur population compris entre 2 et 4 % par an. Le Niger se situe en haut du classement, avec 3,9 %, et l'Afghanistan est à 3,4 %. Une croissance de 3 % par an peut sembler modérée, mais elle signifie une multiplication de la population par vingt en un siècle. Avec un taux de fécondité moyen de 6 enfants ou plus dans un certain nombre de pays, les familles nombreuses sont la norme dans les États défaillants, et non l'exception.

Parmi les 20 premiers États défaillants, 14 d'entre eux ont une population jeune puisque 40 % de leurs habitants ont moins de 15 ans. Ce type de démographie présage souvent une instabilité politique future. Le désenchantement des jeunes gens, sans perspective d'emploi, en fait des cibles idéales pour les mouvements d'insurrection.

Dans de nombreux pays ayant connu des décennies de croissance rapide de la population, les gouvernements souffrent de « fatigue démographique » : ils sont incapables de contrer la réduction continue des terres arables et des disponibilités en eau douce par personne, ou de construire des écoles au rythme nécessaire pour scolariser les populations d'enfants sans cesse grandissantes. Le Soudan est un cas typique de pays pris au piège de sa démographie. Son développement économique et social a été suffisant pour réduire le taux de mortalité, mais trop faible pour réduire la fécondité.

En conséquence, les familles nombreuses engendrent la pauvreté et la pauvreté engendre des familles nombreuses. C'est la « trappe à pauvreté ». Les femmes au Soudan ont en moyenne 4 enfants, le double du nombre nécessaire pour le renouvellement des générations. La population de 42 millions d'habitants grossit de 2 000 personnes par jour. Comme nombre d'autres pays, le Soudan s'effondre sous cette pression.

À l'exception de 4 d'entre eux, les 20 premiers pays de la liste d'États défaillants sont tous pris dans cette spirale, et dans l'impossibilité pratique d'en sortir seuls. Ils auront besoin d'une aide extérieure pour élever le niveau d'éducation de leurs populations et notamment celui des filles. Dans toutes les sociétés où des données sont disponibles sur cette question, plus l'éducation des femmes est élevée, plus leurs familles sont de taille réduite, et plus il est facile de sortir de la pauvreté.

Dans la quasi-totalité des 20 premiers pays de cette liste, le déséquilibre entre production alimentaire et croissance démographique s'accroît. Acheminer de l'aide alimentaire vers les États défaillants peut même constituer un véritable défi. En Somalie, les menaces d'Al-Shabab et l'assassinat de travailleurs humanitaires ont mis un terme aux efforts déployés par les ONG et l'ONU pour fournir une aide alimentaire au sud de ce pays dévasté par la famine.

L'impasse économique

Une autre caractéristique des États défaillants réside dans la détérioration des infrastructures indispensables à l'activité économique : routes, installations électriques, accès à l'eau et à l'assainissement. De nombreux réseaux d'irrigation, construits il y a longtemps et laissés sans entretien, sont dans un état de délabrement très avancé et n'alimentent plus en eau les agriculteurs.

À de rares exceptions près, les 20 premiers pays épuisent leurs richesses naturelles (forêts, prairies, sols et nappes aquifères) pour faire face à leur démographie galopante. La Somalie, le Tchad et le Soudan voient leurs terres arables emportées par le vent. La perte continue de la couche superficielle des sols hypothèque lentement la productivité des terres. Plusieurs de ces 20 premiers pays, dont l'Afghanistan, l'Irak, le Pakistan et le Yémen, manquent d'eau et pompent trop rapidement leurs nappes aquifères.

À un certain stade, les effets de l'explosion démographique, de la détérioration des écosystèmes et de la pauvreté se renforcent mutuellement ; l'instabilité ne permet pas d'attirer des capitaux étrangers. Les programmes d'assistance publique sont parfois stoppés par les pays donateurs eux-mêmes, confrontés à la dégradation des conditions de sécurité qui menacent de plus en plus la vie des travailleurs humanitaires. Un tarissement des investissements étrangers et une hausse concomitante du chômage sont également des indicateurs de déclin.

Pour être opérationnelle à une époque où la mondialisation s'intensifie, la société planétaire globale doit s'appuyer sur une coopération en réseau d'États-nations suffisamment stables. Quand les gouvernements perdent leur capacité à gouverner, ils ne peuvent plus percevoir d'impôts et encore moins rembourser leurs emprunts internationaux. Plus les États défaillants sont nombreux, et plus l'endettement international est de mauvaise qualité.

Les efforts de lutte contre le terrorisme international dépendent aussi de la coopération entre États-nations en ordre de marche. La défaillance d'un nombre croissant de pays rend cette coopération de moins en moins efficace.

De graves conséquences sanitaires

Les États défaillants ne disposent pas tous d'un système de santé suffisamment structuré pour participer à la surveillance internationale des maladies infectieuses telles que la poliomyélite, ou de maladies qui frappent les animaux et les personnes, comme la grippe aviaire, la grippe porcine et la maladie de la vache folle.

En 1988, la communauté internationale a lancé une campagne d'éradication de la poliomyélite, une initiative similaire à celle qui avait permis d'éliminer la variole. L'objectif était de se débarrasser de cette maladie redoutable qui paralysait en moyenne 1 000 enfants chaque jour. En 2003, la polio a été éradiquée partout – sauf en Afghanistan, en Inde, au Pakistan et au Nigeria. Cette année-là, les mollahs du nord du Nigeria se sont en effet opposés au programme de vaccination, affirmant qu'il s'agissait d'un complot visant à propager le sida et à provoquer la stérilité. La campagne de vaccination a été stoppée dans ce pays, entraînant un triplement des cas de polio au cours des trois années suivantes. La maladie s'est ensuite propagée par l'intermédiaire des pèlerins nigérians se rendant à La Mecque, réintroduisant le virus dans certains pays musulmans comme l'Indonésie, le Tchad et la Somalie, où la poliomyélite avait été éradiquée. En réponse, les autorités saoudiennes ont imposé une obligation de vaccination contre la polio à tous les jeunes visiteurs en provenance de pays encore touchés par cette maladie.

Début 2007, alors que l'éradication semblait de nouveau possible, une opposition violente au programme de vaccination s'est déclenchée dans la province frontalière du nord-ouest du Pakistan – marquée par l'assassinat d'un médecin et d'un aide-soignant. Plus récemment, les Talibans ont empêché les autorités sanitaires d'administrer le vaccin dans la vallée de Swat, au Pakistan. La question ainsi soulevée est inquiétante : dans un monde d'États défaillants, l'objectif d'éradication de la polio, qui était à portée de main, est-il désormais inatteignable ?

Un risque de contagion aux grands pays

Jusqu'à présent, les États défaillants étaient pour l'essentiel de petits États. Mais certains pays comptant plus de 100 millions d'habitants comme le Pakistan et le Nigeria remontent dans la liste. C'est également le cas du Mexique, dont la production de pétrole et les exportations ont commencé à décliner après avoir atteint un pic, ce qui prive le gouvernement de recettes fiscales et de devises étrangères. De plus, une organisation criminelle – « Los Zetas » – siphonne les oléoducs du gouvernement mexicain dans les zones qu'elle contrôle, et a détourné pour les seules années 2008 et 2009 plus d'un milliard de dollars de pétrole. La guerre entre le gouvernement et les cartels de la drogue a fait 16 000 morts depuis 2006 – un chiffre dépassant largement le nombre de vies américaines perdues en Irak et en Afghanistan au cours de la dernière décennie. Le gouvernement mexicain doit relever des défis sérieux et de natures différentes : les revenus du tourisme et du pétrole diminuent, et les investisseurs étrangers se montrent nerveux.

En Inde (au soixante-dix-neuvième rang sur la liste de *Foreign Policy*), 15 % des habitants se nourrissent de céréales produites par surpompage des nappes phréatiques. L'apparition de pénuries d'eau pourrait induire des pénuries alimentaires menant le pays à son déclin. Comme les conflits locaux sur l'eau se multiplient et s'intensifient, les tensions entre hindous et musulmans pourraient mettre le feu aux poudres et déstabiliser le pays.

Heureusement, la défaillance d'État n'est pas un phénomène irréversible. L'Afrique du Sud, qui aurait pu s'embraser en une guerre raciale il y a vingt ans, est aujourd'hui une démocratie qui fonctionne. Le Liberia et la Colombie, qui avaient tous deux un indice d'État défaillant élevé, ont chacun effectué un redressement remarquable.

Néanmoins, le nombre grandissant d'États défaillants rend plus complexe la résolution des diverses crises internationales. Des situations qui seraient gérables dans un contexte mondial apaisé, comme le maintien de la stabilité monétaire ou le contrôle d'une épidémie de maladie infectieuse, deviennent difficiles et parfois impossibles à assumer en raison du nombre d'États en désintégration. Même le maintien des flux internationaux de matières premières pourrait constituer un défi. L'instabilité politique qui se répand est susceptible d'affecter le progrès économique mondial. La nécessité de s'attaquer aux causes de défaillance d'État n'en est que plus urgente.

PARTIE III

LA RÉPONSE : LE PLAN B

Tout au long de l'histoire humaine, de nombreuses civilisations ont été confrontées à des crises d'origine environnementale qui ont conduit, pour beaucoup d'entre elles, à leur disparition. En général, seuls un ou deux facteurs de dégradation environnementale étaient à l'œuvre – la déforestation et l'érosion des sols étant les plus fréquents. Notre civilisation mondialisée de ce début de XXIe siècle doit en revanche faire face à de nombreuses dégradations environnementales, dont nous sommes directement responsables, et qui, pour la plupart, se renforcent mutuellement : outre la déforestation et l'érosion des sols, on peut citer par exemple la baisse des nappes phréatiques, les vagues de chaleurs qui dessèchent les récoltes, la disparition des glaciers de montagne ou l'élévation du niveau des mers.

Les sept premiers chapitres de ce livre ont été consacrés à la description de ces évolutions et de leurs conséquences, notamment en termes de flot de réfugiés environnementaux et de défaillance d'États. Les cinq derniers chapitres examinent les mesures à prendre pour inverser ces tendances.

Les nations qui constituent le monde moderne sont caractérisées par leur haut niveau d'interdépendance économique et écologique. Par conséquent, les crises environnementales actuelles ne peuvent être appréhendées qu'au niveau mondial. Dans ce nouveau monde, le concept traditionnel de sécurité nationale perd de son sens : soit nous surmonterons cette crise ensemble, soit nous sombrerons ensemble.

Pour dire les choses simplement, ce que l'Earth Policy Institute désigne par « Plan B » est l'ensemble des actions que nous devons entreprendre pour sauver notre civilisation. C'est un effort gigantesque que nous devons accomplir à un rythme de mobilisation de temps de guerre. Il n'y a aucun précédent historique à cette situation, l'humanité dans son ensemble n'ayant jamais été confrontée à une telle menace.

Le Plan B est divisé en quatre enjeux déjà mentionnés au premier chapitre : réguler le climat, restaurer les écosystèmes planétaires, stabiliser la population et éradiquer la pauvreté. Le plan de stabilisation du climat suppose une réduction drastique des émissions de dioxyde de carbone (CO_2), à hauteur de 80 % d'ici 2020. Cet objectif n'a pas été établi parce qu'il serait acceptable sur le plan politique, mais parce qu'il représente ce qui est nécessaire pour sauver l'inlandsis du Groenland et les plus grands glaciers, au moins ceux de l'Himalaya et du plateau Tibétain.

La réduction des émissions de carbone comprend trois volets principaux. Le premier consiste en une augmentation de l'efficacité énergétique combinée à une restructuration du secteur des transports. Ces deux types de mesure devraient compenser l'augmentation prévue des besoins énergétiques d'ici 2020. Le deuxième volet est une réduction des émissions dans le secteur de la production d'énergie, essentiellement en substituant aux sources fossiles (pétrole, charbon et gaz naturel) des sources renouvelables (éolienne, solaire et géothermique). L'arrêt de la déforestation et le lancement d'un programme massif de reboisement et de stabilisation des sols constituent le troisième volet.

Cette réduction de 80 % des émissions de CO_2 est conçue pour limiter sa concentration dans l'atmosphère à 400 ppm (ou parties par million) en 2020 – la concentration actuelle étant de 387 ppm. Une fois l'augmentation stoppée, une réduction à une valeur de 350 ppm, recommandée par les plus grands experts mondiaux du climat, pourra être engagée.

Les trois autres composantes du Plan B interagissent étroitement. La restauration des écosystèmes planétaires – qui comprend la reforestation, la protection des sols, la régénération des ressources halieutiques et la stabilisation des nappes aquifères – nous permettra d'éradiquer la pauvreté. De même, la lutte contre la pauvreté favorise la stabilisation de la population, et accélère la transition vers des familles de taille plus petite – ce qui aide en retour les populations à sortir de la pauvreté. Au bout du compte, il ne sera possible de nourrir 8 milliards d'habitants que si tous les objectifs du Plan B sont atteints.

Fort heureusement, les ressources nécessaires à ces objectifs sont disponibles. La restructuration du secteur énergétique, qui comprend à la fois le passage à des technologies plus efficaces et le remplacement des combustibles fossiles par des sources renouvelables, peut être en grande partie atteinte par un transfert de la fiscalité des revenus vers une taxation des émissions de carbone. Sur ce point, le Plan B repose sur la mise en place progressive d'une taxe carbone mondiale de 200 dollars la tonne d'ici 2020, associée à une réduction compensatoire des impôts sur le revenu.

Le budget nécessaire à la restauration des écosystèmes planétaires, à la stabilisation de la population et à l'éradication de la pauvreté s'élève à moins de 200 milliards de dollars [environ 140 milliards d'euros] par an en dépenses supplémentaires. Ces montants sont facilement mobilisables si l'on redéfinit le concept de sécurité nationale pour prendre en compte les nouvelles menaces et en redistribuant en proportion les dépenses militaires au niveau mondial.

Le dernier chapitre de ce livre, intitulé « Sauver notre civilisation de l'effondrement », porte sur la nécessité de la mobilisation. Il aborde différents modèles de changement social dans l'optique d'une transformation rapide de la société face à l'urgence de mise en œuvre du Plan B.

LE CHOIX
DE L'EFFICACITÉ ÉNERGÉTIQUE

Jamais, dans l'histoire de l'humanité, les avancées techniques n'ont été aussi favorables à une réduction massive de la consommation énergétique mondiale.

Alors que pendant la plus grande partie du XXe siècle, l'éclairage résidentiel a été assuré par des ampoules à incandescence, il est désormais possible d'utiliser des lampes fluocompactes (LFC) ne consommant qu'un quart de l'énergie nécessaire aux ampoules traditionnelles. Les diodes électroluminescentes (*Light-Emitting Diode*, pour LED) qui arrivent maintenant sur le marché sont encore plus performantes.

Il en va de même pour les voitures. Le siècle dernier a vu l'avènement de l'automobile. Jusqu'à une époque récente, tous les véhicules étaient équipés de moteurs à explosion. Il est désormais possible d'acheter des voitures hybrides ou électriques qui fonctionnent largement ou exclusivement à l'électricité. Le moteur électrique, trois fois plus efficace que le moteur à explosion, constitue une opportunité sans précédent de réduction de la consommation énergétique dans le secteur des transports[1].

Au-delà des gains d'efficacité liés aux technologies, des économies d'énergie peuvent être réalisées par une restructuration appropriée des secteurs-clés de l'économie. On pourrait commencer par un urbanisme qui accorderait plus d'importance aux personnes qu'aux véhicules ; et sortir d'une économie du « tout-jetable », en généralisant le réemploi et le recyclage de tout ce qui est produit.

1 La notion d'« efficacité énergétique », ou de « performance énergétique », très développée dans ce chapitre, est le rapport entre l'énergie produite par un système et l'énergie consommée.

L'exemple de l'éclairage

Changer les ampoules est l'un des moyens les plus rapides dont nous disposons pour réduire les émissions de carbone tout en faisant des économies. Remplacer les ampoules à incandescence par des LFC pourrait diminuer de 75 % la consommation électrique due à l'éclairage – sans compter que leur durée de vie est 10 fois plus longue.

Sur ce point, un seuil a été franchi au niveau planétaire : de nombreux pays suppriment progressivement l'usage des ampoules à incandescence. Alors même que cette transition est en cours, le passage aux LED est déjà engagé. La LED est maintenant la technologie d'éclairage la plus performante au monde ; elle utilise sensiblement moins d'énergie qu'une LFC et jusqu'à 85 % de moins que les lampes à incandescence. La longévité des LED est un autre argument fort en faveur de cette technologie : une LED que l'on installe à la naissance d'un enfant est susceptible de fonctionner encore à sa majorité.

Leur prix baissant rapidement, les LED ont conquis plusieurs marchés de niche tels que celui des feux de circulation. Aux États-Unis, près de 70 % d'entre eux ont été passés en LED, contre moins de 20 % en Europe. La ville de New York en a même équipé tous ses feux, réduisant sa facture annuelle d'électricité et d'entretien de 6 millions de dollars.

Pour l'éclairage urbain, bien plus consommateur d'énergie, les économies potentielles sont encore plus grandes. En 2009, le maire de Los Angeles, Antonio Villaraigosa, a déclaré que la ville allait équiper de LED ses 140 000 lampadaires ; les contribuables vont ainsi économiser 48 millions de dollars sur sept ans. Le remplacement étant bien engagé, la facture d'électricité relative à l'éclairage public avait diminué de 55 % à la mi-2010.

Une LED de faible puissance est actuellement vendue 20 dollars [environ 15 euros] par les principaux fabricants d'ampoules, tels que Philips et General Electric. Directeur du département éclairage de Philips pour l'Amérique du Nord, Zia Eftekhar prévoit que grâce à la baisse des prix, les LED prendront plus de 50 % des parts de marché aux États-Unis, au Canada et en Europe d'ici 2015, et 80 % d'ici 2020. Signe de l'importance de ce marché, la Chine et Taiwan ont uni leurs forces dans la fabrication de LED pour concurrencer plus efficacement le Japon – actuellement leader mondial –, la Corée du Sud, l'Allemagne et les États-Unis.

L'installation de détecteurs de présence, qui éteignent automatiquement la lumière dans les locaux inoccupés, constitue un autre moyen important de faire des économies d'énergie. Des variateurs de lumière peuvent aussi adapter automatiquement l'intensité de l'éclairage intérieur en fonction de la luminosité extérieure. Combinées à ces technologies dites d'éclairage « intelligent », les LED peuvent réduire les factures d'électricité de 90 % par rapport aux ampoules à incandescence.

Au total, le passage aux LFC dans le secteur résidentiel, aux tubes fluorescents de dernière génération dans les immeubles de bureaux, les commerces et les usines, et aux LED pour les feux de circulation, réduirait à 7 % la part de l'éclairage dans la consommation mondiale d'électricité, contre 19 % actuellement. Ces économies permettraient la fermeture de 705 des 2 800 centrales au charbon en activité dans le monde. Et si l'usage des LED dans l'éclairage public se généralisait au niveau mondial d'ici 2020, ce qui semble maintenant probable, les économies d'énergie seraient encore plus grandes.

Les appareils domestiques

De nombreux appareils électroménagers permettent désormais un gain d'efficacité énergétique équivalent.

Depuis 1975, le Congrès américain adopte des lois destinées à augmenter l'efficacité de 22 grandes catégories d'appareils électroménagers et industriels, des lave-vaisselle aux moteurs électriques. Mais le ministère américain de l'Énergie n'avait jamais fourni les normes nécessaires à la mise en application d'une telle législation. Pour remédier à ce dysfonctionnement, et quelques jours seulement après sa nomination, le président Barack Obama a ordonné la promulgation des textes réglementaires nécessaires. En septembre 2010, le ministère a annoncé que les exigences d'efficacité d'au moins une vingtaine d'appareils destinés au public ou à l'industrie avaient été standardisées, « constituant pour les consommateurs une économie cumulée de 250 à 300 milliards de dollars d'ici 2030 ».

Les téléviseurs à écran plat représentent un enjeu plus récent. À ce jour, ils utilisent plus d'électricité qu'un téléviseur à tube cathodique traditionnel – jusqu'à quatre fois plus pour les grands écrans plasma. Dans ce domaine comme dans bien d'autres, l'état de Californie montre la voie : il exige que tous les téléviseurs réduisent leur consommation d'électricité d'un tiers d'ici 2011 et de près de la moitié d'ici 2013. La taille du marché californien est telle que les fabricants vont très probablement se voir contraints d'appliquer cette norme à tout le marché américain.

Mais c'est en Chine que se situe le plus grand défi ; en effet, le taux d'équipement des ménages urbains en appareils électroménagers est comparable à celui observé dans les pays industrialisés. Pour 100 ménages, on compte 133 postes de télévision couleur, 95 machines à laver, et 100 systèmes de climatisation. Cette croissance phénoménale s'est faite sans contrainte d'efficacité énergétique et a contribué à l'explosion de la consommation d'électricité en Chine, avec une croissance d'un facteur 11 sur la période 1980-2007.

Avec les États-Unis et la Chine, l'Union européenne constitue l'autre grande zone de concentration d'appareils domestiques. Greenpeace note que même si la consommation individuelle moyenne d'électricité est deux fois moindre en Europe qu'aux États-Unis, le potentiel de réduction de la consommation y est encore important. Certes, un réfrigérateur européen consomme en moyenne deux fois moins d'électricité que son équivalent américain, mais il reste encore quatre fois plus consommateur que l'appareil le plus efficace du marché. Ces chiffres laissent entrevoir un gigantesque potentiel d'économie d'électricité à l'échelle mondiale.

Le programme japonais « Top Runner » est le plus dynamique au monde pour améliorer les normes de consommation des appareils électriques. Il impose que les appareils les plus performants du marché fixent la norme pour ceux qui seront vendus demain – un processus qui permet d'exploiter en permanence les derniers progrès technologiques. Au Japon, en une décennie, l'efficacité énergétique a ainsi progressé de 15 à 83 % selon les appareils électroménagers.

Le bâtiment

Même si les appareils domestiques représentent une part importante de la consommation totale d'électricité des bâtiments, les postes principaux restent le chauffage et la climatisation. Alors qu'il constitue la principale source d'émissions de carbone, loin devant le transport, ce secteur est souvent négligé dans les programmes d'économie d'énergie. La durée de vie des édifices s'étalant sur 50 ou 100 ans, voire plus, on considère que la réduction des émissions de carbone du bâti est un processus à long terme. Mais ce n'est pas toujours le cas : la rénovation énergétique d'un bâtiment ancien mal isolé peut réduire la consommation et les factures d'énergie de 20 à 50 %. Et si l'on parachève le travail par un passage à une source renouvelable d'électricité pour le chauffage, la climatisation et l'éclairage, le tour est joué : on dispose d'un « bâtiment zéro carbone » !

Aux États-Unis, le plan de relance signé par le président Obama en février 2009 prévoit l'isolation de plus d'un million de maisons individuelles, l'isolation et la rénovation d'une grande partie de l'habitat collectif et une meilleure performance énergétique des bâtiments gouvernementaux. Autant d'initiatives qui visent à favoriser le développement d'une solide industrie de la performance énergétique aux États-Unis.

Pour rendre les anciennes constructions plus performantes sur le plan énergétique, la fondation Clinton a lancé un « Programme de rénovation des bâtiments », dans le cadre de « l'Initiative Clinton pour le climat » (Clinton Climate Initiative, CCI). En coopération avec le C40 – un regroupement de grandes villes leaders dans la lutte contre le réchauffement climatique –, ce programme met en relation des institutions financières et certaines des plus grandes entreprises mondiales de service et d'ingénierie énergétique avec un objectif : réduire de 50 % la consommation d'énergie de ces municipalités en rénovant les bâtiments. Les sociétés de service énergétique, telles que Johnson Controls et Honeywell, s'engagent vis-à-vis des propriétaires immobiliers à garantir contractuellement les économies d'énergie qui seront ainsi réalisées et à ne pas dépasser le coût annoncé pour les travaux de rénovation. Lors du lancement de ce programme, Bill Clinton a souligné à quel point chacun en sortait gagnant : économiquement rentable pour les banques et les sociétés de service, il permet aux propriétaires d'immeubles de réduire leurs charges, et se traduit par une réduction des émissions de carbone.

En avril 2009, les propriétaires de l'Empire State Building à New York ont rendu public un projet de rénovation destiné à réduire de 40 % la consommation énergétique de cet immeuble emblématique de 102 étages, construit au début des années 1930. Les coûts de la rénovation devraient être amortis en trois ans grâce aux économies d'énergie – 4,4 millions de dollars par an – ainsi réalisées.

Si ce type de rénovation aboutit à d'impressionnantes réductions d'émissions de CO_2, l'écoconstruction permet aux nouveaux bâtiments d'être économes en énergie dès le départ. L'Allemagne a introduit en janvier 2009 une législation astucieuse pour inciter les constructeurs à atteindre des objectifs ambitieux de réduction des émissions : soit 15% de l'énergie nécessaire au chauffage du logement et de l'eau provient de sources renouvelables, soit l'efficacité énergétique globale du bâtiment doit être considérablement améliorée. On peut facilement imaginer que si un constructeur équipe un toit en panneaux solaires pour le chauffage, il ne se limitera pas à 15 % des besoins énergétiques du bâtiment.

Architecte dans l'état du Nouveau-Mexique, Edward Mazria est convaincu que d'importantes économies d'énergie peuvent être faites grâce à l'écoconstruction. Conscient des enjeux climatiques, il est l'initiateur du « Challenge 2030 », dont le principal objectif est d'obtenir des architectes américains que tous les bâtiments qu'ils concevront d'ici 2030 puissent fonctionner sans combustibles fossiles. Mazria considère que « ce sont les architectes qui ont le thermostat du réchauffement climatique entre les mains ». Il a fédéré une coalition de plusieurs organisations, dont l'Institut américain des architectes, le Conseil américain pour l'écoconstruction (U.S Green Building Council, USGBC) et la Conférence des maires américains.

L'USGBC a un rôle pionnier dans le secteur privé, grâce à son programme de certification et de notation Leadership in Energy and Environmental Design, LEED [Excellence en conception énergétique et environnementale]. Ce programme fonctionne sur la base du volontariat, et définit quatre niveaux de certification : « certifié », « argent », « or » et « platine ». Un bâtiment « certifié » LEED doit répondre à des normes minimales : qualité environnementale, choix des matériaux, performance énergétique, utilisation optimisée de l'eau et choix du site d'implantation – notamment en termes d'accès aux transports publics. Les bâtiments certifiés LEED séduisent les acheteurs par leurs coûts de fonctionnement réduits et leur meilleur rendement locatif. Leurs occupants sont généralement plus heureux et en meilleure santé que dans les bâtiments traditionnels.

Près d'Annapolis, dans l'état du Maryland, l'immeuble abritant la fondation Chesapeake Bay et sa centaine d'employés a été le premier à obtenir le label LEED « platine ». Il dispose d'une pompe à chaleur géothermique pour le chauffage et la climatisation, d'un chauffe-eau solaire sur le toit et de toilettes sèches d'allure élégante qui produisent un humus de qualité utilisé comme engrais dans les espaces verts entourant le bâtiment. À Chicago, un immeuble de bureaux de 60 étages a obtenu une certification LEED « or » ; il utilise de l'eau de rivière pour sa climatisation en été, et la végétation qui recouvre plus de la moitié de sa toiture permet de réduire le ruissellement et d'améliorer l'isolation thermique. Le principal locataire, le cabinet d'avocats Kirkland & Ellis LLP, tenait à ce que le bâtiment obtienne au moins une certification « argent », et que ce point figure dans le bail. La tour de 55 étages de la Bank of America à New York est le premier gratte-ciel important à avoir obtenu une certification LEED « platine ». Il possède sa propre centrale de cogénération, recueille les eaux pluviales et réutilise les eaux usées ; on a aussi fait appel à des matériaux recyclés pour sa construction. Le cabinet de conseil Pike Research estime qu'à l'échelle mondiale, la surface utile des bâtiments satisfaisant des normes d'écoconstruction va passer de 550 millions de mètres carrés en 2010 à près de 5 milliards de mètres carrés d'ici à 2020.

Les transports

Dans le secteur des transports, il existe un large potentiel d'économies d'énergie. La première étape pour accroître l'efficacité énergétique et réduire les émissions de carbone consiste à restructurer et à électrifier le système de transport : il s'agit de faciliter l'abandon progressif des combustibles fossiles en faveur d'une énergie électrique d'origine renouvelable. Cette restructuration implique le renforcement des transports publics et des choix urbanistiques qui réduiraient le besoin de voiture. Nous le verrons plus loin, ces actions intra-urbaines peuvent être efficacement complétées par l'élaboration, pour les déplacements interurbains, d'un réseau de trains à grande vitesse.

Dans les zones urbaines, la meilleure option réside dans un système de transport mixte combinant métros, tramways, lignes de bus, pistes cyclables et voies piétonnes – qui garantit aux usagers une mobilité à faible coût tout en promouvant un environnement urbain plus sain. Par ailleurs, les noeuds d'un réseau ferroviaire constituent des zones particulièrement adaptées pour y densifier le tissu administratif, commercial et résidentiel.

Certains des systèmes de transport public urbain les plus innovants ont vu le jour dans des pays en développement, comme à Bogotá en Colombie. Le succès du bus à haut niveau de services de Bogotá (BHNS) repose sur des voies dédiées qui permettent une circulation rapide à travers toute la ville. Ce système a été reproduit dans un grand nombre d'autres villes, telles que Mexico, São Paulo, Hanoï, Séoul, Istanbul et Quito. En Chine, les BHNS fonctionnent dans 11 villes, dont Pékin.

Le maire de Paris, Bertrand Delanoë, élu en 2001, a hérité d'une des pires situations d'Europe en termes de pollution atmosphérique et d'embouteillages. Pour résorber le trafic automobile, il a d'abord investi dans une meilleure desserte des zones excentrées de façon à ce que tout habitant de l'agglomération parisienne ait accès à un transport public de qualité. L'étape suivante a été de créer des voies réservées aux bus et aux bicyclettes sur les artères principales – réduisant ainsi le nombre de voies accessibles aux voitures. Le gain de vitesse des bus en a augmenté l'usage.

Une troisième initiative innovante à Paris a été la mise en place d'un programme municipal de location de bicyclettes, Vélib', qui met à disposition des usagers plus de 20 000 vélos dans 1 750 stations réparties à travers toute la ville. L'utilisateur peut choisir entre des tarifs journalier, hebdomadaire ou annuel qui vont de 1 euro par jour à 39 euros par an. L'utilisation du vélo est gratuite si elle ne dépasse pas 30 minutes. Le Vélib' s'avère très populaire, avec plus de 63 millions de trajets effectués entre le début du programme en juillet 2007 et fin 2009[2]. Des centaines d'autres villes telles que Londres, Washington, Shanghai, Mexico, ou Santiago adoptent également des systèmes de vélos en libre-service (VLS). L'idée de partager l'usage d'une bicyclette est dans l'air du temps.

En finir avec le tout-voiture

Tout effort sérieux visant à réduire la consommation mondiale de carburant automobile doit impliquer prioritairement les États-Unis, qui consomment plus d'essence que les 20 pays suivants réunis – parmi lesquels le Japon, la Chine, la Russie, l'Allemagne et le Brésil. Avec 248 millions de véhicules sur un total mondial de 965 millions, les États-Unis possèdent et de loin la plus grande flotte automobile ; qui, de surcroît, est la première en termes de kilomètres parcourus par véhicule, et l'une des plus inefficaces en matière de consommation de carburant.

Dans une société américaine autrefois largement rurale, la voiture était gage de mobilité. Aujourd'hui, le nombre de voitures en ville ayant dépassé un seuil critique, le mot n'est plus synonyme de mobilité mais d'immobilité. Le Texas Transportation Institute [Institut d'étude du transport au Texas] indique que le coût des embouteillages aux États-Unis (prenant en compte les pertes en temps et en carburant) a explosé, passant de 17 milliards de dollars en 1982 à 87 milliards de dollars en 2007.

Les États-Unis sont traditionnellement à la traîne de l'Europe en matière de développement de systèmes mixtes de transports urbains. Beaucoup de quartiers américains sont ainsi dépourvus de trottoirs et de pistes cyclables, compromettant la sécurité des piétons et des cyclistes, en particulier dans les rues les plus fréquentées. Néanmoins, le mouvement « Complete Streets » [La

2 La barre des cent millions de trajets a été franchie en juillet 2011.

rue pour tous] s'y développe rapidement ; son objectif est que les rues soient aussi bien adaptées aux piétons et aux cyclistes qu'aux automobilistes.

La National Complete Streets Coalition, un puissant rassemblement de mouvements citoyens, dont le Natural Resources Defense Council [Conseil de protection des ressources naturelles], l'AARP (une association qui regroupe presque 40 millions de seniors du pays) et de nombreuses organisations cyclistes locales et nationales remettent en cause le modèle du tout-voiture. À ce jour, ce collectif a obtenu que des politiques d'aménagement des rues soient mises en place dans 98 villes du pays et dans 23 états, dont la Californie et l'Illinois, qui comptent parmi les plus peuplés.

Nous sommes sans doute au crépuscule de l'histoire d'amour que l'Amérique entretient depuis un siècle avec l'automobile. Dans ce domaine aussi, un « pic » semble avoir été atteint : en 2009, 12,4 millions de voitures ont été envoyées à la casse pour seulement 10,6 millions d'unités vendues, provoquant une baisse de la flotte de presque 1 %. Cette baisse est généralement associée à la crise ; elle résulte en fait de plusieurs facteurs convergents : la saturation du marché, l'urbanisation continue, l'incertitude économique, l'insécurité des approvisionnements pétroliers, la montée du prix de l'essence, le ras-le-bol des embouteillages, et l'inquiétude grandissante liée au changement climatique.

Mais l'avenir de l'automobile est surtout marqué par une tendance sociale majeure : la baisse d'intérêt des jeunes pour la voiture. Pour ceux qui avaient grandi il y a un demi-siècle dans un pays encore fortement rural, l'obtention d'un permis de conduire et d'une voiture ou d'un pick-up était un rite de passage. À l'inverse, maintenant que la population est à 82 % urbaine, de nombreux jeunes grandissent dans des familles ne possédant pas de voiture. Ils « socialisent » sur Internet, via leurs *smartphones*, et non par l'automobile. Beaucoup n'ont même pas envie de passer le permis de conduire. Du fait de ces tendances convergentes, le nombre de véhicules en circulation aux États-Unis pourrait diminuer de 10 % d'ici 2020. La flotte automobile du Japon, deuxième en taille après celle des États-Unis, est également en recul.

Au-delà de la diminution de la flotte, le principal levier de réduction de la consommation d'essence à court terme aux États-Unis est l'élévation des normes de performance énergétique des véhicules. L'obligation faite aux constructeurs d'augmenter de 40 % l'efficacité des voitures neuves d'ici 2016, annoncée par l'administration Obama en mai 2009, permettra de réduire les émissions de carbone et la dépendance au pétrole du pays. À cela s'ajoute le programme d'urgence mis en place pour remplacer le parc automobile américain par des véhicules hybrides à autonomie étendue et des voitures électriques. Et on pourrait encore réduire le nombre de voitures en affectant les fonds publics aux transports en commun et au transport ferroviaire interurbain plutôt qu'à la construction d'autoroutes ; les États-Unis se rapprocheraient alors de l'objectif du Plan B, à savoir une réduction des émissions de carbone de 80 % d'ici 2020.

Des véhicules hybrides à autonomie étendue et électriques sont désormais commercialisés sur le marché américain. La Chevrolet Volt, hybride à autonomie étendue, est disponible depuis la fin de l'année 2010. Dans le même temps, Nissan met sur le marché sa voiture entièrement électrique, la Leaf [la feuille], aux États-Unis, au Japon et en Europe. En 2012, Toyota prévoit de sortir une version à autonomie étendue de sa très prisée Prius hybride. Alors que la transition vers les énergies renouvelables est en plein essor, les automobiles pourraient un jour être en grande partie propulsées par une électricité d'origine éolienne pour un coût équivalent de moins de 20 centimes d'euro par litre d'essence.

Le passage aux véhicules électriques ou hybrides à autonomie étendue ne nécessite pas la construction de nouvelles infrastructures coûteuses, puisque le réseau de stations-service et le réseau électrique sont déjà en place. Le U.S. Pacific Northwest National Laboratory [Laboratoire national du nord-ouest Pacifique] estime que l'infrastructure électrique actuelle pourrait alimenter jusqu'à 70 % du parc automobile américain ; le rechargement des batteries s'effectuerait pendant la nuit, hors des pics de consommation. Il s'agira simplement de faciliter le rechargement en installant, en plus des prises électriques domestiques, des bornes de recharge publiques dans tous les lieux de stationnement.

Le vélo-roi

Pour réduire les émissions de gaz à effet de serre, aucune méthode n'est aussi efficace que la substitution de l'automobile par le vélo pour les petits trajets. En termes de performance énergétique, la bicyclette est un véritable chef-d'œuvre d'ingénierie : 13 kg de métal et de caoutchouc permettent de tripler la capacité de déplacement d'un individu. J'ai calculé qu'avec ma bicyclette, je peux facilement parcourir 11 kilomètres avec l'énergie tirée de la digestion d'une seule pomme de terre ! Par comparaison, une voiture qui nécessite au moins une tonne de matériaux pour transporter une personne est extraordinairement inefficace.

La bicyclette est un moyen de transport individuel qui possède de nombreux atouts. Elle ne produit pas d'émissions de carbone, elle contribue à la décongestion du trafic, à la diminution de la pollution de l'air, au combat contre l'obésité et reste à la portée de milliards de personnes pour lesquels le prix d'une voiture est prohibitif. L'usage de la bicyclette accroît les capacités individuelles de déplacement tout en réduisant le trafic automobile et l'emprise au sol des voiries. Et quand les vélos remplacent les voitures, les villes peuvent convertir leurs aires de stationnement en parcs ou jardins publics.

Pour contrer l'omniprésence des voitures – et éviter la construction de nouveaux parkings, dont chaque emplacement revient à 40 000 euros –, les universités, comme les villes, font le choix de la bicyclette. L'université Saint Xavier de Chicago a inauguré à l'automne 2008 un système de vélos en libre-service que les étudiants peuvent réserver avec leur carte d'identité. L'université Emory d'Atlanta a mis en place un système gratuit similaire. Le Ripon College dans le Wisconsin et l'université de Nouvelle-Angleterre dans le Maine sont allés encore plus loin : chaque nouvel étudiant se voit offrir un vélo s'il accepte de laisser sa voiture chez lui.

Pour bénéficier au maximum des avantages qu'offre la bicyclette, il faut créer des systèmes de transport adaptés. Il convient de développer les pistes cyclables et les voies dédiées aux cycles en planifiant les connexions de ces réseaux avec les transports en commun. Les Pays-Bas, où 25 % des déplacements sont effectués en vélo, le Danemark (18 %) et l'Allemagne

(10 %) figurent parmi les pays industrialisés les plus actifs dans la promotion de la bicyclette. Le taux de déplacement à bicyclette n'atteint que 1 % aux États-Unis.

Les trains à grande vitesse

Si l'avenir des transports urbains tient dans la multimodalité entre tramways, bus, vélos, voitures et marche à pied, en matière de déplacements interurbains, le futur appartient aux trains à grande vitesse (TGV). Au Japon, ces trains atteignent 300 kilomètres par heure et transportent presque 400 000 passagers par jour. Sur les lignes interurbaines les plus utilisées, des départs ont lieu toutes les 3 minutes. Quant aux retards à l'arrivée, ils sont en moyenne de 6 secondes. Le TGV japonais a assuré le transport de milliards de personnes en 46 ans sans qu'aucune catastrophe ne soit à déplorer. Si nous devions sélectionner les 7 merveilles du monde moderne, il en ferait assurément partie.

En Europe, la première ligne à grande vitesse, reliant Paris et Lyon, n'est entrée en service qu'en 1981. Depuis lors, le TGV européen a fait une percée impressionnante : en 2010, 6 100 km de lignes à grande vitesse étaient en service. L'objectif est de tripler le réseau d'ici 2025 et d'intégrer les pays d'Europe de l'Est dans un maillage transcontinental.

Les liaisons interurbaines à grande vitesse font évoluer les pratiques en matière de transport et réduisent le nombre de longs trajets en voiture et de vols courts, chacun fortement émetteur de carbone. Lorsque la liaison Bruxelles-Paris a ouvert, la proportion de personnes voyageant en train entre les deux villes est passée de 24 à 50 %. La part de la voiture a chuté de 61 à 43 % et les voyages en avion ont pratiquement disparu.

Si la France et l'Allemagne ont été les premiers pays européens à créer des liaisons de transport ferroviaire interurbain, l'Espagne rattrape rapidement son retard avec un réseau à grande vitesse très fréquenté. Avant l'ouverture récente de la ligne Barcelone-Madrid, 90 % des 6 millions de trajets effectués chaque année entre les deux villes se faisaient en avion. Début 2010, le train dépassait l'avion sur cette destination. En 2020, la moitié du budget espagnol consacré aux transports sera destinée au rail. Comme le note *The Economist*, « l'Europe révolutionne ses transports intérieurs avec le développement des trains à grande vitesse ».

Il y a peu encore, un énorme fossé existait dans le secteur des trains à grande vitesse entre le Japon et l'Europe d'une part et le reste du monde d'autre part. Les efforts de la Chine sont en passe de la propulser au premier rang : elle dispose à la fois des trains les plus rapides au monde et du plus ambitieux programme de construction de lignes à grande vitesse. En raison de la rareté des terres disponibles et pour réduire sa dépendance au pétrole, la Chine a changé de priorité : plutôt que de construire des autoroutes « à l'américaine », elle opte pour la construction d'un réseau interurbain de trains à grande vitesse reliés aux systèmes de métros urbains – une soixantaine de métros sont d'ailleurs en cours de construction à travers le pays. Son objectif : réduire les trajets en voiture et en avion pour les déplacements à moyenne et à plus longue distance. En 2010, une ligne d'environ 500 km a été ouverte entre Zhengzhou et Xi'an : le faible coût et le temps de trajet réduit à deux heures ont créé un tel engouement en faveur du train que les vols entre ces deux villes ont été supprimés.

En 2010, la Chine a investi 120 milliards de dollars dans les trains à grande vitesse, alors que les États-Unis n'y consacraient qu'un milliard de dollars. Et alors que les Américains ne consacraient au secteur que 8 milliards de dollars de leur plan de relance suite à la crise de 2008-2009, les Chinois en allouaient 100 milliards. Sans surprise, la Chine disposera à elle seule d'un réseau ferroviaire à grande vitesse plus étendu que celui du reste du monde dès 2012.

Les États-Unis ont bien une ligne ferroviaire rapide, l'Acela Express, qui relie Washington, New York et Boston, mais sa fiabilité et sa vitesse moyenne de 110 km/h ne peuvent en rien être comparées aux performances des trains japonais, européens et maintenant chinois.

Aux États-Unis, le temps est venu de bâtir un système de transport digne du XXIe siècle en transférant vers le rail les investissements consacrés au réseau routier et autoroutier. En 1956, le président Eisenhower avait lancé le programme d'autoroutes inter-états, le justifiant par des raisons de sécurité nationale ; aujourd'hui, ce sont les menaces liées au changement climatique et à l'insécurité de l'approvisionnement pétrolier qui plaident pour la construction d'un réseau de trains à grande vitesse à l'échelle du pays.

Les émissions de dioxyde de carbone par passager au kilomètre sur les TGV européens ne représentent qu'un tiers de celles des voitures et un quart de celles des avions. Dans le modèle économique du Plan B, les émissions de CO_2 provenant des trains seront proches de zéro, puisque ceux-ci marcheront à l'électricité d'origine éolienne, solaire et géothermique. Non seulement ces liaisons ferroviaires sont-elles confortables et pratiques, mais elles réduisent la pollution de l'air et les embouteillages.

La restructuration des modes de transport – par exemple le remplacement de la voiture par le bus et le tramway – permet aussi des réductions massives dans l'utilisation des matériaux : 60 voitures d'un poids total de 110 tonnes peuvent ainsi être remplacées par un bus de 12 tonnes, réduisant l'utilisation de matériaux de 89 %.

Si l'on remplace sa voiture par un vélo, les économies sont encore plus impressionnantes. L'urbaniste Richard Register raconte qu'un de ses amis, promoteur très actif de l'usage du vélo, possède un T-shirt sur lequel on peut lire : « J'ai maigri de 1 500 kg. Demandez-moi comment. » Si on l'interroge à ce sujet, il répond qu'il a vendu sa voiture. Remplacer une voiture de 1,5 tonne par une bicyclette de 10 kg réduit évidemment de façon spectaculaire l'utilisation d'énergie. Mais cela réduit également de 99 % l'utilisation de matériaux, ce qui induit une économie indirecte supplémentaire d'énergie.

Le tout-jetable aux oubliettes de l'histoire

La production, la transformation et l'élimination des matériaux dans notre économie moderne du jetable conduisent non seulement au gaspillage des matières premières, mais aussi de l'énergie qui a été nécessaire à toutes ces étapes. Cette économie du jetable est une aberration, elle-même destinée à être jetée au rebut de l'histoire.

Dans leur livre *Cradle to Cradle: Remaking the Way We Make Things*[3], l'architecte américain William McDonough et le chimiste allemand Michael Braungart concluent que les déchets et la pollution devraient être entièrement éliminés. Comme le dit McDonough, « la pollution est le signe d'une erreur de conception ».

Réduire l'utilisation des matières premières passe par le recyclage de l'acier, dont l'utilisation dépasse largement celle de tous les autres métaux combinés. Aux États-Unis, pratiquement toutes les automobiles sont ainsi recyclées – la valeur de leurs matériaux est trop importante pour les laisser rouiller dans l'arrière-cour d'un ferrailleur. Avec un nombre de voitures mises à la casse supérieur à celui des nouvelles immatriculations, le secteur automobile américain dispose d'énormes surplus d'acier utilisables dans d'autres secteurs de l'économie. Le taux de recyclage de l'acier contenu dans les appareils électroménagers est estimé à 90 %. Pour les canettes, il est de 65 %. En ce qui concerne l'acier utilisé dans la construction, le recyclage est de 97 % pour les poutres et les poutrelles, mais seulement de 65 % pour l'acier d'armature.

Outre la réduction de la quantité de matériaux utilisés, le recyclage permet d'énormes économies d'énergie. Fabriquer de l'acier à partir de déchets recyclés ne demande que 26 % de l'énergie utilisée pour fondre le minerai de fer. Pour l'aluminium, on descend à 4 %. Le plastique recyclé utilise seulement 20 % de l'énergie nécessaire à la fabrication d'un plastique de « première génération ». Le papier recyclé en demande 64 %, et utilise beaucoup moins de produits chimiques au cours du processus. Si, à l'échelle de la planète, les taux de recyclage de ces matériaux de base s'élevaient aux niveaux atteints dans les économies les plus efficaces, les émissions mondiales de carbone chuteraient très rapidement.

Aux États-Unis, seulement 33 % des déchets sont recyclés, tandis que 13 % sont incinérés et 54 % sont mis en décharge. Il existe donc un énorme

3 L'expression *cradle to cradle* [du berceau au berceau] est utilisée ici en opposition à une autre expression, *from cradle to grave* [du berceau au tombeau]. Les auteurs distinguent l'économie jetable, « linéaire », de l'économie « circulaire », où tout est réutilisé ou recyclé. Le livre a été publié en français sous le titre *Cradle to cradle, créer et recycler à l'infini* (éditions Alternatives, 2011).

potentiel : à la fois pour diminuer la quantité de matériaux utilisés, pour réaliser des économies d'énergie, et, par voie de conséquence, pour réduire la pollution. Dans les grandes villes américaines, le taux de recyclage varie beaucoup : de 25 % à New York à 77 % à San Francisco.

L'un des moyens les plus efficaces pour inciter au recyclage consiste en l'adoption d'une taxe sur les déchets mis en décharge. La ville de Lyme, dans l'état du New Hampshire, prend désormais part à un programme qui encourage les municipalités à facturer les résidents pour tout rebut collecté. La part de déchets mis en décharge a rapidement chuté, et le recyclage est passé de 13 à 52 % en un an. Non seulement ce programme a-t-il allégé les charges que la ville paie pour l'utilisation de décharges, mais la municipalité a trouvé là une source de revenus provenant de la vente de matériaux recyclés. Aux États-Unis, plus de 7 000 municipalités ont désormais adopté ce type de programme.

En plus des incitations au recyclage des matériaux, on peut encourager ou imposer la réutilisation de produits comme les gobelets. La Finlande, par exemple, a interdit l'utilisation de gobelets à usage unique. Une bouteille en verre réutilisable demande 10 fois moins d'énergie par utilisation que le recyclage d'une canette en aluminium. Interdire les récipients non réutilisables est une option rentable à cinq niveaux : on diminue l'utilisation de matériaux, les émissions de carbone, la pollution de l'air, la pollution de l'eau, et les flux de déchets vers les décharges.

L'eau en bouteille génère encore plus de gaspillage. Dans un contexte de lutte contre le réchauffement climatique, il est très difficile de justifier l'embouteillage de l'eau : cette eau est transportée sur de longues distances et vendue à des prix 1 000 fois supérieurs à l'eau du robinet. Un marketing habile a su convaincre de nombreux consommateurs que l'eau en bouteille est plus sûre et plus saine que celle dont ils disposent chez eux ; mais une étude du WWF a mis en évidence qu'aux États-Unis et en Europe les normes régissant la qualité de l'eau du robinet étaient plus contraignantes que celles de l'eau embouteillée. Pour les gens vivant dans les pays en voie de développement, où la qualité de l'eau est douteuse, il est également plus économique de faire bouillir ou de filtrer l'eau que de l'acheter en bouteille.

Fabriquer les 28 milliards de bouteilles en plastique utilisées annuellement pour conditionner l'eau aux États-Unis nécessite 17 millions de barils de pétrole. Si on inclut la dépense énergétique liée à la réfrigération et au transport de ces bouteilles – qui parcourent parfois des centaines de kilomètres –, l'industrie américaine de l'eau embouteillée consomme environ 50 millions de barils de pétrole par an, ce qui représente 13 % des importations américaines de pétrole saoudien.

Globalement, les économies d'énergie qui peuvent être réalisées aux États-Unis sont énormes. Le Rocky Mountain Institute a calculé que si les 40 états américains les moins efficaces atteignaient l'efficacité des 10 états les plus performants, la consommation nationale d'électricité serait réduite d'un tiers. Cela permettrait la fermeture de 62 % des centrales thermiques au charbon du pays. Par ailleurs, même les états les plus efficaces ont encore un potentiel considérable de progression ; ils sont d'ailleurs engagés dans des programmes complémentaires de réduction de leurs émissions de carbone, qui devraient réduire d'autant leurs charges de fonctionnement.

Les opportunités d'économie d'énergie sont omniprésentes : tous les secteurs de l'économie, tous les aspects de la vie quotidienne, et tous les pays sont concernés. Exploiter ces possibilités permettra réellement de réduire la consommation énergétique mondiale au cours de la prochaine décennie. Ces gains d'efficacité, potentiellement considérables, combinés à une transition mondiale vers les énergies renouvelables (voir chapitre 9), rapprocheront le monde du modèle proposé dans le Plan B pour le secteur de l'énergie.

EXPLOITER LES ÉNERGIES

ÉOLIENNE, SOLAIRE ET GÉOTHERMIQUE

Une nouvelle économie mondiale de l'énergie est en émergence ; elle est la conséquence de l'augmentation du prix des énergies fossiles, de l'insécurité croissante des approvisionnements pétroliers, et des inquiétudes relatives au changement climatique – qui conduisent en particulier à interroger l'avenir même du charbon. Alimenté par le pétrole, le charbon et le gaz naturel, le modèle énergétique dominant est progressivement remplacé par l'éolien, le solaire et la géothermie. Malgré la crise économique globale, cette transition énergétique se déroule à une vitesse et une échelle que nous n'aurions pu imaginer voici seulement quelques années.

La transition est bien engagée aux États-Unis, où la consommation de pétrole et de charbon est désormais en baisse. La consommation de pétrole a chuté de 8 % entre 2007 et 2010 et va vraisemblablement encore baisser à long terme. La consommation de charbon a également reculé de 8 % au cours de la même période, sous la pression d'un puissant mouvement citoyen de rejet de cette source d'énergie, qui a conduit à un quasi-moratoire sur la construction de nouvelles centrales ; ce mouvement s'attache maintenant à obtenir la fermeture des centrales encore en activité.

La baisse de l'utilisation du charbon aux États-Unis s'est accompagnée de la mise en exploitation de 300 fermes éoliennes d'une capacité totale de 21 000 mégawatts. De plus, après une pause d'une vingtaine d'années, la production d'énergie géothermique connaît un rebond. L'Association américaine de l'énergie géothermique a annoncé mi-2010 le développement de 152 nouvelles centrales en vue d'un triplement de la capacité de production géothermique aux États-Unis. Pour ce qui est du solaire, les installations photovoltaïques doublent tous les deux ans. Les nombreuses centrales solaires thermiques en construction représentent quelque 9 900 mégawatts de capacité de production supplémentaire.

Le présent chapitre décrit les objectifs du Plan B pour le développement mondial des énergies renouvelables à l'horizon 2020. La réduction des émissions de carbone à hauteur de 80 % d'ici 2020 est nécessaire à nos yeux pour éviter les risques que le changement climatique fait peser sur notre civilisation. Le Plan B s'oppose au Plan A – la poursuite du *business as usual* – et impose une mobilisation de temps de guerre et un effort acharné pour restructurer le modèle énergétique mondial.

Pour atteindre ces objectifs, la production d'électricité ne doit plus être assurée à partir du charbon et du pétrole mais à l'aide de sources d'énergies renouvelables. Le XXe siècle a été marqué par la généralisation au niveau mondial d'un modèle énergétique basé sur un pétrole provenant en majorité du Moyen-Orient. Le XXIe siècle verra la relocalisation de la production énergétique à mesure que les énergies éolienne, solaire ou géothermique seront adoptées partout sur la planète.

Dans le Plan B, le volet énergétique repose en grande partie sur l'électricité mais ne s'appuie pas sur le développement des centrales nucléaires. En fait, la construction de centrales nucléaires serait abandonnée si l'on intégrait l'ensemble des externalités (coûts indirects) dans le prix du kilowatt : élimination des déchets, démantèlement des centrales en fin de vie, et frais d'assurances des réacteurs contre les risques d'accidents ou d'attaques terroristes. Face à ces contraintes, l'énergie nucléaire n'est tout simplement pas rentable. Le Plan B exclut aussi la possibilité si souvent débattue de capture et séquestration du dioxyde de carbone (CO_2) produit par les centrales thermiques à charbon. Au vu des coûts et du peu d'intérêt des investisseurs au sein même de la filière du charbon, cette technologie ne sera vraisemblablement pas économiquement viable avant 2020, si tant est qu'elle le devienne un jour.

Le grand souffle de l'énergie éolienne

A contrario, l'énergie éolienne est au cœur du modèle énergétique du Plan B. Elle est abondante, bon marché et largement répartie. Elle peut être développée à grande échelle et rapidement mise en œuvre. Une étude des ressources éoliennes mondiales datant de 2009 et publiée par l'Académie américaine des sciences indique que le potentiel de production éolienne terrestre représente 40 fois les besoins actuels en électricité, toutes utilisations confondues.

Pendant de nombreuses années, seuls quelques pays assuraient le développement de l'énergie éolienne. Mais cette situation est en train de changer avec la mondialisation de cette industrie : plus de 70 pays exploitent aujourd'hui cette ressource. Entre 2000 et 2010, la croissance de la capacité éolienne mondiale s'est faite à un rythme effréné, passant de 17 000 à près de 200 000 mégawatts.

Les États-Unis sont les premiers producteurs mondiaux d'électricité d'origine éolienne, avec une capacité de production de 35 000 mégawatts. Ils devancent la Chine et le Japon qui produisent chacun 26 000 mégawatts. Si le Texas a longtemps été le premier état producteur de pétrole des États-Unis, il est désormais en tête pour la production d'électricité d'origine éolienne. Sa capacité actuelle est de 9 700 mégawatts ; 370 mégawatts supplémentaires sont en construction et de très nombreux projets sont à l'étude. Si l'ensemble des fermes éoliennes prévues pour 2025 voit le jour, le Texas disposera d'une capacité de production éolienne de 38 000 mégawatts, soit l'équivalent de 38 centrales à charbon ; de quoi couvrir près de 90 % des besoins en électricité résidentielle des 25 millions d'habitants de l'état.

En juillet 2010 a été posée la première pierre de l'Alta Wind Energy Center (AWEC) au col de Tehachapi, à quelque 120 km au nord de Los Angeles, en Californie. Avec 1 550 mégawatts de capacité, ce sera la plus grande ferme éolienne des États-Unis. L'AWEC fait partie d'un ensemble qui fournira au final 4 500 mégawatts d'énergie renouvelable pour satisfaire les besoins en électricité de près de 3 millions de foyers.

Les turbines n'occupant que 1 % des terres où les fermes éoliennes sont implantées, les agriculteurs et les éleveurs peuvent donc continuer à les exploiter. Ils doublent alors leurs sources de revenu en produisant simultanément de l'électricité, du blé, du maïs ou du bétail. Sans investissement de leur part, les agriculteurs et les éleveurs perçoivent chaque année entre 3 000 et 10 000 dollars de royalties pour chaque éolienne implantée sur leurs terres. Pour des milliers d'éleveurs des Grandes Plaines des États-Unis, les revenus issus de la vente de bétail vont devenir très minoritaires en comparaison des royalties générées par l'éolien.

Les éoliennes constituent d'ailleurs une classe à part du point de vue de la productivité énergétique des terres agricoles. À titre d'exemple, un hectare de maïs du nord de l'Iowa peut produire l'équivalent de 2500 dollars d'éthanol chaque année ; l'installation d'une turbine éolienne sur la même surface peut produire de l'électricité pour une valeur annuelle de 300 000 dollars. On comprend pourquoi les fermes éoliennes ont tant de succès auprès des investisseurs.

Le développement de l'éolien aux États-Unis, pour impressionnant qu'il soit, reste très en deçà des progrès enregistrés en Chine. L'énergie éolienne exploitable sur le territoire chinois pourrait couvrir 16 fois les besoins actuels en électricité du pays. La majeure partie de la production chinoise (26 000 mégawatts) provient de fermes éoliennes de 50 à 100 mégawatts. De nombreuses autres fermes éoliennes de même taille sont en cours de développement, mais la Chine a aussi lancé un nouveau programme de création de sept gigantesques complexes éoliens de 10 à 38 gigawatts[1] chacun dans six différentes provinces. Une fois achevés, ces complexes disposeront d'une capacité totale de production supérieure à 130 gigawatts – soit l'équivalent de 130 centrales à charbon.

Sept de ces 130 gigawatts seront produits offshore dans les eaux côtières du Jiangsu, l'une des provinces chinoises les plus industrialisées. La Chine prévoit une capacité totale de production éolienne offshore de 23 gigawatts. Le premier projet offshore majeur du pays, la ferme éolienne du pont de Dong Haï près de Shanghai, est déjà en service.

En Europe, où 2400 mégawatts d'éolien offshore sont en exploitation, les projets à venir portent sur une capacité totale de production offshore de 140 gigawatts, pour la plupart en mer du Nord. L'énergie éolienne offshore exploitable en Europe permettrait de couvrir sept fois les besoins du continent.

En septembre 2010, les autorités écossaises ont annoncé leur volonté de porter à 80 % la part d'électricité à base d'énergies renouvelables à l'horizon 2020 au lieu des 50 % initialement prévus. L'Écosse prévoit d'étendre cette

1 1 gigawatt = 1 000 mégawatts

politique jusqu'à couvrir en 2025 la totalité de ses besoins en électricité. L'éolien offshore constituera une bonne part des nouveaux approvisionnements.

Le Danemark est le premier pays en termes de pourcentage d'éolien dans son bouquet énergétique global, avec 21 % (ce ratio atteint 40 % ou plus pour trois Länder du nord de l'Allemagne ; il est par ailleurs de 8 % pour l'ensemble du pays, un taux en progression constante. Dans l'Iowa, aux États-Unis, le nombre d'éoliennes mises en service ces dernières années permet de couvrir jusqu'à 20 % des besoins en électricité de l'état). Le Danemark cherche à faire progresser sa part d'électricité d'origine éolienne au-delà de 50 % à l'horizon 2025, principalement à l'aide de fermes offshore. Compte tenu de cette perspective, les planificateurs danois ont complètement reconsidéré la part faite aux énergies conventionnelles. Avec l'éolien comme base de leur système de production électrique, les énergies fossiles ne seraient plus utilisées qu'en cas d'absence de vent.

L'Espagne a une capacité de production éolienne de 19000 mégawatts, qui a fourni 14 % de l'électricité utilisée en 2009 par ses 45 millions d'habitants. Le 8 novembre 2009, le fort coup de vent qui a traversé l'Espagne a même permis aux éoliennes de fournir 53 % de l'électricité du pays pendant 5 heures. Pour Graham Keeley, correspondant du *Times* à Barcelone « les imposantes éoliennes blanches qui planent au-dessus de la province de Castille-La Manche – patrie de Don Quichotte, le héros de Cervantès – et très repérables aussi dans d'autres régions d'Espagne, ont établi un nouveau record de production d'énergie éolienne ».

La Turquie a lancé en 2007 un appel d'offres pour la construction de fermes éoliennes ; l'ensemble des propositions reçues s'élevait à un total stupéfiant de 78000 mégawatts, bien plus que sa capacité électrique totale actuelle de 41000 mégawatts. Le gouvernement délivre actuellement des permis de construire aux projets les plus prometteurs pour une production attendue de 7000 mégawatts.

Au Canada, pays à fort potentiel éolien, les provinces de l'Ontario, du Québec et de l'Alberta sont les plus avancées en terme de capacité installée. L'Ontario, la province la plus peuplée, a reçu des demandes d'autorisation de développement éolien offshore sur les rives des Grands Lacs, représentant une capacité de production d'environ 21 000 mégawatts. L'objectif de la province est de fermer toutes ses centrales à charbon d'ici 2014.

Plus au sud, sur la côte américaine du lac Ontario, l'état de New York a lancé un appel d'offres similaire. Plusieurs des sept autres états qui bordent les Grands Lacs prévoient aussi d'exploiter leur potentiel éolien.

L'un des objectifs centraux du Plan B porte sur un programme d'urgence visant à la mise en exploitation de 4 000 gigawatts éoliens (soit 4 millions de mégawatts) ; il permettra de couvrir plus de la moitié des besoins mondiaux en électricité, mais exige le quasi-doublement de la capacité installée tous les 2 ans. Cette progression est à comparer au doublement tous les 3 ans qui a été observé au cours de la dernière décennie.

Le principal objectif de cette initiative est la stabilisation du climat ; elle impose l'installation de 2 millions d'éoliennes d'ici 2020, d'une puissance unitaire de 2 mégawatts. Fabriquer 2 millions d'éoliennes dans les 10 ans à venir peut apparaître comme une tâche impressionnante ; ça l'est beaucoup moins si on rapproche ce chiffre de la production annuelle de 70 millions de véhicules par l'industrie automobile mondiale.

La stabilisation du climat repose sur l'installation de ces 2 millions d'éoliennes à 3 millions de dollars l'unité. L'investissement correspondant s'élève à 600 milliards de dollars par an jusqu'en 2020 à l'échelle mondiale. Ce montant est à comparer au doublement des dépenses globales de gaz et de pétrole qui devraient passer de 800 milliards de dollars en 2010 à 1 600 milliards en 2015.

L'énergie solaire au premier plan

Le solaire est encore plus largement disponible que l'éolien. C'est le deuxième élément déterminant du volet énergétique du Plan B. Deux modes conjoints d'exploitation de l'énergie solaire sont possibles : le photovoltaïque (PV) et les capteurs solaires thermiques. Les panneaux photovoltaïques – qu'il s'agisse de silicium ou de films minces – convertissent directement la lumière du soleil en électricité. La technologie solaire thermique, réservée aux installations importantes et souvent désignée sous le terme de « solaire thermique à concentration », utilise des réflecteurs pour concentrer le rayonnement solaire sur un liquide ; celui-ci se transforme en vapeur dont la pression permet d'entraîner une turbine qui produit de l'électricité. D'autres types de capteurs solaires thermiques de plus petite taille utilisent le rayonnement solaire de façon directe ; c'est le cas des chauffe-eau solaires installés en toiture.

Le développement de la production de cellules solaires est littéralement explosif ; la progression de ce secteur, de 38% en 2006, a atteint un plafond spectaculaire de 89% en 2008, avant de redescendre à « seulement » 51 % en 2009. Fin 2009, les installations photovoltaïques atteignaient une production de 23 000 mégawatts dans le monde, soit une puissance maximale équivalente à 23 réacteurs nucléaires. Du côté des fabricants, les leaders historiques qu'étaient les États-Unis, le Japon et l'Allemagne ont été dépassés par la Chine, dont la production annuelle de cellules solaires est deux fois plus importante qu'au Japon. Taiwan, le troisième producteur, progresse rapidement et pourrait avoir dépassé le Japon en 2010. La production annuelle mondiale de panneaux photovoltaïques a presque doublé tous les 2 ans depuis 2001 et approchera vraisemblablement 20 000 mégawatts en 2010.

L'Allemagne, avec une puissance photovoltaïque d'environ 10 000 mégawatts, est de très loin le leader mondial en terme de capacité installée. L'Espagne arrive en deuxième position avec 3 400 mégawatts, suivie par le Japon, les États-Unis et l'Italie. Paradoxalement, la puissance installée de la Chine, premier fabricant mondial de cellules solaires, n'atteint que 305 mégawatts, mais cette situation devrait rapidement évoluer avec la baisse des coûts du photovoltaïque.

Les panneaux photovoltaïques ont longtemps été de petite taille, installés le plus souvent sur les toits des habitations. Cette situation commence à évoluer avec le lancement de projets de centrales photovoltaïques dans plusieurs pays. Aux États-Unis, par exemple, 77 centrales sont en construction ou en projet, représentant une capacité de production supplémentaire de 13 200 mégawatts. Le Maroc projette la mise en service de cinq installations de production photovoltaïque ou solaire thermique, ou les deux combinés, d'une capacité comprise entre 100 et 500 mégawatts chacun.

De plus en plus de pays et de régions se fixent des objectifs en matière d'installations solaires. En Italie, le groupement des industriels du solaire prévoit une capacité installée de 15 000 mégawatts d'ici 2020. Le Japon planifie l'installation de 28 000 mégawatts à la même date. Quant à l'état de Californie, il s'est fixé un objectif de 3 000 mégawatts en 2017.

L'Arabie saoudite, qui couvre ses besoins en eau à usage résidentiel par des usines de dessalement, et au vu de son vaste potentiel dans le domaine, a récemment annoncé une transition du pétrole vers l'énergie solaire pour ses nouvelles installations. Un million et demi de barils de pétrole sont actuellement requis pour le fonctionnement de ses trente usines de dessalement.

La puissance cumulée des installations photovoltaïques pourrait atteindre 1 500 gigawatts en 2020 en raison de la progression soutenue du secteur, de la baisse continue des coûts et de la montée en flèche des inquiétudes relatives au changement climatique. Si cette estimation peut sembler démesurément ambitieuse, elle pourrait en fait s'avérer prudente. En effet, un milliard et demi de personnes est aujourd'hui privé d'électricité. Ce déficit ne se résoudra vraisemblablement pour l'essentiel que par l'installation de systèmes solaires domestiques : il est dans de nombreux cas moins coûteux d'équiper les habitations en solaire photovoltaïque que de construire une centrale de production et le réseau de distribution associé.

Le grand boom du solaire thermique à concentration

Le solaire thermique à concentration décrit plus haut est la seconde voie très prometteuse d'exploitation de l'énergie solaire à grande échelle. Cette technique a pris forme en 1991 avec l'achèvement en Californie d'un complexe de 350 mégawatts ; celui-ci est resté une expérience unique jusqu'à la mise en service en 2007 au Nevada d'une centrale de 64 mégawatts.

Deux années plus tard, en juillet 2009, un consortium dirigé par Munich Re, regroupant une entreprise algérienne et onze sociétés européennes de premier plan – dont Deutsche Bank, Siemens et ABB – a rendu publique sa stratégie de développement de la production solaire thermique en Afrique du Nord et au Moyen-Orient; cette annonce portait aussi sur le plan de financement associé. L'opération permettrait de couvrir les besoins des pays producteurs et d'une partie de ceux de l'Europe en électricité via un câble sous-marin.

Ce projet, connu sous le nom « d'initiative industrielle Desertec », pourrait aboutir à une capacité solaire thermique hors norme de 300 000 mégawatts. Il est motivé par les inquiétudes relatives au changement climatique et par l'épuisement des réserves de pétrole et de gaz. Caio Koch-Weser, vice-président de la Deutsche Bank, a souligné que « cette initiative illustre l'ampleur et l'échelle auxquelles il nous faut aborder les problèmes si nous voulons surmonter les défis que nous impose le changement climatique ».

Avant même cette proposition, l'Algérie – pays exportateur de pétrole depuis des décennies – prévoyait de produire 6 000 mégawatts de solaire thermique destinés eux aussi à être exportés vers l'Europe par câble sous-marin. Le désert du Sahara s'étend en effet sur une grande partie du pays, et, selon les Algériens eux-mêmes, collecte suffisamment d'énergie solaire pour couvrir l'ensemble des besoins énergétiques mondiaux. Il ne s'agit pas d'une erreur de calcul. Cette affirmation est à rapprocher d'une autre comparaison souvent citée dans la littérature spécialisée, selon laquelle l'énergie solaire reçue par la Terre en une heure pourrait alimenter l'économie mondiale pendant une année. Le gouvernement allemand a rapidement donné suite à l'initiative algérienne. Le projet consiste à construire une ligne électrique de plus de 3 000 km de long entre Adrar, au cœur du désert algérien, et Aix-la-Chapelle, à la frontière entre l'Allemagne et les Pays-Bas.

Bien que la filière solaire thermique ait mis du temps à émerger, des centrales de taille industrielle sont désormais construites rapidement. Les deux leaders du secteur sont les États-Unis et l'Espagne. Plus de 40 centrales solaires thermiques d'une puissance comprise entre 10 et 1 200 mégawatts sont actuellement en projet, en construction ou en exploitation aux États-Unis. En Espagne, 60 centrales, ayant pour la plupart une puissance unitaire de 50 mégawatts, sont à des stades de développement comparables.

L'Inde est un pays idéalement adapté à l'implantation de centrales solaires thermiques à concentration. Au nord-ouest du pays, le Grand Désert indien offre d'énormes opportunités pour la construction de centaines de centrales de ce type, qui permettraient d'assurer la plupart des besoins en électricité du pays. L'Inde est par ailleurs un pays relativement « compact », qui se caractérise par une grande densité de population : les réseaux d'acheminement vers les principales agglomérations seront donc assez courts[2].

L'un des intérêts de ces centrales est que la chaleur peut être stockée durant la journée dans des sels fondus, à des températures supérieures à 540 °C ; l'énergie récupérée peut ensuite être utilisée pour maintenir les turbines en fonctionnement pendant au moins 8 heures après la tombée du jour.

La Société américaine de l'énergie solaire indique que les ressources solaires thermiques du sud-ouest des États-Unis permettraient de couvrir presque quatre fois la consommation électrique actuelle du pays.

Au niveau mondial, Greenpeace, l'Association européenne de l'électricité solaire thermique et le programme SolarPACES de l'Agence internationale de l'énergie, ont élaboré un plan visant à développer une capacité de production solaire thermique de 1,5 million de mégawatts à l'horizon 2050. Dans le cadre du Plan B, nous suggérons un objectif mondial à bien plus court terme de 200 000 mégawatts d'ici 2020 – un objectif qui pourrait fort bien être dépassé quand le potentiel économique de ce secteur apparaîtra de façon évidente.

Un chauffage sur un toit brûlant

Les chauffe-eau solaires installés sur les toits constituent un autre type de capteurs solaires. En fait, le rythme de développement actuel de l'énergie solaire est très directement lié à cet usage. La Chine dispose maintenant de près de 180 millions de mètres carrés de capteurs thermiques installés sur les toits, qui fournissent de l'eau chaude à 120 millions de ménages. Près de 5 000 entreprises chinoises fabriquent ces appareils ; comme il s'agit d'une technologie relativement simple et bon marché, elle s'est diffusée dans des villages qui n'ont pas encore l'électricité. Pour un coût modique de 150 euros,

---

2 La superficie de l'Inde est trois fois inférieure à celle des États-Unis, pour une population trois à quatre fois plus importante.

les villageois peuvent disposer d'un chauffe-eau solaire et prendre des douches chaudes pour la première fois de leur vie. Cette technologie se répand si rapidement dans le pays que le marché est proche de la saturation dans certaines régions. Le gouvernement prévoit d'augmenter la capacité de 90 millions de mètres carrés d'ici 2020 ; cet objectif sera vraisemblablement dépassé.

D'autres pays émergents tels que l'Inde ou le Brésil pourraient à leur tour voir des millions de ménages bénéficier de cette technologie peu onéreuse. Une fois que le coût initial de ce type installation est amorti, l'eau chaude fournie est pratiquement gratuite.

En Europe, où le coût de l'énergie est relativement élevé, l'usage de chauffe-eau solaires se développe très rapidement. En Autriche, 15 % des ménages y ont recours, et comme en Chine, certains villages en sont presque intégralement équipés. L'Allemagne prend également de l'avance ; près de 2 millions d'Allemands vivent maintenant dans des maisons où l'eau chaude et le chauffage sont tout deux assurés par des capteurs solaires en toiture.

Aux États-Unis, l'industrie du solaire thermique s'est initialement développée sur un marché de niche : 9 millions de mètres carrés de chauffe-eau solaires étaient affectés au chauffage des piscines entre 1995 et 2005. Les industriels du secteur étaient donc prêts à s'emparer du marché de masse lié au chauffage de l'eau sanitaire quand des crédits d'impôts ont été consentis pour ce type d'équipement en 2006. De fait, le nombre d'installations annuelles a plus que triplé aux États-Unis depuis 2005, notamment à Hawaï, en Californie et en Floride. La Californie fait preuve de la politique la plus volontariste en la matière, avec un objectif de 200 000 chauffe-eau solaires d'ici 2017 ; l'état de New York lui a emboîté le pas : près de 170 000 systèmes individuels d'eau chaude solaire doivent être installés d'ici 2020.

Le chauffage solaire thermique connaît un grand succès auprès du public européen et chinois, les dépenses initiales s'amortissant souvent en moins de 10 ans grâce aux économies d'électricité réalisées. Avec la baisse des coûts, beaucoup d'autres pays vont probablement emboîter le pas à Israël, à l'Espagne et au Portugal pour imposer l'incorporation de ces systèmes dans tous les nouveaux bâtiments. L'état d'Hawaï exige pour toute nouvelle maison individuelle la mise en place d'un chauffe-eau solaire en toiture. Le Plan B escompte pour 2020 et au niveau mondial qu'une capacité de 1100 gigawatts thermiques soit installée sur les toits pour le chauffage et l'eau chaude sanitaire.

Le grand potentiel de l'énergie géothermique

L'énergie géothermique est la troisième composante du volet énergétique du Plan B. La quantité d'énergie stockée sous forme de chaleur dans les 10 premiers kilomètres de la croute terrestre est en effet 50000 fois supérieure à celle qu'on pourrait obtenir de l'ensemble des réserves mondiales de pétrole et de gaz. Malgré cette abondance, son exploitation se résumait à la mi-2010 à une capacité de production électrique de 10700 mégawatts correspondant aux besoins de 10 millions de foyers.

Près de la moitié de la production géothermique mondiale est localisée aux États-Unis et aux Philippines. Le reste est essentiellement produit en Indonésie, au Mexique, en Italie et au Japon. 24 pays au total produisent aujourd'hui de l'électricité d'origine géothermique ; au Salvador, en Islande et aux Philippines, celle-ci représente respectivement 26 %, 25 % et 18 % de l'électricité utilisée.

Le potentiel de l'énergie géothermique est considérable, pour la production d'électricité, le chauffage des bâtiments ou la fourniture de chaleur à usage industriel. Parmi les pays à fort potentiel géothermique figurent ceux situés sur la Ceinture de feu du Pacifique (Chili, Pérou, Colombie, Mexique, États-Unis, Canada, Russie, Chine, Japon, Philippines, Indonésie, Australie), mais aussi ceux bordant le Grand Rift d'Afrique de l'Est – comme le Kenya, l'Éthiopie, la Tanzanie et l'Ouganda – ou les pays de Méditerranée orientale. Le nombre de pays ayant des projets en cours de développement ou envisageant sérieusement le recours à cette technologie est passé de 46 en 2007 à près de 70 aujourd'hui.

Au-delà de la seule production d'électricité géothermique, on estime que 100000 mégawatts d'énergie géothermique sont utilisés directement, c'est-à-dire sans conversion intermédiaire en électricité. Les principaux utilisateurs sont l'industrie, les particuliers pour le chauffage résidentiel ou les agriculteurs pour le chauffage de serres ; en Islande, par exemple, 90 % des habitations sont chauffées directement par géothermie.

Au Massachusetts Institute of Technology (MIT), une équipe interdisciplinaire de 13 chercheurs et ingénieurs a évalué en 2006 le potentiel américain de production d'électricité géothermique. Elle a conclu qu'en s'appuyant sur les dernières technologies – dont celles utilisées par les compagnies pétrolières et gazières pour le forage et la récupération assistée du pétrole – des systèmes géothermiques avancés permettraient de couvrir plus de 2 000 fois les besoins énergétiques du pays.

Avant même le déploiement massif de cette technologie récente et particulièrement intéressante, les investisseurs s'engagent dans les technologies existantes. L'énergie géothermique aux États-Unis s'est limitée pendant de nombreuses années au projet « Geysers », au nord de San Francisco ; il s'agit de loin du plus grand complexe géothermique au monde avec une capacité de production de 850 mégawatts. Le pays dispose aujourd'hui d'une capacité totale de plus de 3 000 mégawatts et des projets sont en développement dans 13 états. La Californie, le Nevada, l'Oregon, l'Idaho, et l'Utah sont les premiers à s'engager dans ce domaine, où de nombreuses entreprises se créent ; les conditions d'une renaissance de la géothermie aux États-Unis sont réunies.

On compte 128 volcans en activité en Indonésie ; ce pays est donc richement doté en énergie géothermique, et a annoncé à la mi-2008 un plan de développement de 6 900 mégawatts. Pertamina, la compagnie pétrolière nationale, se taille la part du lion. La production de pétrole de l'Indonésie baisse régulièrement depuis 10 ans et le pays est devenu importateur chacune de ces 5 dernières années. La compagnie est engagée dans un processus de transfert d'investissement du secteur pétrolier vers la géothermie : elle pourrait être la première compagnie pétrolière à effectuer une transition complète du pétrole aux énergies renouvelables.

Le Japon, qui possède 16 centrales géothermiques d'une capacité totale de 535 mégawatts, est un leader historique du secteur. Après environ deux décennies de stagnation, ce pays à fort potentiel géothermique, bien connu pour ses milliers de bains chauds, recommence maintenant à construire des centrales géothermiques.

En Afrique, parmi les pays du Grand Rift, le Kenya assume le leadership en matière de géothermie. Il dispose aujourd'hui d'une capacité de 167 mégawatts de production électrique d'origine géothermique et prévoit de produire 1200 mégawatts supplémentaires d'ici 2015, ce qui doublerait presque sa capacité actuelle toutes sources confondues. À l'horizon 2030, le Kenya vise une production de 4000 mégawatts géothermiques.

Au-delà des centrales géothermiques, les pompes à chaleur sont maintenant largement répandues pour le chauffage et la climatisation. Elles profitent de la remarquable stabilité de la température du sol près de la surface, en l'utilisant comme source de chaleur en hiver, lorsque la température de l'air est plus froide que le sol, et comme source de froid en été lorsqu'elle est plus chaude. Le grand intérêt de cette technologie est qu'elle peut fournir à la fois chauffage et climatisation tout en utilisant 25 à 50 % d'électricité en moins que les systèmes conventionnels. Il y a maintenant en Allemagne 178000 pompes à chaleur en service dans les bâtiments résidentiels ou commerciaux et le parc augmente d'au moins 25000 unités chaque année.

La géothermie est une source idéale de chaleur pour la culture sous serre dans les pays nordiques. La Russie, la Hongrie, l'Islande et les États-Unis comptent parmi les nombreux pays qui l'utilisent pour produire des légumes frais en hiver. Cette pratique va probablement beaucoup progresser dans les années à venir, avec l'impact de la hausse des prix du pétrole sur les coûts de transport des produits frais.

Si les quatre pays les plus peuplés de la Ceinture de feu du Pacifique – les États-Unis, le Japon, la Chine et l'Indonésie – investissent sérieusement dans le développement de leurs ressources géothermiques, la construction d'ici 2020 de milliers de centrales géothermiques produisant près de 200000 mégawatts d'électricité apparaît plausible ; c'est l'objectif du Plan B en la matière.

La biomasse en croissance

En raison de la déplétion des réserves de pétrole et de gaz naturel, les sources d'énergie issues de la biomasse attirent de plus en plus l'attention au niveau mondial. C'est le cas en particulier des cultures énergétiques, des sous-produits des industries forestières et sucrières, des déchets végétaux urbains, des déjections animales, des plantations d'arbres à courtes rotations, des déchets de cultures et enfin des déchets verts des particuliers. Toutes ces ressources peuvent être utilisées pour le chauffage et pour la production d'électricité ou de carburants automobiles.

Le potentiel d'utilisation des cultures énergétiques est limité car même le maïs – la plus efficace des cultures céréalières en terme de rendement énergétique – ne peut transformer sous une forme utilisable que 0,5 % de l'énergie solaire ; en comparaison, les centrales solaires photovoltaïques ou thermiques convertissent en électricité environ 15 % de la lumière du soleil. Par ailleurs, nous l'avons vu précédemment, à surface égale, la valeur de l'électricité produite par une ferme d'éoliennes est supérieure à celle de l'éthanol dans des proportions incommensurables. Dans un monde où les terres cultivables commencent à manquer, les cultures à visée énergétique ne peuvent rivaliser avec l'électricité solaire et encore moins avec l'énergie éolienne.

Une énergie hydraulique diversifiée

Une autre source d'énergie renouvelable est l'énergie hydraulique ; ce terme fait habituellement référence aux barrages qui exploitent l'énergie des fleuves, mais il comprend aujourd'hui l'exploitation de l'énergie des marées et de la houle, ainsi que l'utilisation de turbines « au fil de l'eau », ou hydroliennes, qui permettent de valoriser l'énergie des fleuves ou des marées, sans avoir besoin de construire des barrages. Près de 16 % de l'électricité mondiale est d'origine hydraulique – essentiellement issue de grands barrages. Dans certains pays, comme le Brésil, la Norvège ou la République démocratique du Congo, elle représente l'essentiel de la production.

Le potentiel considérable lié à la puissance des marées suscite un intérêt passionné, qui s'est fortement accru ces dernières années. Toujours en service aujourd'hui, la première installation marémotrice – le barrage de la Rance, d'une puissance maximale de 240 mégawatts – a été construite il y a 40 ans en

France. La Corée du Sud a un projet de 254 mégawatts sur sa côte ouest ; il est destiné à alimenter en électricité les 500 000 habitants de la ville d'Ansan. Une installation de 1 320 mégawatts est aussi en cours d'étude sur le site de la baie d'Incheon, plus au nord. Quant à la Nouvelle-Zélande, elle prévoit une installation de 200 mégawatts à Kaipara Harbour, sur la côte nord-ouest du pays.

Depuis peu, les ingénieurs et les investisseurs font également montre d'un intérêt appuyé pour l'énergie des vagues. Les sociétés écossaises Aquamarine Power et SSE Renewables se sont associées pour construire une unité de 1 000 mégawatts utilisant l'énergie des vagues et des marées, au large des côtes d'Irlande et du Royaume-Uni. L'Irlande prévoit de produire grâce à la même source 500 mégawatts d'ici 2020, soit 8 % des besoins en électricité du pays. L'exploitation au niveau mondial de l'énergie des vagues pourrait fournir 10 000 gigawatts d'électricité – une capacité de production colossale équivalente à plus du double de la capacité mondiale actuelle, toutes sources d'électricité confondues.

Au niveau mondial, le Plan B prévoit une augmentation de la production d'énergie hydroélectrique : de 980 gigawatts en 2009, elle devrait passer à 1 350 gigawatts en 2020. Selon les projections officielles, 180 de ces gigawatts supplémentaires devraient être disponibles en Chine, pour l'essentiel à partir des grands barrages du nord-ouest du pays, et 190 gigawatts seraient issus d'un large éventail de réalisations : grands barrages en cours de construction au Brésil et en Turquie, barrages désormais programmés en Afrique subsaharienne, nombreuses petites installations hydroélectriques, croissance rapide des projets d'installations marémotrices, et nombre de petits projets d'exploitation de l'énergie des vagues.

Pour une véritable transition énergétique

Les gains d'efficacité décrits au chapitre 8 compensent plus que largement la croissance de la consommation d'énergie prévue d'ici 2020. L'étape suivante du Plan B – réduire de 80 % les émissions mondiales de carbone à l'horizon 2020 – peut être atteinte en remplaçant les combustibles fossiles par des sources d'énergie renouvelables. En prenant l'année 2008 comme référence, les vastes changements nécessaires à cet objectif se dessinent dans les grandes lignes : une chute de 90 % de la production mondiale d'électricité à partir de combustibles fossiles, compensée par une croissance d'un facteur 5 de la production d'électricité d'origine renouvelable. On peut ainsi supprimer totalement le recours au charbon et au pétrole et réduire de 70 % l'usage du gaz naturel pour la production d'électricité. L'éolien, le solaire photovoltaïque et thermique, ainsi que la géothermie domineront le volet énergétique du Plan B – l'énergie éolienne en constituant la pierre angulaire, devenant la principale source d'électricité pour le chauffage, la climatisation et l'éclairage des bâtiments, de même que pour les voitures et les trains.

Le Plan B prévoit un triplement d'ici 2020 de la production de chaleur à partir de sources d'énergie renouvelables, dont environ la moitié viendra de l'utilisation directe d'énergie géothermique. Cet objectif va se traduire par une réduction considérable de la consommation de pétrole et de gaz pour le chauffage et l'eau chaude. Dans le secteur des transports, la consommation d'énergie issue des énergies fossiles devrait chuter de près de 70 % de par l'usage de véhicules électriques et hybrides très efficaces, rechargeables sur secteur, et qui ne rouleront pratiquement qu'à l'électricité, elle-même presque entièrement d'origine renouvelable ; le passage à des locomotives électriques, bien plus efficaces que celles propulsées par des moteurs diesel, est un autre élément de cette transition.

Le profil énergétique de chaque pays dépendra de ses propres ressources renouvelables. Certains d'entre eux, comme les États-Unis, la Turquie et la Chine, s'appuieront sur un large panel éolien, solaire et géothermique. Mais l'éolien, sous sa forme terrestre et offshore, devrait rester la source d'énergie la plus abondante pour ces trois pays.

D'autres, comme l'Espagne, l'Algérie, l'Égypte, l'Inde et le Mexique, se tourneront principalement vers les centrales solaires thermiques et les panneaux photovoltaïques pour alimenter leurs économies. En Islande et en Indonésie, au Japon et aux Philippines, l'énergie géothermique sera vraisemblablement le principal apport énergétique. D'autres encore, comme la Norvège, le Brésil et le Népal, s'appuieront probablement fortement sur l'énergie hydraulique. Et certaines technologies, comme les chauffe-eau solaires installés sur les toits, seront utilisées pratiquement partout.

La transition que nous vivons va amener des changements radicaux dans l'acheminement de l'énergie des zones de production aux zones de consommation. Dans le modèle économique dominant actuel, les pipelines et les pétroliers transportent le pétrole sur de longues distances entre les gisements et les clients ; une énorme flotte de pétroliers est nécessaire pour acheminer le pétrole du golfe Persique vers les marchés de chaque continent. Dans la nouvelle économie de l'énergie, pipelines et supertankers seront remplacés par des lignes électriques.

Ce qui, au final, pourrait devenir un réseau électrique national, commence à se mettre en place aux États-Unis. Le Texas prévoit de construire près de 4 700 km de nouvelles lignes électriques pour relier les régions les plus richement dotées en énergie éolienne de l'ouest et du nord de l'état à ses pôles urbains, tels que la ville de San Antonio et l'agglomération de Dallas-Fort Worth. Deux lignes de courant continu à haute tension (CCHT) relieront les régions à fort potentiel éolien du Wyoming et du Montana à l'énorme marché californien. Les autres lignes envisagées relieront la région très exposée aux vents du nord des Grandes Plaines aux zones industrielles du Midwest.

Fin 2009, Tres Amigas, une société américaine de transport d'électricité, a annoncé son projet de construction d'un nœud d'ampleur exceptionnelle, appelé « SuperStation », à Clovis, au Nouveau-Mexique, qui reliera pour la première fois les trois principaux réseaux du pays (Est, Ouest et Texas). Ce projet constituerait de fait le premier réseau électrique national des États-Unis. SuperStation, dont la construction doit débuter en 2012 pour s'achever en 2014, permettra d'acheminer partout dans le pays de l'électricité principalement issue de ressources renouvelables.

L'annonce faite par Google à la mi-octobre 2010 d'un investissement de 5 milliards de dollars dans le projet Atlantic Wind Connection a été largement relayée dans les médias. L'objectif est de créer un réseau de transmission électrique offshore entre New York et la Virginie. Ce programme va faciliter le développement d'un nombre suffisant de fermes éoliennes offshore pour couvrir les besoins en électricité de 5 millions d'habitants de la Côte est.

Un réseau national solide et efficace permettra de réduire les besoins en capacité de production, de diminuer les émissions de carbone, et fera baisser les factures des particuliers. Les fermes éoliennes ont toutes des caractéristiques de production différentes, liées à la variabilité locale des vents ; de ce fait, la stabilité de l'énergie éolienne augmente avec le nombre de fermes connectées au réseau. Si des milliers de fermes éoliennes sont réparties d'un bout à l'autre des États-Unis et maillées sur tout le territoire national, le vent devient une source stable, utilisable comme ressource énergétique de base.

L'Europe commence elle aussi à penser sérieusement à investir dans un super-réseau. Début 2010, dix sociétés européennes ont créé le consortium Friends of the SuperGrid [les Amis du Super Réseau], qui propose d'utiliser des câbles sous-marins CCHT pour construire le super-réseau européen offshore. Le choix du offshore éviterait les problèmes d'expropriation ou d'acquisition de terrains que pose la construction d'un système terrestre continental, et les délais associés à ce genre de négociations. Ce réseau pourrait ensuite être connecté à l'initiative Desertec, pour intégrer les ressources éoliennes offshore du nord de l'Europe et les centrales solaires d'Afrique du Nord au sein d'un système unique alimentant ces deux territoires. Le groupe suédois ABB, qui a achevé en 2008 la pose d'un câble sous-marin CCHT de 640 km entre la Norvège et les Pays-Bas, est en mesure de construire les lignes électriques nécessaires.

Une palette variée d'instruments politiques est à l'étude par différents gouvernements en vue de favoriser la transition des énergies fossiles vers les énergies renouvelables. Un de ces outils est la restructuration du système fiscal par la baisse de l'impôt sur le revenu et l'augmentation des taxes sur les émissions de carbone pour y intégrer les externalités (coûts indirects) liées à l'usage de carburants fossiles. La transition vers les énergies renouvelables s'accélérera de façon spectaculaire si est créé un marché transparent qui répercute le coût réel de l'énergie.

Une autre mesure à même d'accélérer cette transition est l'élimination des subventions aux combustibles fossiles : à l'échelle mondiale, elles s'élèvent à 500 milliards de dollars par an. Ce chiffre est à comparer aux 46 milliards de dollars annuels accordés au développement des énergies renouvelables.

L'obligation faite aux opérateurs de racheter l'électricité d'origine renouvelable à des tarifs imposés est remarquablement efficace pour restructurer le secteur de l'électricité. La réussite rapide et impressionnante de cette mesure en Allemagne a conduit à son adoption par 50 autres pays, notamment une majorité de pays membres de l'Union européenne. Aux États-Unis, 29 états ont adopté des normes de « panel énergétique renouvelable » : les opérateurs sont contraints de garantir une part d'origine renouvelable qui peut atteindre 40 %. Les États-Unis ont également mis en place des crédits d'impôts pour l'éolien, la géothermie, le solaire photovoltaïque, le solaire thermique destiné à l'eau chaude et au chauffage résidentiel, et les pompes à chaleur.

Pour atteindre certains objectifs, les gouvernements ont quelquefois recours à la réglementation, comme celle obligeant toute nouvelle construction à intégrer un chauffe-eau solaire en toiture. Si, en la matière, des règlements de construction tendant à l'efficacité énergétique doivent être adoptés par tous les pays, chacun doit choisir les outils les plus appropriés à son contexte économique et culturel.

Dans un monde post-carbone, les zones urbaines ne ressembleront à aucune des villes que nous avons connues au cours de notre vie. L'air y sera pur et les rues calmes, à peine troublées par le ronronnement discret des moteurs électriques. Les alertes à la pollution appartiendront au passé, suite au démantèlement puis au recyclage des centrales à charbon, et à la disparition généralisée des moteurs à explosion.

La dynamique de cette transition se construit d'elle-même. Elle est portée par un enthousiasme profond, né d'une prise de conscience de nos capacités à exploiter des sources d'énergie aussi durables que la planète elle-même. Les puits de pétrole et les gisements de charbon sont en voie d'épuisement, mais pour la première fois depuis la révolution industrielle nous investissons dans des sources d'énergie par nature éternelles.

RESTAURER LA NATURE, FONDEMENT DE L'ÉCONOMIE

L'inondation record survenue au Pakistan à la fin de l'été 2010 est la catastrophe naturelle la plus dévastatrice qu'ait connue le pays. À en croire les médias, les pluies torrentielles en seraient la cause. La réalité est plus complexe. À la création du Pakistan, en 1947, les forêts couvraient 30 % du territoire ; aujourd'hui elles n'en représentent plus que 4 %. Quant au cheptel pakistanais, nous l'avons vu au chapitre 1, il est bien plus important que celui des États-Unis, malgré une superficie dix fois moindre du pays. Entre l'absence presque totale de forêt et les dégradations causées par le pâturage excessif, il ne reste plus guère de végétation pour retenir les précipitations.

Sans restauration des forêts et des pâturages, le nombre de catastrophes « naturelles » ne pourra qu'augmenter à l'avenir dans un pays où 185 millions d'habitants sont contraints de vivre sur une surface équivalente à la France et la Grande-Bretagne réunies. L'expérience du Pakistan, dont la situation écologique est critique, démontre malheureusement de façon par trop éclatante en quoi la restauration des forêts, des prairies et des sols de la planète doit faire partie intégrante du Plan B.

Dans ce chapitre, nous présentons à la fois le volet du Plan B relatif à la restauration des écosystèmes, et les moyens financiers à mobiliser pour y parvenir.

Sauver et restaurer les forêts

La bonne santé de notre environnement naturel passe par la préservation des 4 milliards d'hectares de forêts et la restauration de celles qui ont été perdues. Depuis le début du XXIe siècle, la couverture forestière mondiale disparaît au rythme de plus de 5 millions d'hectares par an ; les repousses annuelles à hauteur de 7,5 millions d'hectares sont loin de compenser les pertes, qui s'élèvent à près de 13 millions.

La déforestation se produit principalement dans les pays émergents. En Asie, elle est due à la croissance rapide de la demande en bois d'œuvre et, de plus en plus, à l'expansion des plantations de palmiers à huile destinées à alimenter le marché des agrocarburants. En Amérique latine, c'est l'explosion des marchés du soja et du bœuf qui fait reculer la forêt amazonienne. En Afrique, le ramassage du bois de feu et le défrichage pour les besoins de l'agriculture sont les principaux responsables.

Pourtant, de nombreux leviers existent pour ralentir ou stopper la réduction de la couverture forestière mondiale. Dans les pays industrialisés, il s'agit avant tout de réduire la quantité de bois utilisée dans la fabrication du papier. Celui-ci, plus que tout autre produit peut-être, reflète la culture du tout-jetable. Nous débarrasser de nos habitudes pour, par exemple, remplacer mouchoirs, serviettes de table et sacs en papier par leurs équivalents réutilisables en tissu, risque de se révéler moins simple qu'il n'y paraît.

Il nous faut non seulement réduire notre consommation de papier, mais aussi le recycler le plus possible. Les taux de recyclage varient considérablement au sein des 10 principaux pays producteurs : la Chine et la Finlande recyclent moins de 40 % du papier qu'elles consomment, tandis que le taux de recyclage atteint 70 à 80 % au Japon et en Allemagne, et jusqu'à 91 % en Corée du Sud. Les États-Unis, premier consommateur mondial de papier, arrivent assez loin derrière, mais la proportion de papier recyclé y est passée d'environ 20 % en 1980 à 59 % en 2009. Si tous les pays étaient aussi efficaces que la Corée du Sud, la quantité de bois utilisée pour produire du papier diminuerait de plus d'un tiers au niveau mondial.

Dans les pays en développement, l'accent doit être mis sur la réduction de l'utilisation du bois de feu ; à l'échelle mondiale, celui-ci représente un peu plus de la moitié de l'ensemble du bois prélevé dans les forêts. Certaines organisations d'assistance internationale, dont l'Agence américaine pour le développement international (USAID), financent des projets qui visent à améliorer l'efficacité d'utilisation du bois. La fondation des Nations unies, à la tête d'une union d'organisations diverses, a annoncé en septembre 2010 un plan destiné à équiper les familles des pays du Sud de foyers améliorés pour cuisiner ; ces foyers améliorés, dont 100 millions d'unités doivent être distribuées d'ici 2020, consomment non seulement beaucoup moins de bois, mais polluent également beaucoup moins. À plus long terme, la pression sur les forêts pourrait encore être réduite par l'utilisation de fours solaires, ou même par des plaques chauffantes électriques alimentées par de l'énergie d'origine renouvelable.

L'exploitation responsable des forêts constitue un autre défi majeur. Il existe deux types de pratiques pour la production du bois d'œuvre. La première est la coupe à blanc, dévastatrice sur le plan environnemental, qui laisse derrière elle des sols érodés et qui envase ruisseaux, cours d'eau et réservoirs d'irrigation. La deuxième consiste à prélever sélectivement les arbres arrivés à maturité – une gestion durable des forêts, qui garantit le renouvellement de la ressource.

Les plantations forestières peuvent réduire la pression sur le couvert forestier – dans la mesure, bien sûr, où des forêts anciennes ne sont pas abattues pour dégager l'espace nécessaire à ces nouvelles plantations. En 2010, elles atteignaient 264 millions d'hectares au niveau mondial, soit plus du tiers de la surface consacrée aux céréales. Elles fournissent essentiellement les usines de pâte à papier, mais aussi l'industrie du bois aggloméré – qui remplace de plus en plus le bois naturel, au fur et à mesure que les industries du bois et de la construction s'adaptent à la raréfaction des fûts de grande taille en provenance des forêts naturelles.

Au niveau mondial, six pays concentrent 60 % des plantations de bois. La Chine, qui possède peu de forêts primaires, est de loin le plus grand producteur, avec 54 millions d'hectares. L'Inde et les États-Unis suivent avec 17 millions d'hectares chacun ; la Russie, le Canada et la Suède ne sont pas loin derrière. La sylviculture se développe désormais sous les tropiques, plus humides, et où les rendements sont bien meilleurs : alors que la production par hectare à l'est du Canada est de 4 stères par an, et de 10 au sud-est des États-Unis, elle atteint presque 40 dans les plantations brésiliennes.

L'Organisation des Nations unies pour l'alimentation et l'agriculture (FAO) prévoit que la production pourrait plus que tripler entre 2005 et 2030 du fait de l'augmentation des rendements et des surfaces consacrées à ces plantations. Il est tout à fait envisageable que ce mode de production puisse un jour satisfaire l'essentiel de la demande industrielle mondiale, contribuant ainsi à la protection des dernières forêts naturelles de la planète.

Planter des arbres sur des sols dégradés permet non seulement de réduire leur érosion mais aussi de capter une partie du CO_2 présent dans l'atmosphère. La déforestation pratiquée dans les régions tropicales ces dernières années est responsable de 2,2 milliards de tonnes d'émissions de carbone par an. Dans le même temps, la progression des forêts dans les régions tempérées a permis d'en absorber annuellement près de 700 millions de tonnes. Ce sont donc au total près de 1,5 milliard de tonnes de carbone qui sont relâchées dans l'atmosphère chaque année du fait de la déforestation, ce qui correspond au quart des émissions provenant des combustibles fossiles.

Les objectifs du Plan B sont de stopper la perte de cette couverture forestière à l'échelle mondiale et de séquestrer le carbone atmosphérique par la replantation d'arbres et par l'adoption de meilleures pratiques de gestion des terres agricoles. Bien que l'interdiction de la déforestation puisse sembler irréaliste, les dégâts environnementaux que l'exploitation forestière a provoqués en Thaïlande, aux Philippines et en Chine ont conduit ces pays à son interdiction partielle ou totale. Ces mesures ont toutes été imposées suite à des inondations et des coulées de boues dévastatrices résultant de la perte de la couverture forestière.

En Chine, suite aux dégâts exceptionnels provoqués en 1998 par plusieurs semaines d'inondations ininterrompues dans le bassin du Yang-Tseu-Kiang, les autorités ont réalisé que l'abattage ne présentait d'intérêt que pour les exploitants forestiers et non pour l'ensemble de la société. La valorisation du service rendu par les forêts sur pied en cas d'inondations a été estimée à trois fois celle du bois d'œuvre qu'elles pouvaient fournir.

La protection des sols de la planète justifie aussi une interdiction mondiale des coupes à blanc, qui entraînent une érosion aggravée des sols et une dégénérescence à long terme des forêts. La restauration du couvert végétal et forestier de la planète et l'adoption de pratiques agricoles moins agressives permettent de protéger les sols de l'érosion, de réduire les inondations et de séquestrer une partie du carbone présent dans l'atmosphère.

Des organisations environnementales internationales telles que Greenpeace et WWF ont négocié des accords visant à stopper la déforestation en Amazonie brésilienne et dans certaines parties de la forêt boréale au Canada. Dans un article paru dans *Science* en 2009, Daniel Nepstad[1] et ses collègues faisaient part de deux avancées récentes qui pourraient entraîner l'arrêt de la déforestation dans le bassin de l'Amazone. La première est l'objectif de réduction de la déforestation en Amazonie brésilienne annoncée en 2008 par l'ex-président brésilien Lula – initiative qui a conduit le gouvernement norvégien à s'engager à verser jusqu'à un milliard de dollars au Fonds amazonien[2] en fonction des progrès constatés. La seconde est l'émergence d'une tendance de fond observée sur les marchés du bœuf et du soja, qui consiste à éliminer les fournisseurs impliqués dans la déforestation en Amazonie.

Une autre conséquence du défrichement continu de la forêt tropicale amazonienne est son dessèchement, qui la rend plus vulnérable aux incendies. Si elle venait à disparaître, elle laisserait place à des zones désertiques, ou à un maquis broussailleux. Comme la forêt amazonienne joue un rôle important de redistribution des eaux de pluie vers l'intérieur du pays par évapotranspiration, la dégradation de ce processus pourrait menacer les régions agricoles plus à l'ouest et au sud du Brésil.

Conscient du rôle central joué par les forêts dans la régulation du climat, le Groupe d'experts intergouvernemental sur l'évolution du climat (GIEC) a étudié le potentiel de séquestration de CO_2 que peuvent générer les plantations d'arbres et la gestion responsable des forêts. Il apparaît que chaque nouvel arbre planté sous les tropiques capte en moyenne annuelle 50 kg de CO_2 atmosphérique pendant les 20 à 50 années de sa croissance, contre 13 kg dans les régions tempérées ; la plupart des meilleures opportunités de reboisement se trouvent donc dans les pays tropicaux.

---

1 Écologiste américain, spécialiste de la forêt tropicale.

2 Fonds monétaire créé par Lula, destiné à financer des solutions pour lutter contre la déforestation dans la région amazonienne et à promouvoir des activités forestières durables.

Planter des arbres

Un effort de plantation est nécessaire pour simultanément préserver les sols et séquestrer du carbone. Cet objectif implique de replanter des arbres par milliards sur des millions d'hectares de terres dégradées par la perte de leur couverture forestière, et sur les terres agricoles et pâturages trop peu productifs.

Ce plan mondial de reboisement pour séquestrer le CO_2 atmosphérique serait financé par les pays industrialisés qui en sont les principaux émetteurs. Si on les compare à d'autres stratégies de lutte contre le changement climatique, le reboisement et l'arrêt de la déforestation sont relativement peu coûteux. Ces actions permettent des gains plusieurs fois supérieurs à l'investissement initial. Un organisme indépendant pourrait être créé pour administrer et surveiller cette vaste entreprise de plantation. Il est essentiel de la mettre en place avant que le réchauffement ne compromette les chances de survie des arbres replantés.

On peut mentionner de nombreuses initiatives. La Kenyane Wangari Maathai, prix Nobel de la paix, mène depuis des années une action de reboisement ; sous sa houlette, 30 millions d'arbres ont été replantés par des femmes au Kenya et dans les pays voisins. Elle est l'inspiratrice de la « Campagne pour un milliard d'arbres » gérée par le Programme pour l'environnement des Nations unies, lancé en 2006 ; fin 2009, ce sont plus de 7 milliards d'arbres qui avaient déjà été plantés. L'impact est non négligeable, quand on sait qu'un milliard d'arbres permettent de séquestrer 11,2 millions de tonnes de carbone. Plusieurs gouvernements nationaux et autorités régionales ont pris part à cette initiative. Les dirigeants de l'Uttar Pradesh, l'état le plus peuplé de l'Inde, ont ainsi mobilisé 600 000 personnes en juillet 2007 ; en une seule journée, 10,5 millions d'arbres ont été plantés sur des terres cultivables, dans des forêts domaniales ou dans des cours d'école. L'Inde a planté depuis 2 milliards d'arbres supplémentaires. La Chine, avec 2,9 milliards d'arbres plantés, a pris la tête de cette « Campagne pour un milliard d'arbres ». L'Éthiopie, avec 1,5 milliard d'arbres, et la Turquie, avec 700 millions, sont également très actifs.

Certains pays s'engagent d'eux-mêmes dans des projets de reforestation. Sur ce plan, la Corée du Sud est par bien des aspects un modèle pour le reste du monde. À la fin de la guerre de Corée, en 1953, ce pays montagneux était largement déboisé, autant que l'est aujourd'hui Haïti. Au début des années 1960, sous l'impulsion du président Park Chung Hee, le gouvernement sud-coréen a lancé un vaste programme national de reforestation. Des centaines de milliers de personnes ont été mobilisées dans des coopératives villageoises pour creuser des tranchées, créer des terrasses de soutènement, et permettre la replantation des arbres sur les montagnes dénudées du pays. Se-Kyung Chong, chercheur à l'Institut coréen de recherche sur la forêt, écrit que « ce programme s'est traduit par une renaissance presque miraculeuse de la forêt sur des terres autrefois désolées ».

De nos jours, la forêt sud-coréenne couvre presque 65 % du pays, soit plus de 6 millions d'hectares. Alors que je traversais la Corée du Sud en voiture en novembre 2000, j'ai été frappé par ces vastes étendues de forêts s'étendant sur des montagnes, qui, une génération auparavant, étaient complètement dénudées. Le reboisement de la Terre est donc possible !

Préserver les sols

La plantation d'arbres n'est qu'un moyen parmi d'autres pour fixer des quantités significatives de carbone atmosphérique. Un pâturage raisonné et une meilleure gestion des terres permettent aussi d'augmenter la quantité de matière organique présente dans les sols, et donc de séquestrer du carbone.

Le *Dust Bowl* des années 1930 a failli transformer les Grandes Plaines du centre des États-Unis en un vaste désert. Cette expérience traumatisante a conduit à une évolution radicale des pratiques agricoles américaines : des arbres ont été replantés en haies coupe-vent en bordure des champs pour ralentir le vent et réduire l'érosion ; la culture en bandes – consistant à alterner des bandes de blé et des bandes en jachère – a été adoptée : elle permet à l'humidité du sol de s'accumuler dans les zones de jachère, alors que les bandes cultivées réduisent la vitesse du vent et donc l'érosion de la terre non cultivée.

En 1985, le ministère américain de l'Agriculture, soutenu par les écologistes, a créé le Conservation Reserve Program (CRP), qui vise à réduire l'érosion des sols et à éviter la surproduction des principaux produits agricoles. En 1990, l'ensemble des contrats décennaux passés avec les agriculteurs avait permis de préserver près de 14 millions d'hectares de terres très fragiles. Les exploitants agricoles sont subventionnés pour semer de l'herbe ou planter des arbres sur les terres sujettes à l'érosion. La mise hors d'exploitation de 14 millions d'hectares par le CRP, conjuguée à la mise en pratique de techniques de préservation des sols sur 37 % de toutes les terres agricoles du pays, a permis de réduire la perte de terre arable : 3,1 milliards de tonnes en 1982 contre 1,9 milliard en 1997. N'y a-t-il pas là un modèle à suivre par le reste du monde ?

Une autre méthode de préservation des sols est le « labour de conservation », qui désigne à la fois les techniques de « non-labour » et de « labour minimal ». Les pratiques traditionnelles de labour des terres, de hersage pour préparer les semis, puis de désherbage mécanique pour supprimer les mauvaises herbes dans les cultures sarclées, font alors place à une nouvelle technique : les agriculteurs sèment directement à travers les résidus de la récolte précédente dans le sol non retourné, et contrôlent le développement des mauvaises herbes par l'utilisation d'herbicides. La seule perturbation faite au sol est le sillon étroit du semis ; le reste du sol demeure intact et les résidus des récoltes précédentes le protègent de l'érosion due à l'eau et au vent. Cette pratique a d'autres vertus : elle aide à retenir l'eau, augmente la quantité de carbone dans les sols, et permet d'économiser l'énergie nécessaire au labour traditionnel.

Désormais très pratiqué pour la culture du maïs et du soja, le non-labour s'est rapidement répandu : aux États-Unis, les surfaces cultivées selon cette méthode sont passées de 7 millions d'hectares en 1990 à 26 millions en 2007. Il est également utilisé sur plus de 25 millions d'hectares au Brésil et en Argentine, et sur 17 millions d'hectares en Australie ; le Canada, au cinquième rang de ce classement, arrive juste derrière. Les pratiques agricoles qui réduisent l'érosion des sols et augmentent la productivité des terres cultivées, comme le labour minimal, le non-labour et l'association de l'élevage à la culture, conduisent aussi habituellement à augmenter l'humidité et la teneur en carbone du sol. Au Kazakhstan, les 1,2 million d'hectares sur lesquels est pratiqué le non-labour ont apparemment mieux supporté la grande sécheresse et la canicule de 2010 que les terres cultivées de façon traditionnelle.

En Afrique subsaharienne, où le désert progresse sur toute la largeur du Sahel, les déplacements croissants de population provoqués par la désertification des pâturages et des terres cultivées inquiètent les États de la région. L'Union africaine a lancé en conséquence une initiative baptisée « Grande muraille verte du Sahara ». Ce projet, initié par l'ancien président nigérian Olusegun Obasanjo, prévoit la plantation d'une ceinture d'arbres de près de 7 000 km de long sur 15 km de large, traversant l'Afrique du Sénégal à Djibouti. Cette muraille verte s'ancrerait à son extrémité ouest au Sénégal, un pays qui perd chaque année 50 000 hectares de terres arables ; cette ceinture y est déjà réalisée sur plus de 520 km. En juin 2010, une aide de 119 millions de dollars du Fonds pour l'environnement mondial (FEM) a donné un grand coup d'accélérateur au projet. Pour le ministre de l'Environnement sénégalais, Modou Fada Diagne, « il faut s'attaquer au désert avant qu'il ne nous envahisse ». L'amélioration des pratiques de gestion des terres, comme la rotation des pâturages, conditionne la réussite de ce projet.

La seule véritable façon d'éliminer le surpâturage – sachant que les deux cinquièmes de la surface des continents sont classés comme prairies – est de réduire la taille des cheptels. Les bovins, moutons et chèvres en surnombre ne font pas que détruire la végétation ; leurs sabots pulvérisent aussi la croûte de protection du sol formée par les pluies, qui permet de réduire naturellement l'érosion due au vent. Dans certains cas, la meilleure solution est de parquer les animaux dans des enclos et de leur apporter sur place le fourrage dont ils ont besoin. L'Inde, qui a adopté avec succès cette pratique pour son industrie laitière florissante, peut constituer un modèle pour les autres pays.

En mer également

Les pêcheries océaniques, qui constituent une autre source majeure de protéines animales, sont aussi soumises à des pressions intenses. Pendant des décennies, les gouvernements ont tenté de préserver leurs ressources halieutiques en imposant des quotas pour certaines espèces. Cette politique a eu des résultats contrastés, et n'a pas empêché l'effondrement d'un certain nombre de pêcheries.

Depuis quelques années, la création de « réserves marines » ou « parcs marins » a le vent en poupe. La pêche y est interdite, permettant à l'alevinage naturel de contribuer au repeuplement des zones avoisinantes. En 2002, lors du Sommet mondial sur le développement durable de Johannesburg, les nations maritimes ont promis de créer des réseaux nationaux de parcs marins, qui pourraient couvrir 10 % de la surface des océans d'ici 2012 ; l'objectif est de créer un réseau mondial réunissant tous ces parcs. Mais les progrès sont lents : les 5 000 zones marines protégées représentent moins de 1 % de la surface des océans. Fait encore plus inquiétant, la pêche n'y est interdite que sur 12,8 % de leur superficie ; enfin, une étude portant sur 255 réserves marines indique que seules 12 d'entre elles sont régulièrement patrouillées pour faire respecter l'interdiction.

En 2001, Jane Lubchenco, ex-présidente de l'Association américaine pour le progrès de la science et désormais à la tête de la National Oceanic and Atmospheric Administration (NOAA) [Agence américaine responsable de l'étude de l'océan et de l'atmosphère], a rendu publique une déclaration signée par 161 spécialistes des écosystèmes marins, appelant à une action urgente en faveur de la création de ce réseau mondial. S'appuyant sur le résultat de recherches conduites dans des dizaines de parcs marins, elle a déclaré que « les expériences menées sont différentes d'un bout à l'autre de la planète, mais le message essentiel est partout le même : les réserves marines ont des effets positifs, et cela très rapidement. La question n'est plus de savoir si des zones entièrement protégées doivent être créées, mais où les établir. »

La vie marine reprend vite le dessus une fois les réserves créées. Une étude de cas a été réalisée sur une pêcherie de vivaneaux au large de la Nouvelle-Angleterre. Elle a mis en évidence que les marins pêcheurs, bien que violemment opposés à la création de la réserve au départ, en sont devenus les plus ardents défenseurs après avoir constaté une croissance d'un facteur 40 de la population locale de ces poissons. Dans le Golfe du Maine, toutes les techniques de pêche mettant en danger les espèces de poissons vivant sur les fonds océaniques ont été interdites ; cette interdiction est effective dans trois réserves marines qui totalisent une surface de 17 000 km^2. Contre toute attente, les coquilles Saint-Jacques se sont elles aussi remises à prospérer dans cet environnement non perturbé et leur population a crû d'environ un facteur 14 en cinq ans. Cette revivification de la population peut aussi être constatée en dehors des réserves. Dans l'année ou les deux années qui suivent la création d'une réserve marine, la population de poissons s'accroît en moyenne de 91 %, la taille moyenne des individus de 31 % et la diversité des espèces de 20 %.

Cependant, les défis à relever évoluent en permanence ; il doit en être de même des réponses à leur apporter. L'approche traditionnelle consistant à protéger la biodiversité en délimitant une zone enclose protégée appelée « parc » ou « réserve naturelle » ne suffit plus. Si nous ne sommes pas capables de stabiliser à l'échelle mondiale la population et le climat, nous ne pourrons sauver aucun des écosystèmes de la planète, quel que soit le degré de protection de ces zones.

Combien ça coûte ?

Nous sommes en mesure d'estimer approximativement le coût de la reforestation de la planète, de la restauration des pâturages et des pêcheries, de la stabilisation du niveau des nappes phréatiques, et de la protection de la biodiversité. L'objectif n'est pas ici d'établir un relevé détaillé des dépenses à prévoir, mais de fournir un ensemble d'estimations raisonnables pour dégager un budget de restauration planétaire.

En ce qui concerne la reforestation, les coûts à prévoir concernent essentiellement les pays en développement, la couverture forestière étant déjà en expansion dans les pays industrialisés de l'hémisphère Nord. Faire face à la demande en bois de feu de ces pays requiert 55 millions d'hectares de forêt supplémentaires. La stabilisation des sols et du cycle hydrologique demande de son côté 100 millions d'hectares additionnels, essentiellement dans les bassins hydrologiques des pays en voie de développement. En tenant compte d'un certain recouvrement entre les deux besoins, on peut ramener le total de 155 à 150 millions d'hectares. Par ailleurs, 30 millions d'hectares supplémentaires sont nécessaires pour la production de bois d'œuvre, de papier, et d'autres produits de la forêt.

Seule une petite fraction de ce total se fera dans les plantations existantes. L'essentiel du reboisement se fera en bordure de villages, aux limites des terres agricoles, le long des routes, sur certaines zones de terres à faible rendement et sur des collines dénudées. La main-d'œuvre nécessaire sera trouvée localement, et pourrait en partie être fournie par des volontaires bénévoles. Pour l'essentiel, cette main-d'œuvre proviendra des zones rurales, en dehors des périodes de travail intensif dans les champs.

Sur la base de 40 dollars pour 1 000 plants – conforme aux estimations de la Banque mondiale – et d'un nombre de 2 000 plants à l'hectare, le coût est de 80 dollars à l'hectare. Les coûts de main-d'œuvre pour les plants sont importants, mais puisque l'essentiel de cette main-d'œuvre sera fourni par des volontaires mobilisés localement, une hypothèse de 400 dollars à l'hectare paraît raisonnable, incluant à la fois les plants et la main-d'œuvre. Avec un total de 150 millions d'hectares à replanter sur une décennie, soit à peu près 15 millions d'hectares par an, le coût annuel serait de 6 milliards de dollars[3].

Ces plantations, effectuées dans le but de préserver les sols, de réduire les inondations et de fournir du bois de feu, permettent aussi de séquestrer du carbone. Cependant, comme la stabilisation du climat est un objectif essentiel, nous comptabiliserons séparément les plantations relatives à ce dernier objectif ; des centaines de millions d'hectares de terres peu productives pourraient à cette seule fin être boisées ou reboisées sur une période de 10 ans. Il s'agirait alors d'une entreprise de nature plus commerciale, exclusivement centrée sur la réhabilitation de terres en friche et la séquestration du carbone, et donc d'un coût plus élevé. Celui-ci serait de près de 17 milliards de dollars par an en adoptant une valeur de 200 dollars la tonne de carbone séquestré.

3 Les 30 millions d'hectares « commerciaux » servant à produire bois d'œuvre et papier s'autofinancent et ne sont donc pas intégrés dans ce calcul.

La préservation des sols dépend de l'adoption de deux mesures.

D'une part, il faut cesser d'exploiter les terres les plus sujettes à l'érosion et inadaptées aux usages agricoles – au niveau mondial, on estime que la moitié de la perte de terre végétale se produit sur 10 % des surfaces arables. Aux États-Unis, dans le cadre du CRP évoqué plus haut, la mise en jachère et la replantation en herbe ou en arbres de 14 millions d'hectares a coûté environ 125 dollars à l'hectare. Au total, les agriculteurs américains reçoivent ainsi 2 milliards de dollars par an.

Il est possible d'étendre cette estimation à l'ensemble de la planète sur la base de cette proportion de 10 % de sols très sensibles à l'érosion, qui est effectivement observée aux États-Unis. Dans cette hypothèse, la transposition au niveau mondial de la politique américaine de reboisement ou de conversion en prairie de ces sols pour stopper leur érosion paraît un objectif raisonnable ; cette politique est d'ailleurs déjà adoptée non seulement par les États-Unis, mais aussi par la Chine, les deux premiers producteurs céréaliers mondiaux. Les États-Unis disposant d'un huitième des surfaces agricoles mondiales, le coût serait donc, au vu de l'estimation faite ci-dessus, de l'ordre de 16 milliards de dollars annuels pour l'ensemble de la planète.

La seconde étape consiste en l'adoption de pratiques agricoles non destructrices sur les terres restantes sujettes à une érosion qui excède le taux de régénération naturel du sol. Cela passe en particulier par des incitations financières à la culture en courbes de niveau, en bandes alternées, et de plus en plus, par le labour minimum ou le non-labour, dont le coût est d'environ 1 milliard de dollars par an aux États-Unis. Là encore, en prenant comme hypothèse que les besoins pour ces pratiques sont similaires dans le reste du monde, le montant global associé rapporté aux surfaces en jeu serait de 8 milliards de dollars par an. L'ensemble des dépenses pour les deux composantes représente donc un total annuel de 24 milliards au niveau mondial.

La Convention des Nations unies sur la lutte contre la désertification propose une estimation des coûts de protection des pâturages : 183 milliards de dollars sur vingt ans – soit 9 milliards par an. Ce plan se focalise sur les régions arides de la planète, qui englobent 90 % de toutes les prairies, et préconise des améliorations dans la gestion des pâturages, des périodes de repos appropriées pour permettre la régénération de la végétation et des incitations financières pour éliminer le surpâturage.

Il s'agit d'une mesure coûteuse, mais chaque dollar investi dans la restauration des prairies rapporte 2,50 dollars en revenus liés à l'augmentation de productivité de leurs écosystèmes. D'un point de vue sociétal, les pays où l'on recense une large population pastorale sont également ceux qui concentrent l'essentiel de la détérioration des pâturages et qui comptent systématiquement parmi les plus pauvres de la planète. L'alternative à l'action – ignorer la dégradation – ne provoque pas seulement la perte de productivité des terres mais aussi celle des moyens de subsistance de ces populations. À terme, ce sont des millions de personnes qui pourraient augmenter le flot de réfugiés environnementaux.

Enfin, la restauration des terres fragiles est aussi une façon efficace de fixer le carbone atmosphérique dans les sols.

Concernant la restauration des pêcheries, une équipe de scientifiques – menée par le Dr Andrew Balmford du Conservation Science Group de l'université de Cambridge – a analysé les coûts de fonctionnement à grande échelle des réserves marines. Elle s'est appuyée sur des données collectées auprès de 83 réserves de petite taille, gérées de façon efficace. Leur conclusion : la gestion de réserves couvrant 30 % de la surface mondiale des océans coûterait entre 12 et 14 milliards de dollars par an. Mais ce chiffrage ne tient pas compte du surcroît de revenu lié à la remise en état des ressources halieutiques, qui réduirait la facture globale.

La création d'un réseau mondial de réserves marines n'aurait pas que la protection des pêcheries pour conséquence : elle accroîtrait l'ensemble des prises océaniques, dont la valeur annuelle s'élève à 70 ou 80 milliards de dollars. Balmford suggère « qu'il est possible de préserver indéfiniment les mers et leurs ressources pour des sommes inférieures aux subventions actuellement accordées à des modes d'exploitation non soutenables ». La mise en place d'un réseau mondial de réserves marines – le « Serengeti des mers », comme certains l'ont surnommé – créerait aussi plus d'un million d'emplois.

Dans de nombreux pays, les sommes nécessaires au financement d'un programme d'utilisation efficace de l'eau pourraient provenir de la suppression de subventions qui encouragent souvent des méthodes d'irrigation peu efficaces. Dans certains cas, ce sont des subventions à l'énergie, comme en Inde ; dans d'autres, ce sont des abattements substantiels sur le prix de l'eau, comme aux États-Unis. La suppression de ces subventions aura pour effet de renchérir le prix de l'eau, incitant ainsi à l'utiliser de façon plus productive. On peut estimer à 10 milliards de dollars annuels les coûts supplémentaires au niveau mondial. Ces dépenses couvrent entre autres les coûts de recherche et les incitations économiques en direction des agriculteurs, des industries et des municipalités pour une utilisation plus efficace de l'eau.

En ce qui concerne la protection de la vie sauvage, le Congrès mondial sur les parcs (WPC) estime que le déficit en financement annuel nécessaire à la gestion et à la protection des parcs naturels existants s'élève à près de 25 milliards de dollars annuels. Les autres dépenses nécessaires, dont celles relatives à la prise en charge de « points chauds de biodiversité » ne faisant pas encore l'objet d'une protection, coûteraient environ 6 milliards de dollars par an, soit un total de 31 milliards.

Prise dans son ensemble, la remise en état des écosystèmes planétaires sur lesquels s'appuie l'économie – c'est-à-dire la reconstitution des forêts de la planète, la protection des sols, la restauration des pâturages et des pêcheries, la stabilisation des nappes phréatiques, et la protection de la biodiversité – va exiger 110 milliards de dollars de dépenses supplémentaires par an. Beaucoup vont se demander si une telle dépense peut être supportée par l'économie mondiale. Mais la seule vraie question est de savoir si nous pouvons nous permettre de ne pas effectuer ces investissements.

ÉRADIQUER LA PAUVRETÉ, STABILISER LA POPULATION, ÉVITER LES DÉFAILLANCES

En 1974, au Mexique, Miguel Sabido, vice-président de la chaîne de télévision publique Televisa, lança une série télévisée dont certains épisodes étaient consacrés à l'illettrisme. Le jour qui suivit la diffusion d'un épisode où l'un des personnages se rend dans un centre d'alphabétisation pour apprendre à lire et écrire, 250 000 personnes se présentèrent dans les centres d'alphabétisation de Mexico. Au total, 840 000 Mexicains suivirent des cours d'alphabétisation après avoir vu la série.

Alors que de nombreux chercheurs s'intéressent à l'impact des systèmes éducatifs institutionnels sur les évolutions sociales, il apparaît ainsi que les séries télévisées comme les feuilletons radiophoniques peuvent contribuer à des changements rapides de mentalité sur des sujets tels que l'illettrisme, la santé génésique et la taille de la famille. Un soap-opéra bien écrit peut avoir, dans un temps relativement court, un fort impact sur la croissance démographique. Peu coûteuse, cette solution peut être mise en œuvre en attendant qu'un véritable système éducatif institutionnel se mette en place.

Pionnier de cette nouvelle pratique de l'éveil des consciences, Sabido a traité de la contraception dans une autre série intitulée « *Acompáñame* », que l'on peut traduire par « Viens avec moi ». En une décennie, celle-ci a sans nul doute contribué à la baisse de 34 % du taux de natalité au Mexique.

Suivant ce modèle, le Population Media Center, basé aux États-Unis et dirigé par William Ryerson, a lancé des projets dans quelque 17 pays, en particulier en Éthiopie : des fictions radiophoniques y sont diffusées en langues amharique et oromo, abordant des problèmes de santé génésique et d'égalité des sexes. En 2002, deux ans après le début de sa diffusion, une enquête a révélé que 63 % des nouveaux patients consultant les 48 centres de soins de l'Éthiopie avaient écouté un feuilleton produit par PMC. Dans la région d'Amhara, parmi les femmes mariées qui ont suivi le feuilleton, on a observé une augmentation de 55% de la fréquentation des centres de planning familial. Le taux de fécondité dans la région a chuté de 5,4 à 4,3. Il s'agit d'un heureux résultat : comme nous l'avons déjà indiqué, il est plus facile d'éradiquer la pauvreté lorsque les familles sont de petite taille. Réciproquement, éradiquer la pauvreté accélère le passage à des familles plus restreintes.

La pauvreté a plusieurs facettes, telles que la faim, l'illettrisme et la faible espérance de vie. En 2005, près de 1,4 milliard de personnes dans le monde vivaient avec moins de 1,25 dollar par jour, qui est le seuil définissant l'extrême pauvreté selon la Banque mondiale. Cela concerne plus de la moitié des 863 millions d'habitants d'Afrique subsaharienne, où on observe la plus forte concentration de pauvres au monde. Si des progrès ont été accomplis dans ce sous-continent, difficile d'en dire autant pour les États fragiles ou défaillants : si la pauvreté y est également omniprésente et affecte plus de la moitié de la population, les perspectives de réduction de la pauvreté y restent assez sombres sans redressement des États.

Les pauvres consacrent une part importante de leurs revenus à l'alimentation. Il n'est donc pas étonnant, comme le constatait la Banque mondiale début 2009, qu'en raison de la hausse des prix des denrées alimentaires, cette population se soit accrue de 130 millions de personnes entre 2005 et 2008. De même, l'augmentation de la malnutrition pourrait créer des déficits cognitifs irréversibles et des handicaps physiques chez 44 millions d'enfants supplémentaires. L'effet de cette hausse a été aggravé par la crise mondiale, qui a considérablement augmenté le nombre de chômeurs et réduit le volume des fonds envoyés dans les pays pauvres par les expatriés économiques. Les conséquences de la crise vont se traduire par un recul des programmes d'éradication de la pauvreté pendant encore plusieurs années. La faim et la maladie se répandent dans de nombreuses régions du monde, annihilant en partie les gains réalisés dans des pays tels que la Chine et le Brésil. À la fin du XXe siècle, la faim et la malnutrition avaient baissé ; mais depuis 1996, la courbe s'est inversée : de 788 millions de personnes souffrant de malnutrition, on est passé à 833 millions en 2001, à 900 millions en 2008, et la barre du milliard de personnes a été franchie en 2009.

Éradiquer la pauvreté est pourtant une condition essentielle pour stabiliser la démographie, améliorer la sécurité alimentaire et réduire les défaillances d'État. Si de nombreuses populations ont réussi leur ascension économique, aucune n'a connu un essor aussi impressionnant que celle de la Chine. Dans un contexte de forte croissance économique et de faible croissance démographique, le nombre de Chinois « extrêmement pauvres » est passé de 683 millions en 1990 à 213 millions en 2007 – faisant chuter de 60 à 16 % la part de la population concernée.

Le Brésil a également réussi à réduire la pauvreté avec le programme « *Bolsa Familia* », initié en 2003 par l'ex-président Lula. Ce programme octroie aux mères pauvres jusqu'à 25 euros par mois, sous réserve que leurs enfants aillent à l'école, se fassent vacciner et passent régulièrement des visites médicales. Touchant 12 millions de familles, soit près d'un quart de la population, il a permis au cours des cinq dernières années d'augmenter de 22 % les revenus des Brésiliens pauvres, tandis que ceux des riches ne progressaient que de 5 %. Quant au taux de l'extrême pauvreté, il est passé de 15 à 5 % entre 1990 et 2005. Le fossé entre les riches et les pauvres est en soi une source d'instabilité. La réussite du Brésil n'en est que plus remarquable car, comme le souligne Rosani Cunha, ancien directeur du programme à Brasília, « il y a très peu de pays qui arrivent à réduire les inégalités et la pauvreté en même temps ».

Et d'abord, éduquer

Les enfants qui n'ont pas été scolarisés entrent dans la vie avec un handicap sévère, qui les condamne d'emblée à la misère ; cet état de fait continue de creuser le fossé existant entre les pauvres et les riches. Éradiquer la pauvreté, c'est aussi faire en sorte que tous les enfants bénéficient d'une instruction élémentaire. Le prix Nobel d'économie Amartya Sen souligne que « l'analphabétisme et le fait de ne pas savoir compter constituent une plus grande menace pour l'humanité que le terrorisme ».

Le monde a progressé sur le front de l'éducation. Le nombre d'enfants n'ayant pas achevé leur scolarité primaire est passé de 106 millions en 1999 à 69 millions en 2008. En 2005, près des deux tiers des pays en développement ont atteint un autre objectif fondamental d'éducation : la parité des sexes à l'école primaire. Si c'est en soi un progrès décisif, c'est aussi une clé pour stabiliser la démographie. Quand le niveau d'éducation des jeunes femmes augmente, la fécondité baisse. Dans une étude portant sur 72 pays, l'économiste Gene Sperling en arrive ainsi à la conclusion que « le développement de l'éducation secondaire des filles constitue le seul et unique levier pour réduire de façon substantielle le taux de fécondité ».

L'objectif de réduction de l'analphabétisme concerne aussi la population adulte. Tandis que le monde est de plus en plus intégré sur le plan économique, les 800 millions d'adultes analphabètes se retrouvent gravement handicapés. Ce déficit peut être jugulé par des programmes d'alphabétisation dédiés, reposant fortement sur l'implication de bénévoles. La communauté internationale pourrait proposer une dotation de démarrage sous la forme de matériel pédagogique et la mise à disposition de consultants spécialisés. Le Bangladesh et l'Iran, qui ont tous deux conduit avec succès des programmes d'alphabétisation pour adultes, peuvent servir de modèles. Le budget nécessaire à un programme mondial d'alphabétisation des adultes peut être évalué à 4 milliards de dollars par an.

Pour favoriser l'accès universel à l'éducation primaire, la Banque mondiale a pris une initiative de financement accéléré, le programme « Éducation pour tous », grâce auquel tout pays présentant un plan bien conçu d'accès à l'éducation primaire est éligible au soutien financier de l'institution. Le pays intéressé doit satisfaire à trois obligations principales : soumettre un programme d'éducation primaire cohérent, engager une partie significative de ses propres ressources, et disposer de pratiques comptables et budgétaires transparentes. Si ce programme est réalisé dans son intégralité, tous les enfants des pays pauvres devraient accéder à l'école primaire d'ici 2015, ce qui les aidera à sortir de la pauvreté. Un financement d'un montant estimé à 10 milliards de dollars, en plus de ce qui est déjà dépensé aujourd'hui, est nécessaire pour atteindre cet objectif.

Pour inciter les enfants à se rendre à l'école, en particulier dans les pays les plus pauvres, peu d'initiatives sont aussi efficaces que l'offre d'un repas. Les enfants malades ou affamés manquent souvent l'école. Et même lorsqu'ils sont présents, ils apprennent difficilement. L'économiste Jeffrey Sachs souligne que « les enfants malades sont souvent confrontés à une capacité d'action réduite pendant toute leur vie à cause des interruptions de scolarité conjuguées à des défaillances physiques et cognitives ». Dans les pays pauvres où des repas sont servis à l'école aux enfants, les inscriptions et la performance scolaire des élèves progressent, ainsi que la durée de la scolarité.

Cette évolution bénéficie d'abord aux filles, qui, plus encore que les garçons, sont souvent contraintes de rester travailler à la maison. Et quand, de surcroît, l'institution scolaire prévoit que les enfants peuvent rapporter des rations alimentaires à la maison, on constate que les jeunes filles ont une scolarité plus longue, se marient plus tard et font moins d'enfants. Tout le monde est gagnant. Pour que les 66 millions de jeunes qui vont à l'école le ventre vide bénéficient d'une telle initiative, il faut prévoir 3 milliards de dollars en plus des dépenses annuelles des Nations unies de lutte contre la faim.

Mais aussi nourrir et soigner

Il convient également d'améliorer la nutrition des enfants avant qu'ils atteignent l'âge d'être scolarisés. L'ancien sénateur américain George McGovern propose que le programme « *Women, Infants and Children* » (WIC) [Femmes, nourrissons et enfants], dont il a favorisé le lancement aux États-Unis et qui consiste à fournir une alimentation enrichie aux femmes enceintes et allaitantes, soit étendu aux pays pauvres. Fort d'une mise en pratique de 33 années sur le sol américain, ce programme est tout à fait efficace pour améliorer la nutrition, la santé et le développement des enfants en âge préscolaire dans les familles à bas revenus. Si ce programme était étendu aux femmes enceintes, aux jeunes parturientes et à leurs nourrissons dans les 44 pays les plus pauvres de la planète, il contribuerait à éradiquer la faim chez des millions de jeunes enfants. Et cela pour un coût relativement modique de 4 milliards de dollars de dépenses annuelles supplémentaires.

884 millions de personnes sont privées d'un accès à une eau sûre et fiable. Il s'agit pourtant d'une condition indispensable pour réduire la mortalité infantile et offrir une meilleure santé à tous. Une eau de qualité diminue

l'incidence des maladies diarrhéiques et parasitaires, et réduit la perte nutritive et la malnutrition. Pour nombre de villes dans les pays en développement, une démarche pragmatique peut consister à s'affranchir de la construction de coûteux réseaux d'assainissement et de stations de traitements, et d'opter pour des systèmes sans eau, tels que les très populaires et inodores toilettes sèches. Ce changement aiderait à la fois à atténuer le manque d'eau et à diminuer la diffusion des agents pathogènes dans les réseaux d'assainissement – tout en contribuant à « fermer le cycle » des matières organiques.

De nombreux pays manquent de moyens financiers pour investir dans les vaccins nécessaires à la lutte contre les maladies infantiles ; en raison de leur incapacité à tenir les programmes de vaccination, ils paieront demain au prix fort ce manque d'investissement initial. Afin de combler ces besoins de financement, la fondation Bill et Melinda Gates a annoncé début 2010 qu'elle fournirait plus de 10 milliards de dollars pendant la décennie « pour aider la recherche, développer des vaccins et les fournir aux pays les plus pauvres du monde ».

Dans ce sens, une étude de l'Organisation mondiale de la santé (OMS) portant sur l'économie de la santé dans les pays en développement a établi qu'une offre de soins élémentaires, de la nature de celle proposée par un dispensaire de village, aurait d'énormes avantages économiques. Les auteurs estiment que cette disposition nécessiterait 33 milliards de dollars par an jusqu'en 2015. Ce montant intègre le financement du Fonds mondial de lutte contre le sida, la tuberculose et le paludisme, ainsi que la généralisation des vaccinations infantiles universelles.

Contrôler efficacement les naissances

En matière de croissance démographique, les Nations unies avancent trois hypothèses. La projection moyenne, la plus souvent mentionnée, prévoit une population mondiale de 9,2 milliards de personnes en 2050. La projection haute atteint 10,5 milliards. La projection basse – qui table sur une évolution rapide vers un taux de fécondité mondial inférieur à celui permettant le renouvellement des générations – prévoit un pic de 8 milliards d'individus en 2042, puis une décroissance. Si l'objectif est d'éradiquer la pauvreté, la faim, l'analphabétisme et de diminuer les pressions sur des ressources naturelles, il est impératif de rester dans la projection inférieure.

Il s'agit d'abord de s'assurer que toutes les femmes puissent accéder aux services de planning familial. Ce n'est malheureusement pas le cas pour 215 millions d'entre elles, dont 59 % habitent en Afrique subsaharienne et dans le sous-continent indien. Ces femmes et leurs familles représentent approximativement le milliard d'habitants les plus pauvres du monde, pour lesquelles les grossesses et les naissances non voulues sont un énorme fardeau. C'est ce dont témoigne J. Joseph Speidel, ex-responsable de l'Agence américaine pour le développement international (AID) : « Les anthropologues qui vivent et travaillent avec les pauvres au sein de leurs communautés villageoises disent souvent que les femmes vivent dans la hantise de leur prochaine grossesse. Elles ne veulent absolument pas tomber enceintes. »

Le Fonds des Nations unies pour la population et l'Institut Guttmacher[1] estiment que si ces 215 millions de femmes bénéficiaient de soins de santé génésique et d'un accès à une contraception efficace, cela permettrait d'éviter chaque année 53 millions de grossesses non désirées, 24 millions d'avortements induits et 1,6 million de décès d'enfants.

La fourniture de préservatifs – y compris pour la prévention du VIH et autres maladies sexuellement transmissibles –, la mise en place d'un planning familial universel et d'un programme de santé génésique coûteraient 21 milliards de dollars, financés par les pays industrialisés et les pays en développement.

Les gouvernements qui veulent aider les couples à réduire la taille de leur famille peuvent agir vite et bien. Selon ma collègue Janet Larsen[2], l'Iran est parvenu, sur ce terrain, à changer de catégorie en moins d'une décennie : son taux de croissance démographique, qui était l'un des plus élevés au monde, est désormais l'un des plus bas parmi les pays en développement.

1 Institut de recherche américain, qui publie en particulier des statistiques relatives au contrôle des naissances et à la pratique de l'avortement.

2 Directrice de recherche au Earth Policy Institute.

Quand l'Ayatollah Khomeini a pris le pouvoir en Iran en 1979 au gré de la révolution islamique, il a immédiatement démantelé les programmes bien établis de planning familial, et préconisé les familles nombreuses. En guerre avec l'Irak entre 1980 et 1988, Khomeini voulait accroître les rangs de l'armée islamique pour atteindre les 20 millions d'hommes. En réponse à ses injonctions, la croissance naturelle a atteint un pic de 4,2 % au début des années 1980 – un niveau proche du maximum biologique.

Lorsque cette croissance démesurée a commencé à devenir un fardeau pour l'économie et l'environnement, les dirigeants du pays ont soudainement pris conscience que la surpopulation, la dégradation environnementale et le chômage minaient l'avenir de l'Iran. En 1989, le gouvernement a fait volte-face et a rétabli son programme de planning familial. En mai 1993, une loi de planification familiale nationale a été promulguée. Les ressources de plusieurs ministères, dont ceux de l'Éducation, de la Culture et de la Santé, ont été mobilisées. La télévision et la radio iraniennes ont été chargées de sensibiliser la population à cette problématique démographique et de promouvoir les services de planning familial. Quelque 15 000 « maisons de santé » et cliniques ont été ouvertes pour donner place à ces services dans les zones rurales.

Des chefs religieux ont été directement impliqués dans ce qui s'est apparenté à une croisade. L'Iran a présenté une panoplie complète de mesures contraceptives, y compris l'option de la stérilisation masculine – une grande première dans un pays musulman. Toutes les formes de contrôle des naissances et de contraception étaient gratuites, y compris la pilule et la stérilisation. L'Iran est même devenu le seul pays à imposer un cours sur la contraception moderne aux couples souhaitant se marier.

L'Iran a également produit un effort massif pour élever le taux d'alphabétisation des femmes, le faisant bondir de 25 % en 1970 à plus de 70 % en 2000. Le taux de scolarisation des filles est passé de 60 à 90 %. S'appuyant sur les 70 % de ménages ruraux équipés de téléviseurs, le gouvernement a pu largement diffuser l'information sur le planning familial. La taille moyenne de la famille iranienne est ainsi passée de sept à moins de trois enfants. De 1987 à 1994, le taux de croissance démographique de l'Iran a été divisé par deux :

preuve est faite qu'une mobilisation massive de la société peut accélérer la transition vers des familles plus petites.

Malheureusement, en juillet 2010, le président iranien Mahmoud Ahmadinejad a déclaré impies les programmes de planning familial et a annoncé la relance d'une politique nataliste. Le gouvernement est ainsi prêt à payer les couples pour avoir des enfants, en déposant de l'argent sur le compte bancaire de chaque enfant jusqu'à l'âge de 18 ans. L'effet de ce nouveau programme sur la croissance de la population iranienne reste à démontrer.

Le passage à des familles plus restreintes est très avantageux du point de vue économique. Au Bangladesh, les experts ont conclu que lorsque le gouvernement investit 45 euros pour éviter une naissance non désirée, il économise 450 euros de dépenses en services sociaux. Autrement dit, il est plus coûteux pour la société de ne pas financer les besoins en planning familial que de les assumer.

De nombreux pays en développement, tels le Brésil, le Chili, la Chine, la Corée du Sud, la Thaïlande et la Turquie, ont réussi à réduire leur taux de natalité en l'espace d'une génération, après que les progrès médicaux et les politiques de santé publique leur ont permis de faire baisser leur taux de mortalité. Mais beaucoup d'autres, tels l'Afghanistan, l'Éthiopie, l'Irak, le Nigeria, le Pakistan et le Yémen, n'ont pas suivi cette voie et ont été pris au piège d'une démographie galopante.

Ralentir la croissance de la population génère ce que les économistes appellent le bonus démographique. Quand les pays évoluent rapidement vers des familles plus réduites, l'augmentation du nombre de jeunes à charge – ceux qui ont besoin d'être élevés et instruits –, se réduit par rapport à la population active. Au niveau individuel, affranchies du poids des grandes familles, de nombreuses personnes peuvent échapper à la pauvreté. Au niveau national, le bonus démographique fait augmenter l'épargne et l'investissement, stimule fortement la productivité et accélère la croissance économique.

Le Japon, qui a réduit sa croissance démographique de moitié entre 1951 et 1958, a été l'un des premiers pays à bénéficier du bonus démographique. La Corée du Sud et Taiwan ont suivi, et plus récemment la Chine, la Thaïlande et le Vietnam ont bénéficié de la réduction importante de leurs taux de natalité. Cet effet ne dure que quelques décennies, mais c'est souvent assez pour permettre à un pays d'accéder à la modernité. D'ailleurs, à l'exception de quelques pays producteurs de pétrole, aucun pays en développement n'a réussi sa modernisation sans avoir ralenti sa croissance démographique.

Les pays qui ne parviennent pas à réduire rapidement leur taux de fécondité sont confrontés à une croissance démographique de 3 % par an, soit une multiplication par 20 en un siècle. Une telle croissance démographique limite rapidement l'accès à la terre et restreint les ressources en eau. Le nombre de jeunes dépasse bientôt celui des créations d'emplois, ce qui augmente les risques de conflit et de défaillance de l'État. Comment éviter à ces pays de sombrer dans le chaos ? C'est un défi pour la communauté internationale, auquel les programmes d'aide internationale actuels ne pourront répondre. Les enjeux n'ont jamais été aussi grands, et il faut donc trouver une manière d'inverser cette tendance qui conduit à l'effondrement.

Éviter les défaillances

Certains pays donateurs reconnaissent que les États défaillants requièrent une attention particulière. La défaillance des États étant par nature d'origine systémique, chaque cas exige donc une réponse systémique qui intègre les causes et leurs interactions. L'aide au développement « classique » est orientée vers le financement de projets spécifiques, et a peu de chances d'inverser la défaillance des États. Un accompagnement profond s'impose.

Inverser la tendance à l'effondrement des États est un processus beaucoup plus exigeant que tout ce que la communauté internationale a pu affronter, y compris la reconstruction des pays ravagés après la Seconde Guerre mondiale. Il nécessite un niveau de coopération institutionnelle qu'aucun des pays bailleurs n'a encore pu assumer. Présidente du Fund for Peace [Fonds pour la paix], Pauline H. Baker estime que ce qui empêche les gouvernements des pays industrialisés de mettre en œuvre une stratégie intégrée et globale pour combattre ce phénomène est leur incapacité à reconnaître les défaillances d'États comme un problème entièrement nouveau.

Au sein du gouvernement américain, par exemple, les relations avec les États fragiles et défaillants ne font pas l'objet d'efforts coordonnés. Plusieurs ministères sont impliqués, notamment le département d'État, les ministères des Finances et de l'Agriculture ; au sein du département d'État, plusieurs services sont à leur tour concernés. Cette dispersion a été dénoncée par la commission Hart-Rudman « en charge de la sécurité nationale pour le XXIe siècle » : « Aujourd'hui, la responsabilité pour prévenir et traiter les crises est dispersée entre les multiples services de l'Agence pour le développement international (AID) et du département d'État, et entre sous-secrétaires du département d'État et administrateur de l'AID. Par voie de conséquence, et d'un point de vue pratique, personne n'est responsable. »

La création d'une nouvelle agence disposant de toute l'autorité requise est nécessaire : un ministère de la Sécurité globale (Department of Global Security, DGS), qui serait chargée de définir une politique cohérente à destination de chaque État fragile ou défaillant. Cette création a été initialement proposée dans un rapport de la commission « États fragiles et sécurité nationale des États-Unis »[3]. Elle prend acte du fait que les menaces pour la sécurité des États-Unis proviennent désormais moins de la puissance militaire de certains États, que des tendances qui ébranlent ceux-ci – l'accroissement démographique rapide, la pauvreté, la détérioration des écosystèmes et le développement des pénuries en eau. Ce nouveau ministère intégrerait l'AID (qui pour le moment fait partie du département d'État) et les différents programmes d'assistance extérieure qui dépendent actuellement d'autres ministères ; il assumerait ainsi, au sein du gouvernement, la responsabilité des États-Unis pour l'assistance au développement. Le département d'État fournirait le support diplomatique nécessaire à ce nouveau ministère, contribuant à l'inversion du processus de défaillance d'États.

Le nouveau ministère de la Sécurité globale serait financé par un transfert de ressources fiscales du ministère de la Défense – qui ne définit la sécurité qu'en termes militaires. Le budget de la DGS constituerait en effet une partie du nouveau budget consacré à la sécurité. Il se concentrerait sur les causes

3 Commission créée par le Center for Global Development, un *Think Tank* américain.

principales de défaillance des États en aidant à stabiliser la population, restaurer les écosystèmes, généraliser l'éducation primaire et renforcer l'autorité de la loi en soutenant les institutions judiciaires, les forces de police et, quand cela est nécessaire, les forces militaires.

L'allégement de la dette et l'accès aux marchés à l'exportation feraient partie intégrante de la politique américaine, à travers l'action du ministère de la Sécurité globale. Celui-ci pourrait devenir un lieu de débat pour coordonner les politiques intérieure et étrangère. Il s'assurerait par exemple que les subventions accordées pour l'exportation du coton américain, ou pour la transformation des céréales américaines en agrocarburants, n'affaiblissent pas les économies des pays pauvres, ou n'ont pas pour conséquence d'augmenter le prix des denrées alimentaires à des niveaux inaccessibles pour leurs habitants. Dans un pays pauvre, un secteur agricole efficace et dédié à l'exportation constitue souvent une voie pour sortir de la pauvreté. Un soutien à ce genre de politique permettrait à ce nouveau ministère de contribuer à l'effort international croissant visant à réduire le nombre d'États défaillants. Il encouragerait aussi l'investissement privé dans ces pays en garantissant des prêts destinés à en accélérer le développement.

Jusqu'à présent, le processus de défaillance était à sens unique. Le Liberia est l'un des rares à avoir inversé la tendance. Le classement annuel des États défaillants publié par *Foreign Policy* plaçait le Liberia à la neuvième place en 2005 – au terme de 14 années de guerre civile ayant fait 200 000 victimes. En 2005, la donne a changé avec l'accession à la présidence d'Ellen Johnson-Sirleaf, diplômée de la Harvard Kennedy School et ancienne fonctionnaire de la Banque mondiale. Un effort acharné a été accompli pour éradiquer la corruption. Une force de maintien de la paix de 15 000 soldats de l'ONU a permis de réparer les routes, les écoles et les hôpitaux, et d'entraîner la police. En 2010, le Liberia est redescendu à la trente-troisième place sur la liste des États défaillants.

Dans le magazine *Prism*, John W. Blaney, ancien ambassadeur des États-Unis au Liberia de 2002 à 2005, décrit comment un État « mort » a pu progressivement revenir à la vie. Il décrit le rôle exceptionnel des Nations unies qui « ont ouvert la voie pour élaborer et adapter un programme de désarmement, de démobilisation, de réinsertion et de réhabilitation. Nous avons montré la voie à prendre une fois la paix revenue. » Blaney conclut qu'il n'y a pas de formule figée pour la reconstruction d'un État détruit : chaque situation est unique.

L'ensemble des initiatives du Plan B pour l'éducation, la santé et le planning familial abordées dans ce chapitre ont un coût estimé à 75 milliards de dollars par an. Ces mesures, qui constituent les clés de voûte du développement humain et de la stabilisation des populations, contribueront également à prévenir la défaillance des États en réduisant ses causes sociales profondes. Pour être efficaces, ces dispositions doivent être accompagnées dans le même temps d'une aide aux États défaillants à la hauteur du problème posé en terme de sécurité internationale.

Comme Jeffrey Sachs nous le rappelle régulièrement, pour la première fois dans l'histoire nous avons les ressources technologiques et financières pour éradiquer la pauvreté. Les investissements dans l'éducation, la santé, le planning familial et l'alimentation à l'école sont en quelque sorte une réponse humanitaire à la situation critique des pays les plus pauvres du monde. Mais dans le monde économiquement et politiquement intégré du XXIe siècle, ils constituent aussi un investissement pour notre avenir.

NOURRIR

8 MILLIARDS D'INDIVIDUS

Avant les années 1950, la croissance de la production alimentaire était due à l'extension des surfaces cultivées. Mais entre la disparition progressive de terres vierges pouvant être mises en exploitation et la forte poussée démographique mondiale, au lendemain de la Seconde Guerre mondiale, l'amélioration de la productivité des terres agricoles est rapidement passée au premier rang des préoccupations. La récolte de céréales a doublé entre 1950 et 1973, ce qui constitue la réussite la plus spectaculaire de toute l'histoire de l'agriculture puisque l'augmentation de la production céréalière, sur cette période de 23 ans, est comparable à celle réalisée au cours des 11 000 années précédentes.

Depuis cet âge d'or de l'agriculture mondiale, la production alimentaire s'est ralentie : les gains initiaux de productivité se sont réduits, les nouvelles technologies s'étant diffusées largement à l'échelle du globe ; par ailleurs, l'agriculture subit les conséquences de l'érosion des sols, de la perte de surfaces arables au profit d'autres usages, et de la pénurie grandissante d'eau pour l'irrigation.

Trois facteurs principaux sont à l'origine des gains de productivité obtenus depuis les années 1950 : le développement de variétés à haut rendement, l'utilisation croissante d'engrais, et les progrès de l'irrigation. La première avancée dans la mise au point de variétés plus productives a eu lieu à la fin du XIXe siècle, lorsque des scientifiques japonais parvinrent à réduire significativement la taille des plants de blé et de riz. En diminuant, au profit des graines, la part de photosynthèse que la plante consacrait à la tige, cette découverte permit de multiplier les rendements par deux.

S'agissant de la céréale désormais la plus cultivée au monde, le maïs, la première avancée est venue des techniques d'hybridation mises au point aux États-Unis. Les rendements du maïs continuent aujourd'hui encore de progresser, grâce aux gains spectaculaires obtenus à l'aide d'hybrides, et à ceux, plus récents mais beaucoup plus limités, provenant de modifications génétiques.

Les scientifiques chinois ont réussi, plus récemment, à développer une variété hybride de riz commercialement rentable – même si les gains de rendement correspondants restent faibles par rapport à ceux qu'avait permis la réduction de la taille des plants.

L'utilisation des engrais permet de s'affranchir des limites que la pauvreté des sols impose au rendement des cultures. Elle a grimpé de 14 millions de tonnes en 1950 à 163 millions en 2009, avant de se stabiliser. Aux États-Unis, en Europe occidentale et au Japon, elle a même commencé à baisser significativement au cours des dernières décennies. En Chine et en Inde, deux pays dont la consommation d'engrais excède celle des États-Unis, leur utilisation pourrait également décliner, au fur et à mesure que les agriculteurs apprendront à s'en servir plus efficacement.

Après plusieurs dizaines d'années de progression rapide, il devient plus malaisé d'accroître la productivité des terres agricoles. Pour les céréales, celle-ci a crû, au niveau mondial, de 2,2 % par an entre 1950 et 1990, contre seulement 1,2 % entre 1990 et 2010.

Différents signes indiquent une stabilisation des rendements dans les pays à haute productivité, où toutes les technologies disponibles sont mobilisées. Il est difficile d'obtenir plus de 8 tonnes de blé à l'hectare, comme l'indique le plafonnement de la production en France (premier producteur européen), en Allemagne, au Royaume-Uni et en Égypte (premier producteur africain).

Le Japon, qui a ouvert cette ère moderne de hauts rendements céréaliers, il y a plus d'un siècle, voit sa production de riz plafonner depuis une dizaine d'années à près de 5 tonnes par hectare. La Chine, après avoir rattrapé son retard, voit sa production à l'hectare se stabiliser à des niveaux comparables.

Le maïs est, parmi les trois grandes céréales, la seule à voir encore ses rendements progresser dans les pays à haute productivité. Les États-Unis produisent 40 % du maïs mondial, et les rendements y dépassent les 10 tonnes à l'hectare. L'Iowa, connu pour ses rendements de maïs très élevés, produit aujourd'hui, à lui seul, plus de céréales que le Canada.

Malgré ces bonds remarquables, augmenter la production alimentaire mondiale devient de plus en plus délicat, et ce, pour plusieurs raisons : il ne sera pas facile d'accroître encore les rendements par l'amélioration des semences, fût-ce par modification génétique ; les possibilités d'extension des surfaces irriguées sont faibles ; enfin, l'intérêt économique d'une utilisation accrue des engrais baisse dans de nombreux pays.

En dépit de ces difficultés, certains pays en développement ont réussi à donner un spectaculaire coup d'accélérateur à leur production alimentaire. En Inde, une nouvelle stratégie couronnée de succès a été adoptée, après l'absence de mousson de 1965, qui a obligé le pays à importer un cinquième de la récolte de blé américaine pour éviter la famine. Une réponse des autorités a consisté à supprimer les prix plafonds des céréales, tournés essentiellement vers les consommateurs urbains, pour les remplacer par des prix planchers destinés à encourager les agriculteurs à investir dans l'amélioration de la productivité de leurs terres. La construction d'usines de production d'engrais a été transférée au secteur privé, autrement réactif. En outre, du blé court mexicain à haut rendement, déjà testé en Inde, a été importé pour servir de semence. Ces mesures gouvernementales ont permis à l'Inde de doubler sa récolte de blé en l'espace de sept ans. Aucun autre grand pays n'a jamais réussi, en si peu de temps, à multiplier par deux sa production d'une denrée alimentaire de base.

Le Malawi, petit pays à faibles rendements céréaliers, a connu un progrès comparable après la sécheresse de 2005 et la famine qui s'en est ensuivie. Le gouvernement a fait face à la situation en distribuant à chaque agriculteur un bon d'achat de 100 kg d'engrais, à un prix bien inférieur à celui du marché, accompagné de paquets gratuits de semences améliorées de maïs, l'aliment de base du pays. Ce programme subventionné, dont le coût s'élève à près de 70 millions de dollars par an, financés en partie par des donateurs étrangers, a permis aux fermiers du Malawi de presque doubler leur production de maïs en deux ans, provoquant une surproduction – heureusement absorbée par des exportations rentables en direction du Zimbabwe voisin, qui connaissait alors une grave pénurie en céréales. Quelques années plus tôt, l'Éthiopie avait elle aussi fait bondir de façon impressionnante sa production, grâce à des mesures similaires. Mais face à l'impossibilité d'exporter les surplus, les prix s'étaient effondrés – un sérieux revers pour les agriculteurs du pays. Cela met en évidence l'un des problèmes majeurs auxquels se heurte le développement agricole de l'Afrique, à savoir le manque d'infrastructures publiques telles que des routes pour acheminer les engrais sur les lieux de production et les produits agricoles vers les marchés.

Dans des pays d'Afrique plus arides, tels que le Tchad, le Mali et la Mauritanie, les rendements ne peuvent pas progresser de manière satisfaisante, faute de pluie. Des gains modestes sont possibles avec l'amélioration des pratiques agricoles. Mais la plupart de ces pays à faible pluviométrie n'ont, pas plus que l'Australie, bénéficié de la révolution verte : l'humidité des sols y est trop faible, ce qui, par contrecoup, limite l'utilité des engrais.

Une pratique prometteuse, pour augmenter la productivité dans les régions africaines semi-arides, est la culture simultanée de céréales et d'arbustes légumineux fixant l'azote. Ces derniers ont une première phase de croissance assez lente, laissant le temps à la céréale d'arriver à maturité et d'être récoltée. Ils poussent ensuite plus rapidement, jusqu'à atteindre un ou deux mètres de haut, et perdent alors leurs feuilles, qui apportent l'azote et les matières organiques dont les sols africains ont particulièrement besoin. Une fois les feuilles tombées, le bois est coupé et utilisé comme combustible. Cette technique simple et très bien adaptée aux besoins locaux a été imaginée par les scientifiques du Centre de recherche internationale en agroforesterie de Nairobi. Elle a permis aux agriculteurs de doubler leurs récoltes de céréales en l'espace de quelques années tout en renouvelant la fertilité des sols.

À la recherche d'alternatives

Les limites de ce qu'il est possible de faire en ingénierie agronomique traditionnelle semblent sur le point d'être atteintes, ce qui se traduit par un plafonnement des rendements au niveau mondial. Augmenter la productivité des terres cultivées nécessite donc des approches nouvelles. Une voie possible serait la mise au point de cultures plus tolérantes à la sécheresse et au froid. Les semenciers américains ont ainsi développé des variétés de maïs plus résistantes à la sécheresse, ce qui a permis d'étendre la production vers l'ouest, dans les états du Kansas, du Nebraska et du Dakota du Sud. Le Kansas, premier producteur de blé des États-Unis, en produit désormais moins que de maïs, dont la culture progresse semblablement vers le nord – Dakota du Nord et Minnesota.

Une autre façon d'augmenter la productivité agricole, du moins là où les conditions d'humidité sont favorables, est de généraliser les récoltes annuelles multiples. En effet, le triplement de la production céréalière mondiale observé depuis 1950 est en partie dû à une importante augmentation de cette pratique en Asie. Les combinaisons les plus fréquentes sont le blé et le maïs dans le nord de la Chine, le blé et le riz dans le nord de l'Inde, et la double ou triple récolte de riz dans le sud de la Chine et le sud de l'Inde.

Généraliser la double récolte (blé en hiver et maïs en été) dans la plaine du nord de la Chine a permis de hisser la production chinoise de céréales au niveau de celle des États-Unis. Il y a quarante ans, le nord de l'Inde ne produisait que du blé, mais avec l'arrivée des premières variétés de blé et de riz à haut rendement et à maturation précoce, le premier a pu être récolté à temps pour planter le second. Cette combinaison blé/riz est maintenant largement répandue dans le Penjab, l'Haryana, et dans des parties de l'Uttar Pradesh.

Par ailleurs, on méconnaît encore trop souvent les liens entre régimes de droit foncier et productivité agricole : selon une étude du Rural Development Institute [Institut du développement rural], les agriculteurs dont les droits fonciers sont garantis seraient, en Chine, deux fois plus nombreux à engager des investissements à long terme sur leurs terres, par exemple pour développer la culture sous serre, les vergers ou les étangs.

En résumé, bien que la production céréalière chute dans certains pays, du fait du manque d'eau ou de l'érosion des sols, une écrasante majorité d'États disposent encore d'un potentiel d'accroissement non négligeable de cette production. Le défi pour chacun d'eux est d'élaborer les politiques agricole et économique adaptées à leur contexte national propre, afin d'exploiter au mieux ce potentiel. Des pays comme l'Inde à la fin des années 1960 ou le Malawi plus récemment donnent à voir comment il est possible d'accroître la production alimentaire.

Optimiser l'usage de l'eau

Le manque d'eau est un facteur qui limite l'augmentation de la production agricole ; il est nécessaire que soit mise en place, à l'échelle mondiale, une campagne pour améliorer la productivité en eau, sur le modèle de celle qui a permis de quasiment tripler la productivité des terres cultivées au cours des cinquante dernières années. Les données sur l'efficacité des systèmes d'irrigation par écoulement de surface – c'est-à-dire les barrages permettant de faire venir l'eau jusqu'aux agriculteurs via un réseau de canaux – montrent que l'on n'atteint jamais un niveau d'efficacité de 100 % : une fraction de l'eau s'évapore, une autre s'enfonce dans le sol ou s'échappe par ruissellement hors du système d'irrigation. Sandra Postel et Amy Vickers, spécialistes des politiques de l'eau, ont montré que « l'efficacité des systèmes d'irrigation de surface s'établit entre 25 et 40 % en Inde, au Mexique, au Pakistan, aux Philippines et en Thaïlande ; entre 40 et 45 % en Malaisie et au Maroc, et entre 50 et 60 % en Israël, au Japon et à Taiwan ».

L'objectif de la Chine est d'augmenter l'efficacité de son système d'irrigation, qui était de 43 % en 2000, pour atteindre 55 % en 2020. Les mesures-clés associées à un tel programme incluent l'augmentation du prix de l'eau, des incitations à l'adoption de techniques d'irrigation plus efficaces et le transfert de la gestion de ce processus à des organismes locaux.

Augmenter l'efficacité des systèmes d'irrigation implique en général de passer d'un système de canaux et rigoles à un système d'arroseurs automatiques placés en hauteur, ou à une irrigation au goutte-à-goutte, méthode permettant d'obtenir les meilleurs résultats en la matière. Le passage d'un système de canaux à des asperseurs à basse pression diminue le besoin en eau d'environ 30 %, alors que le passage au goutte-à-goutte le réduit de moitié.

Un tel système contribue aussi à améliorer les rendements, en fournissant un apport en eau régulier et en minimisant les pertes dues à l'évaporation. Cette technique réduit en outre la consommation d'énergie utilisée pour le pompage. Comme ces systèmes demandent beaucoup de main-d'œuvre, ils sont très adaptés aux pays où sévit le chômage en plus du manque d'eau. Quelques petits pays – Chypre, Israël, Jordanie – s'appuient fortement sur ce type d'irrigation. Cette technique est également utilisée, pour son efficacité, sur 1 à 3 % des terres irriguées en Inde et en Chine, et sur à peu près 4 % de celles des États-Unis.

Ces dernières années, des systèmes de goutte-à-goutte de petite taille – essentiellement composés d'un seau d'eau et d'un tube en plastique flexible pour la distribution – ont été développés pour irriguer de tout petits jardins d'environ une centaine de plants, pour une surface de l'ordre de 25 mètres carrés. En utilisant un tonneau, on peut irriguer jusqu'à 125 mètres carrés. Dans les deux cas, le contenant est légèrement surélevé, de sorte que l'eau est distribuée par gravité. Des systèmes encore plus grands utilisant des tuyaux en plastique facilement déplaçables connaissent eux aussi une popularité croissante. L'usage de ces systèmes se traduit très vite par une réduction des factures d'eau et un accroissement des rendements. Il sont souvent amortis en une année, et augmentent de façon impressionnante les revenus des petits exploitants.

Sandra Postel, du Global Water Policy Project, estime que ces techniques de goutte-à-goutte pourraient servir à irriguer efficacement 10 millions d'hectares en Inde, soit près d'un dixième des surfaces agricoles du pays. Elle voit un potentiel similaire en Chine, pays qui développe ce type d'irrigation pour économiser une eau devenue rare.

Le transfert de la gestion centralisée des systèmes d'irrigation vers des associations locales d'usagers est un bon moyen de promouvoir une utilisation plus efficace de l'eau. Les agriculteurs de nombreux pays s'organisent localement pour prendre en charge une telle responsabilité. Puisque les usagers locaux trouvent un intérêt financier dans une gestion efficace, ils ont tendance à mieux prendre le problème en main qu'une agence gouvernementale distante. Le Mexique occupe une position de leader dans ce mouvement, et en 2008, les associations d'agriculteurs géraient plus de 99 % des terres desservies par des systèmes d'irrigation publique. Un des avantages pour le gouvernement de ce transfert de compétences réside dans la prise en charge au niveau local des coûts de maintenance des installations, ce qui réduit la charge sur le trésor public.

La faible productivité de l'eau est souvent une conséquence directe de son faible coût. Dans de nombreux pays, son niveau de subvention est si élevé qu'il laisse penser à tort que la ressource est abondante. Le prix de l'eau doit au contraire refléter sa rareté croissante. C'est une des conditions du nécessaire changement de mentalité – lequel doit s'accompagner d'une évolution des pratiques. Choisir chaque fois que c'est possible des cultures moins exigeantes en eau est ainsi un moyen d'augmenter la productivité de cette ressource. La production de riz a pratiquement disparu autour de Pékin, parce qu'il s'agit d'une céréale qui réclame beaucoup d'eau. Pour la même raison, l'Égypte restreint la production de riz en faveur de celle du blé. Toutes les mesures contribuant à l'accroissement des rendements sur les terres irriguées contribuent ainsi, d'une façon ou d'une autre, à augmenter la productivité de l'eau elle-même.

Ramener, à l'échelle mondiale, l'utilisation de l'eau à un niveau soutenable d'exploitation des nappes phréatiques et des réseaux hydrologiques implique de mettre en place une vaste panoplie de mesures, non seulement dans le secteur agricole, mais à travers toute l'économie. Les étapes les plus évidentes, au-delà de l'accroissement de l'efficacité des méthodes d'irrigation, passent par l'adoption de procédés industriels moins coûteux en eau. Recycler l'eau utilisée dans les zones urbaines est également une mesure de bon sens à considérer, dans les pays confrontés à une sévère pénurie. Enfin, le remplacement des centrales à charbon par des fermes éoliennes élimine une source majeure de prélèvement sur les ressources hydriques du fait de la suppression des besoins de refroidissement.

De nouveaux modèles pour les protéines animales

Une autre manière d'augmenter la productivité des sols et de l'eau est d'améliorer les méthodes de production de protéines animales. Près de 35 % de la production mondiale de céréales, soit 760 millions de tonnes, sont affectés à ce poste, et une baisse de la consommation de viande ou un gain d'efficacité dans ce domaine, si modestes soient-ils, permettraient d'économiser une importante quantité de céréales.

La consommation de protéines animales progresse partout dans le monde. Celle de la viande est passée de 44 millions de tonnes en 1950 à 272 millions en 2009, la consommation annuelle moyenne ayant plus que doublé pour atteindre 40 kg par personne. Les consommations d'œufs et de lait ont elles aussi augmenté de façon spectaculaire. La hausse de la consommation de viande suit partout celle des revenus, reflétant une préférence qui s'est, semble-t-il, affirmée au cours des 4 millions d'années où l'espèce humaine a vécu de la chasse et de la cueillette.

En même temps que les prises en haute mer et la production de bœuf en plein air cessaient d'augmenter, une transition vers une forme d'élevage à base de céréales s'est opérée à l'échelle mondiale pour continuer à augmenter la production. Les taux de conversion des céréales en protéines varient énormément, selon les animaux. Les bœufs élevés en fermes industrielles ont besoin d'environ 7 kg de céréales pour voir leur poids augmenter de 1 kg ; pour le porc, cette proportion tombe à 3 pour 1, et pour la volaille, elle n'est que de 2 pour 1. Pour les espèces herbivores de poissons de pisciculture, tels que la carpe, le tilapia et le poisson-chat, moins de 2 kg par kilo suffisent.

Entre 1990 et 2007, la production bovine totale, dont l'essentiel provient des élevages en plein air, a augmenté de moins de 1 % par an, pour ensuite se stabiliser. Celle de porc a crû annuellement de 2 % et celle des volailles de 4 %. La production porcine mondiale à laquelle la Chine contribue pour moitié a rattrapé celle du bœuf en 1979 et a continué à progresser depuis. La production de volailles a dépassé celle de bœuf en 1995 pour pointer en deuxième position derrière le porc.

La production piscicole, très efficace dans l'utilisation des céréales, pourrait bientôt, elle aussi, dépasser celle du bœuf. L'aquaculture représente en fait depuis 1990 la croissance mondiale la plus grande dans la production de protéines animales, passant de 13 millions de tonnes à 52 millions en 2008, soit une augmentation de 8 % par an.

L'opinion publique s'est beaucoup focalisée sur les exploitations aquacoles inefficaces ou néfastes pour l'environnement, comme l'élevage du saumon, une espèce carnivore, en général nourrie à partir de farines de poissons ; celles-ci représentent cependant moins de 10 % de la production. Au niveau mondial, l'aquaculture est dominée par l'élevage de poissons herbivores, principalement la carpe en Inde et en Chine, mais aussi le poisson-chat aux

États-Unis, le tilapia dans plusieurs autres pays, ainsi que les fruits de mer. C'est dans ces formes d'aquaculture que se trouvent les plus grandes marges de croissance en matière de production de protéines animales.

L'aquaculture chinoise représente 62 % de la production globale, avec l'élevage de poissons en eau douce, principalement la carpe, dans des bassins, des lacs ou des rizières, et la production de coquillages (huîtres et moules) en provenance des régions côtières. Un polyélevage, basé sur quatre espèces de carpes occupant des niches complémentaires dans la chaîne alimentaire, stimule généralement la production des piscicultures d'au moins 50 %. La production de 32 millions de tonnes des fermes aquacoles chinoises représente pratiquement le triple des 12 millions de tonnes de bœuf produites annuellement aux États-Unis.

Les farines de soja sont universellement utilisées dans l'alimentation du bétail, des volailles et des poissons. La production mondiale de soja a atteint 254 millions de tonnes en 2010. Une quantité estimée à 30 millions de tonnes en a été directement consommée sous la forme de tofu ou autres produits de substitution de la viande. Près de 220 millions de tonnes ont été broyées, produisant environ 40 millions de tonnes d'huile de soja et 170 millions de tonnes de farine à haute valeur en protéines.

L'incorporation dans l'alimentation animale d'une part de farine de soja pour 4 parts de céréales augmente de façon spectaculaire l'efficacité avec laquelle celles-ci sont transformées en protéines animales ; elle la double même pratiquement dans certains cas. L'alimentation animale repose aujourd'hui dans une large mesure et à l'échelle du globe sur l'utilisation de farines de soja comme compléments protéinés. C'est le cas pour les trois premiers producteurs mondiaux de viande que sont la Chine, les États-Unis et le Brésil.

L'emploi massif de farines de soja pour accroître l'efficacité de l'alimentation animale permet d'expliquer pourquoi la production de viande, de lait, d'œufs et de poisson d'élevage a largement progressé, même si la part de 35 % de la production mondiale de céréales consacrée à l'alimentation animale a baissé légèrement au cours de ces vingt dernières années ; quant à la production mondiale de soja, elle a été multipliée par 15 depuis 1950.

L'exploitation de plus en plus intensive des ressources en sols et en eau a conduit à l'élaboration de nouveaux modèles prometteurs en termes de production de protéines animales basés sur la consommation de fourrage plutôt que de céréales, comme cela se pratique pour la production du lait en Inde. Celle-ci a quintuplé depuis 1970, passant de 21 millions à 110 millions de tonnes en 2009. En 1997, l'Inde a dépassé les États-Unis, devenant le premier producteur mondial de lait et de produits laitiers. Ce qui est particulièrement remarquable, c'est que l'Inde a réussi à bâtir la première industrie laitière mondiale sur une alimentation des bêtes presque exclusivement composée, non de céréales, mais de résidus de récolte fibreux – paille de blé, paille de riz, tiges de maïs – et d'herbes collectées le long des routes. La valeur de sa production annuelle de lait dépasse maintenant celle de sa récolte de riz.

Un second modèle de production de protéines reposant lui aussi sur une alimentation à base de fourrages s'est développé dans quatre provinces de l'est de la Chine – Hebei, Shandong, Henan et Anhui – où les doubles récoltes blé/maïs sont courantes. C'est là, dans ce que les autorités chinoises désignent comme la « ceinture du bœuf », que des déchets de récoltes permettent d'alimenter une bonne partie des bœufs chinois. En utilisant de tels résidus pour produire du lait en Inde et du bœuf en Chine, les paysans parviennent à tirer une seconde récolte de leurs moissons, améliorant à la fois la productivité des sols et de l'eau.

Manger local

Alors que les populations des pays en développement cherchent à améliorer leur alimentation, on observe dans de nombreux pays industrialisés un intérêt croissant pour les produits frais locaux. Aux États-Unis, cet intérêt est guidé en même temps par une préoccupation pour l'impact sur le climat du transport de nourriture sur de longues distances et par la volonté de disposer de produits frais que les circuits longs d'approvisionnement des supermarchés ne permettent plus d'obtenir. Une telle évolution est reflétée par la progression conjointe des potagers et des marchés fermiers locaux.

Au fur et à mesure que se développe ce mouvement en faveur d'une alimentation « locale », les habitudes alimentaires se recentrent sur les produits locaux et de saison. L'augmentation récente du nombre de fermes aux États-Unis illustre ce mouvement de relocalisation. Entre le recensement agricole de 2002 et celui de 2007, le nombre de fermes a augmenté de près de 80 000 dans le pays, pour atteindre 2,2 millions d'unités. Beaucoup de ces nouvelles fermes, à commencer par les plus petites – dont un nombre croissant est géré par des femmes – approvisionnent les marchés locaux. Certaines produisent des fruits et des légumes frais, uniquement pour les marchés fermiers. D'autres se spécialisent en proposant par exemple lait, fromage et viande de chèvre. D'autres encore se consacrent à l'alimentation biologique, et les fermes bio aux États-Unis sont passées de 12 000 en 2002 à 18 200 en 2007.

De nombreux autres débouchés s'offrent aux productions locales. Le nombre de marchés fermiers où les agriculteurs proposent leurs produits en vente directe au public a progressé de 1 755 en 1994 à plus de 6 100 en 2010, faisant plus que tripler en 16 ans. S'y tissent des liens personnels entre producteurs et consommateurs, qui n'existent plus dans le cadre anonyme des supermarchés.

De nombreuses écoles et universités s'efforcent désormais de s'approvisionner sur place : la production locale, plus fraîche, plus savoureuse, plus nutritive, s'inscrit tout naturellement dans les nouveaux programmes de campus verts. Les supermarchés eux aussi s'approvisionnent de plus en plus auprès des fermiers locaux pour les produits de saison. C'est ainsi que Walmart a annoncé fin 2010 un programme visant à acheter une part plus importante de produits locaux pour ses magasins. De même, les restaurants « chics » mettent en avant la production locale dans leurs menus. Dans certains cas, des marchés alimentaires généralistes évoluent pour ne vendre que des produits locaux, non seulement des fruits et des légumes, mais aussi de la viande, du lait, du fromage, des œufs et d'autres produits de la ferme.

Le jardinage a connu un fort regain d'intérêt au printemps 2009 quand la première dame des États-Unis, Michelle Obama, et un groupe d'écoliers du secteur ont retourné ensemble un carré de pelouse de la Maison Blanche pour y démarrer un potager. Cette initiative avait un précédent, Eleanor Roosevelt ayant créé pendant la Seconde Guerre mondiale un « jardin de la victoire » à la Maison Blanche. Son exemple avait encouragé la création de millions de jardins similaires, lesquels avaient fourni jusqu'à 40 % des fruits et légumes du pays.

Promouvoir ce type d'activité était sans aucun doute plus facile pendant la guerre, le pays étant alors encore largement rural. Il existe néanmoins toujours un véritable espace potentiel pour le jardinage, si l'on considère que les pelouses résidentielles aux États-Unis ne couvrent aujourd'hui pas moins de 7 millions d'hectares : la conversion d'une partie même minime de cette surface en vergers et potagers pourrait contribuer de façon décisive à améliorer l'alimentation.

De nombreuses municipalités des États-Unis et d'Angleterre créent des jardins communautaires à l'intention de tous ceux qui n'auraient pas autrement accès à un potager. La mise à disposition d'espaces pour cette activité est désormais considérée par beaucoup de collectivités locales comme un service essentiel, au même titre que l'ouverture des parcs et aires de jeux pour les enfants.

Les potagers urbains gagnent en popularité partout dans le monde. Le programme élaboré par l'Organisation des Nations unies pour l'alimentation et l'agriculture (FAO) pour aider les villes des pays en développement à mettre en place des plans d'agriculture urbaine est accueilli très favorablement. Dans cinq villes de la République démocratique du Congo, il a ainsi permis à 20 000 jardiniers d'améliorer leur production de légumes. Les potagers de la capitale, Kinshasa, fournissent environ 80 000 tonnes de légumes par an, couvrant 65 % des besoins de la ville.

En Bolivie, dans la ville d'El Alto, à côté de La Paz, la FAO soutient un programme de microjardins à destination des familles aux revenus les plus modestes. Ce programme rencontre un grand succès. Grâce à des petites serres à bas coût d'environ 40 mètres carrés chacune, près de 1 500 foyers font pousser des légumes toute l'année. Les besoins de la famille sont couverts par une partie de la récolte, et le reste est vendu sur les marchés locaux.

Les jardins scolaires sont, eux aussi, très appréciés. Fait rare en milieu urbain, les enfants apprennent comment est produite la nourriture et peuvent goûter pour la première fois des légumes verts fraîchement cueillis ou des tomates ramassées à maturité. Les jardins scolaires fournissent également des produits frais pour les cantines. La Californie est en avance sur ce type de projet, avec 6 000 jardins scolaires en activité.

Transporter des produits frais sur de longues distances contribue aux émissions de carbone, tout en affectant la saveur et la valeur nutritive des aliments acheminés. Une étude conduite dans l'Iowa a montré que les produits courants voyagent en moyenne sur une distance de 2 400 km, sans même parler des importations. En comparaison, les produits locaux ne parcourent que 90 km en moyenne – une différence considérable en termes de besoin en carburant. Une autre étude menée dans l'Ontario au Canada a montré que 58 aliments importés voyagent en moyenne sur 4 500 km. Or, dans un monde où le pétrole se raréfie, les consommateurs s'inquiètent de plus en plus de voir leur alimentation dépendre du transport longue distance.

Au fur et à mesure que les réserves s'épuisent, les phosphates et le gaz naturel – utilisé dans la fabrication des engrais azotés – atteignent des prix élevés. Cette situation laisse entrevoir un développement du recyclage des nutriments bien plus important dans le futur, ce qui procure un avantage indéniable aux petits fermiers produisant pour les marchés locaux par rapport à l'élevage industriel.

Promouvoir une cohérence d'ensemble

Pour le secteur alimentaire comme pour celui de l'énergie, assurer la sécurité des approvisionnements dépend désormais d'actions portant autant sur la demande que sur l'offre. Nous ne pouvons nous contenter de compter sur l'accroissement de la production pour inverser la dégradation de la situation alimentaire mondiale constatée ces dernières années. C'est pourquoi l'un des objectifs de base du Plan B est d'accélérer la transition vers des cellules familiales comptant moins d'enfants et de limiter la population mondiale à 8 milliards de personnes en 2040.

Aux États-Unis, le régime alimentaire moyen est très riche en produits d'origine animale tels que la viande rouge, dont la production elle-même consomme d'importantes quantités de céréales, si bien qu'un Américain consomme deux fois plus de céréales qu'un Italien et presque quatre fois plus qu'un Indien. L'adoption d'un régime de type méditerranéen pourrait diviser par deux environ la consommation de céréales des Américains et réduirait leurs émissions de carbone en conséquence.

Garantir la sécurité alimentaire d'un pays relevait naguère de la responsabilité exclusive du ministère de l'Agriculture. Ce n'est plus vrai de nos jours. Quelle que soit sa compétence, on ne peut plus aujourd'hui attendre d'un seul ministre qu'il assure la continuité des approvisionnements. Les efforts déployés par les ministres de la Santé et du Planning familial pour réduire la natalité peuvent en effet avoir en la matière davantage d'effets que ceux d'un ministère de l'Agriculture cherchant à augmenter la productivité agricole d'un pays.

De même, il importe de faire baisser les émissions de carbone au plus vite à l'aide de politiques énergétiques volontaristes – faute de quoi les vagues de chaleur imprévisibles et destructrices pour les récoltes se multiplieront. La sauvegarde des glaciers de montagne, dont la fonte irrigue une bonne partie des terres cultivées de la Chine et de l'Inde pendant la saison sèche, relève elle aussi de la politique énergétique de ces États plus que de leurs choix en matière d'agriculture.

Si les ministres de l'Agriculture et des Forêts (lorsqu'ils sont distincts) ne parviennent pas à travailler ensemble à la restauration du couvert forestier et à la réduction des inondations et de l'érosion des sols, la production céréalière diminuera, comme c'est déjà le cas non seulement dans de petits pays tels qu'Haïti et la Mongolie, mais aussi en Russie et en Argentine, deux pays exportateurs de blé. Dans les pays où le manque d'eau grève la production alimentaire, les ministères en charge de la gestion des ressources hydriques devront déployer tous les efforts possibles pour augmenter leur productivité en la matière. Pour l'eau comme pour l'énergie, la marge de manœuvre principale réside désormais dans l'amélioration de l'efficacité, et non plus dans la croissance des approvisionnements.

Les terres cultivées sont rares et la situation s'aggrave au niveau planétaire. De ce point de vue, les choix effectués en matière de transport – réseaux multimodaux ou centrés sur l'automobile – ont des impacts très différents en termes d'emprise sur les terres agricoles. Les politiques de transport des différents pays affectent directement la sécurité alimentaire mondiale.

La croissance continue de la population mondiale, le changement climatique d'origine anthropique et la raréfaction des ressources en eau ont pour résultat une dégradation des écosystèmes dont dépend la production agricole planétaire. Ces évolutions font peser autant de nouvelles menaces sur la sécurité des états. De nombreux ministères sont impliqués dans la gestion de ces questions, et c'est donc au sommet de l'État que les contours du concept de sécurité nationale doivent être redéfinis. Une fois ces décisions prises, c'est au ministère des Finances que reviennent les arbitrages budgétaires liés à la prise en compte de ces risques émergents.

Nous devons traiter au niveau international la menace constituée par l'irrégularité croissante du climat et l'instabilité des prix alimentaires qui lui est liée. Le triplement des prix du blé, du riz, du maïs et du soja entre 2007 et 2008 a fait peser une énorme pression sur les gouvernements et sur les populations à faible revenu. Cette variabilité des prix affecte aussi les producteurs, qu'elle décourage d'engager les investissements nécessaires à leur activité.

Dans cette situation volatile, un nouveau mécanisme de stabilisation des prix des céréales est nécessaire : il pourrait relever de la responsabilité d'un nouvel organisme international tel qu'une Banque mondiale de l'alimentation (BMA). Cette institution fixerait des prix plancher et plafond pour le blé, le riz et le maïs. Elle achèterait des céréales lorsque les cours tomberaient au prix le plus bas, pour les revendre lorsque le cours maximal serait atteint, modérant ainsi les fluctuations de prix, au bénéfice des producteurs et des consommateurs. Le rôle principal du conseil de direction, représentant à la fois les principaux pays exportateurs et importateurs, serait de fixer les prix auxquels la BMA achèterait et revendrait les céréales.

Les États-Unis peuvent très facilement améliorer la sécurité alimentaire globale en supprimant les subventions à la production d'éthanol et toute la réglementation à l'origine du détournement de céréales vers la production d'agrocarburants. Une telle mesure permettrait de stabiliser les cours mondiaux et nous accorderait un peu plus de temps pour inverser les tendances environnementales et démographiques qui compromettent l'avenir de notre civilisation. Les États-Unis contribueraient par là même à apaiser les tensions politiques relatives à la sécurité alimentaire apparues dans les pays importateurs.

Dans tout cela, chacun de nous a son rôle à jouer. Se rendre au travail en vélo, en bus ou en voiture n'est pas sans incidence sur les émissions de carbone, le changement climatique et la sécurité alimentaire. Il existe un lien entre la taille du véhicule que nous utilisons pour aller au supermarché, et le montant de la facture à la caisse, du fait des répercussions de notre mode de transport sur le climat. Chaque famille devrait se limiter à deux enfants. Et si nous trônons au sommet de la chaîne alimentaire, nous pouvons adopter une alimentation moins riche en produits animaux dont la production est si gourmande en céréales : notre santé ne pourra qu'en profiter, en même temps que le climat. La sécurité alimentaire est un enjeu qui nous concerne tous, et dans lequel chacun de nous a une part de responsabilité.

PARTIE IV

LE TEMPS NOUS EST COMPTÉ

CHAPITRE 13

SAUVER NOTRE CIVILISATION DE L'EFFONDREMENT

L'économie du XXIe siècle se doit d'être en harmonie avec la planète et ses écosystèmes, et non de s'employer à les détruire. Le modèle économique des pays industrialisés repose sur les énergies fossiles, l'automobile, et le jetable. Un tel modèle n'est plus viable ni pour les pays qui l'ont vu émerger, ni pour tous ceux qui tentent de les imiter. Il nous faut construire un nouveau paradigme économique, basé sur les énergies renouvelables – le soleil, le vent, la géothermie –, sur des modes de transport diversifiés et sur un recyclage généralisé.

Le Plan B nous indique comment effectuer ce changement de trajectoire et nous replacer dans la perspective d'un progrès écologiquement durable. Il exige une mobilisation aussi massive que rapide. Ce Plan, ou une variante très proche, est en fait notre seul espoir.

Les objectifs du Plan B (stabilisation du climat, stabilisation de la population, éradication de la pauvreté et restauration des écosystèmes soutenant l'économie) sont intrinsèquement liés les uns aux autres. Ils sont tous incontournables pour nourrir la population mondiale, et il est peu probable que nous puissions atteindre l'un d'eux sans nous attacher également aux autres. Éviter le déclin et l'effondrement va donc dépendre de notre capacité à les atteindre tous les quatre.

La pierre angulaire de la restructuration économique réside dans l'incorporation des coûts externes – ou externalités – dans les prix de marché. Pour l'énergie, notamment, l'utilisation des combustibles fossiles doit être soumise à une taxation environnementale (« taxe carbone »), compensée par une baisse simultanée de l'impôt sur le revenu[1].

---

1 Comme cette mesure a fait l'objet d'une controverse dans la société française, il n'est pas inutile de rappeler qu'elle n'est viable qu'à condition d'être accompagnée d'un mécanisme compensatoire adapté pour les ménages à faible revenu. Voir également la postface de cet ouvrage.

L'intégration de ces externalités dans les prix de marché et dans la fiscalité va nécessiter de nombreux échanges entre économistes et responsables politiques sur les aspects techniques de cette réforme. Au-delà du cercle de l'économie, ce travail va réclamer une interaction avec d'autres disciplines scientifiques, notamment l'écologie, la climatologie, l'agronomie, l'hydrologie, la démographie… Mais sans vérité des coûts et transparence des marchés, il n'est pas possible de construire un modèle économique qui assure la pérennité de notre civilisation et de ses perspectives de développement humain. Quelque 2 500 économistes dont neuf prix Nobel sont favorables à ce transfert de fiscalité. Comme a pu l'écrire dans le magazine *Fortune* le professeur d'économie à Harvard et ancien président du Conseil des experts économiques de George W. Bush, N. Gregory Mankiw : « Réduire l'impôt sur le revenu tout en augmentant la taxation de l'essence conduirait à une croissance économique plus rapide, une réduction des embouteillages, des accidents de la route et une limitation des risques liés au réchauffement climatique, le tout sans compromettre les équilibres budgétaires à long terme. C'est sans aucun doute ce que nous pourrons jamais obtenir de mieux d'une politique économique. »

L'incapacité du marché à refléter les coûts réels est particulièrement bien illustrée par l'exemple de l'essence. L'analyse des externalités la plus détaillée disponible dans ce domaine nous est fournie par l'International Center for Technology Assessment [Centre international d'évaluation technologique]. Le total de ces coûts indirects, qui inclut les effets du changement climatique, les réductions d'impôts et les subventions consenties à l'industrie pétrolière, la protection militaire de l'approvisionnement en pétrole, les marées noires et le traitement des maladies respiratoires liées aux gaz d'échappement des voitures, s'élève à environ 2,30 euros par litre. Additionné aux 60 centimes d'euro du prix de l'essence à la pompe aux États-Unis[2], c'est 2,90 euros le litre que devrait payer le consommateur américain. Ces coûts sont réels, et doivent être assumés par quelqu'un. Si nous ne les prenons pas en charge, nos enfants devront le faire à notre place.

---

2 La TIPP (taxe intérieure sur les produits pétroliers) représente 80 % du prix de l'essence en France. Cette taxe n'existe pas aux États-Unis.

La rationalité de notre économie est étroitement liée à la transparence du marché, à sa capacité à intégrer les coûts réels liés à l'utilisation de l'essence et du charbon, à la déforestation et à la surexploitation des nappes phréatiques et des pêcheries. Si nous pouvons créer un marché honnête, alors le jeu naturel des forces économiques aboutira à une restructuration du secteur de l'énergie au niveau mondial. La tarification progressive au coût réel réduira rapidement la consommation de pétrole et de charbon. À court terme, les énergies éolienne, solaire et géothermique deviendront beaucoup moins chères que les combustibles fossiles, première cause du réchauffement climatique.

Pour la vérité économique

Que nous soyons consommateurs, planificateurs de grandes entreprises, membres du gouvernement ou banquiers d'investissement, nous sommes des décideurs économiques, et nous dépendons des informations du marché pour guider nos décisions. Si le marché nous fournit une information erronée, nous prenons de mauvaises décisions ; c'est exactement ce qui s'est produit jusqu'à maintenant. Nous avançons en aveugles dans un système de comptabilité qui nous mène à la faillite. Øystein Dahle, l'ancien vice-président d'Exxon pour la Norvège et la mer du Nord, a observé que « le communisme s'est effondré parce qu'il n'a pas permis au marché de dire la vérité économique. Le capitalisme pourrait s'effondrer parce qu'il ne permet pas au marché de dire la vérité écologique. »

Si nous n'incorporons pas certaines charges dans notre comptabilité, nous courons à la faillite. Il y a dix ans, l'entreprise Enron jouissait d'un succès considérable, et il n'était pas rare de la voir en une des magazines d'affaires. Elle a pu être à un moment donné la septième société la mieux cotée aux États-Unis. Mais suite aux questions soulevées par certains actionnaires, les comptes d'Enron ont fait l'objet d'une procédure d'audit indépendante qui a conclu que la société était en faillite. Ses actions, qui se négociaient à plus de 90 dollars l'unité, sont tombées à moins de 1 dollar en quelques mois. Enron avait mis au point d'ingénieuses techniques pour ne pas incorporer certaines charges dans ses comptes. Nous faisons exactement la même chose, mais à l'échelle mondiale. Si nous poursuivons dans cette voie, nous devrons à notre tour faire face à la faillite.

Un autre défaut majeur de notre économie de marché est qu'elle ne reconnaît ni ne respecte les limites de rendement durable des écosystèmes. Considérons par exemple le pompage excessif des nappes aquifères. S'il est démontré que le niveau d'une nappe phréatique baisse, la première étape devrait consister à interdire le forage de nouveaux puits. Si la nappe phréatique diminue encore, le prix de l'eau doit être fixé à un niveau tel qu'il permette de réduire son utilisation et de la stabiliser. Sans quoi on assiste à une « course à la profondeur » et les puits sont forés toujours plus profonds. Lorsque la nappe est épuisée, la bulle alimentaire qu'elle supportait éclate, ce qui entraîne une baisse des récoltes et une hausse des prix. Le même raisonnement s'applique à la déforestation. Des incitations appropriées telles qu'une taxe sur chaque arbre coupé se traduiraient automatiquement par un arrêt des coupes à blanc au profit de coupes sélectives des arbres à maturité, c'est-à-dire par une protection de fait du potentiel des forêts.

Notre utilisation actuelle des combustibles fossiles est le lieu d'une double distorsion, dont les effets se cumulent : en premier lieu, les externalités ne sont pas incluses dans les prix, et en second lieu, les gouvernements subventionnent leur utilisation dans les faits, ce qui fausse d'autant plus la donne. À l'échelle de la planète, les aides à la production et à l'utilisation de combustibles fossiles s'élèvent à 500 milliards de dollars par an, à comparer aux 50 milliards alloués aux énergies renouvelables, notamment l'éolien et le solaire – somme qui de plus inclut les aides aux agrocarburants. En 2009, les subventions à la consommation de carburants fossiles se chiffraient à 147 milliards de dollars pour le pétrole, 134 milliards de dollars pour le gaz naturel, et 31 milliards de dollars pour le charbon. Les gouvernements injectent près de 1,4 milliard de dollars par jour dans une politique directement responsable du réchauffement climatique.

L'Iran, avec une subvention aux combustibles fossiles de 66 milliards de dollars, est l'un des pays qui promeut le plus l'usage de l'essence en fixant son prix au cinquième du prix du marché. On trouve ensuite, au palmarès des pays qui subventionnent lourdement l'utilisation des combustibles fossiles, la Russie, l'Arabie saoudite et l'Inde. Les émissions de carbone pourraient être réduites dans de nombreux pays en éliminant les subventions aux carburants fossiles. Certains pays le font déjà. La Belgique, la France et le Japon ont éliminé toute subvention au charbon, et les pays de l'Union européenne pourraient leur emboîter le pas d'ici 2014. Le président Obama a présenté un projet d'abandon progressif des subventions aux combustibles fossiles à partir de 2011. Face à l'augmentation des prix du pétrole, un certain nombre de pays ont considérablement réduit ou éliminé leurs subventions aux carburants automobiles en raison de leur impact budgétaire. La Chine, l'Indonésie et le Nigeria font partie des pays qui agissent en ce sens.

Un monde en prise au changement climatique ne peut plus justifier de telles aides. Une élimination progressive des subventions à l'utilisation du pétrole au cours des dix prochaines années permettrait d'économiser 4,7 millions de barils de pétrole par jour en 2020. Supprimer toutes les subventions à l'usage de carburants fossiles d'ici 2020 permettrait de réduire les émissions mondiales de carbone de près de 6 %, tout en facilitant une baisse de la dette publique des États. Transférer ces subventions au développement des ressources énergétiques sans impact ou presque en termes de réchauffement, comme les énergies éolienne, solaire et géothermique, aiderait à stabiliser le climat de la planète. Dans le même temps, réorienter les subventions destinées à la construction de routes vers la construction de trains interurbains à grande vitesse pourrait augmenter la mobilité des personnes tout en réduisant les coûts de transport et les émissions de dioxyde de carbone.

Une nouvelle approche de la sécurité

La nécessité de restructurer l'économie est étroitement liée à l'indispensable redéfinition du concept de sécurité nationale et internationale. L'un des héritages du siècle dernier, dominé par deux guerres mondiales suivies de la guerre froide, est une notion de sécurité presque exclusivement définie en termes militaires. Cette approche domine tellement la pensée de Washington que le budget des affaires étrangères des États-Unis, sur 701 milliards de dollars en 2009, consacrait 661 milliards à des fins militaires, contre seulement 40 milliards de dollars à l'aide internationale et aux programmes diplomatiques.

Douglas Alexander, ancien secrétaire d'État britannique au développement international, l'a bien dit, en 2007 : « Au XXe siècle, la force d'un pays s'évaluait trop souvent à l'aune de ce qu'il pouvait détruire. Au XXIe siècle, l'étalon devrait plutôt être ce que nous pouvons construire ensemble. »

Les mentalités évoluent dans le bon sens. Aux États-Unis, la nécessité de redéfinir la notion de sécurité imprègne maintenant non seulement différents groupes de réflexion indépendants, mais aussi le Pentagone. Un certain nombre d'études ont décrit les menaces que font peser sur les intérêts américains le changement climatique, la croissance de la population mondiale, le manque d'eau et les pénuries alimentaires – toutes tendances contribuant à l'instabilité politique et conduisant à l'effondrement de la société.

Bien que cette redéfinition soit engagée sur le plan conceptuel, elle ne s'est pas encore traduite en termes budgétaires. Les dépenses militaires restent très importantes, et largement consacrées au développement et à la fabrication d'armements sophistiqués et coûteux. En l'absence d'une autre superpuissance aussi lourdement armée, les États-Unis sont essentiellement dans une course aux armements avec eux-mêmes. Que faire si la prochaine guerre se déroule dans le cyberespace ou contre des terroristes ? Les investissements inconsidérés dans les systèmes d'armes classiques seront d'une utilité limitée.

Vu l'ampleur de ce budget militaire d'un autre âge, il n'est pas possible d'affirmer, comme le font certains, que les ressources nécessaires à la préservation de notre civilisation sont inexistantes. Cette omniprésence militaire américaine, qui se traduit en particulier par le maintien de centaines de bases disséminées à travers le monde, ne sauvera pas la civilisation. C'est là une logique d'une autre époque. Nous pouvons atteindre plus efficacement nos objectifs de sécurité en contribuant à accroître la production alimentaire, en améliorant les politiques de planning familial, en construisant des fermes éoliennes et des centrales solaires, ainsi que des écoles et des hôpitaux.

L'industrie du charbon dans la ligne de mire

Au cours des années qui ont précédé le sommet de Copenhague en 2009, les gouvernements et les médias se sont beaucoup investis dans la préparation des négociations sur le climat ; dans le même temps, on a pu observer l'émergence peu prévisible d'un puissant mouvement citoyen s'opposant à la construction de nouvelles centrales au charbon aux États-Unis. La principale motivation de cette mobilisation, tant nationale qu'internationale, était que ces centrales sont le principal contributeur mondial au changement climatique. En outre, leurs émissions sont responsables de la mort de 13 200 Américains par an, un chiffre qui éclipse largement le nombre des pertes américaines en Irak et en Afghanistan.

Au cours des dernières années, l'industrie charbonnière américaine a subi revers sur revers. Ce qui n'était au départ qu'un frémissement dans l'opinion publique au niveau local, s'est rapidement transformé en un raz-de-marée national conduit par des associations locales et par des organisations se préoccupant d'environnement, de santé publique et d'agriculture. Malgré une campagne fortement financée par l'industrie pour promouvoir le « charbon propre », le public américain se retourne contre cette source d'énergie. Selon un sondage national sur les sources d'énergie, seuls 3 % des Américains préféreraient voir le charbon utilisé pour produire de l'électricité. Le Sierra Club tient à jour, depuis 2000, un inventaire des projets de centrales électriques au charbon et leur devenir ; cette organisation rapporte que 139 d'entre eux ont été rejetés ou abandonnés dans le pays.

Un tournant décisif de cette lutte contre le charbon s'est produit en juin 2007, lorsque la Commission des services publics de Floride a refusé d'avaliser un gigantesque projet de centrale au charbon de 1 960 mégawatts (et 5,7 milliards de dollars), l'opérateur échouant à prouver la supériorité de ce projet par rapport à une stratégie d'économie d'énergie, d'augmentation de l'efficacité énergétique et d'investissement dans des sources d'énergie renouvelables. Cette absence d'avantage avéré en faveur du charbon est un argument fréquemment employé par Earthjustice, un groupe juridique environnemental à but non lucratif ; associé à l'opposition largement exprimée du public au développement de centrales thermiques au charbon en Floride, il s'est traduit par un retrait discret de quatre autres projets de centrales dans cet état.

L'avenir du charbon s'est également assombri quand Wall Street, sous la pression de l'association pour l'environnement Rainforest Action Network (Réseau d'action pour la forêt tropicale), a pris ses distances avec cette industrie. Début février 2008, les banques d'investissement Morgan Stanley, Citi et J.P. Morgan Chase ont annoncé qu'à l'avenir, tous les prêts pour des centrales thermiques au charbon seraient conditionnés à la démonstration de leur rentabilité économique par leurs opérateurs, face à un accroissement des coûts imposé par le durcissement annoncé des normes fédérales sur les émissions de carbone. Quelques jours plus tard, le même mois, Bank of America a déclaré qu'elle adoptait la même politique.

Une question épineuse et non résolue est de savoir quoi faire avec les cendres de charbon, c'est-à-dire les déchets de combustion qui s'accumulent dans 194 sites d'enfouissement et 161 bassins de rétention répartis dans 47 des états du pays. Ces cendres chargées d'arsenic, de plomb, de mercure et d'autres substances toxiques ne sont pas faciles à éliminer. Si l'industrie reste assez discrète sur cet aspect peu reluisant de ses activités, cette question s'est posée au grand jour juste avant Noël 2008, quand le mur de retenue d'un bassin de cendres de charbon de la Tennessee Valley Authority (TVA), dans l'est du Tennessee, s'est effondré, libérant près de 4 milliards de litres de mélange toxique. Aussi surprenant que cela puisse paraître, le secteur industriel du charbon ne dispose d'aucune stratégie pour éliminer sans danger les 130 millions de tonnes de cendres produites chaque année – un convoi d'un million de wagons ! L'épisode de pollution du Tennessee, dont le nettoyage a coûté 1,2 milliard de dollars à l'opérateur, a porté un nouveau coup à l'industrie du charbon.

Une étude d'août 2010, menée conjointement par l'Environmental Integrity Project, Earthjustice et le Sierra Club, rapporte que 39 sites de stockage de cendres de charbon situés dans 21 états américains sont responsables d'une contamination de l'eau potable locale ou des eaux de surface à l'arsenic, au plomb et à d'autres métaux lourds, à des niveaux dépassant les normes fédérales. Ces sites s'ajoutent aux 98 emplacements de même type déjà identifiés par l'Agence de protection de l'environnement des États-Unis (EPA) pour des pollutions similaires. En réponse à ces menaces, de nouvelles réglementations sont en préparation, visant une mise à niveau de la gestion des installations de stockage de cendres de charbon pour éviter ce genre de contamination. En outre l'EPA réglemente plus strictement les émissions des centrales à charbon, notamment en ce qui concerne le dioxyde de soufre et l'oxyde d'azote. L'objectif est de réduire les maladies respiratoires chroniques comme l'asthme chez les enfants et les décès causés par les émissions de ces centrales.

Une autre pratique de l'industrie du charbon, le dynamitage de sommets de montagnes pour accéder aux veines de charbon, est très largement remise en question. En août 2010, le Rainforest Action Network a annoncé que plusieurs grandes banques d'investissement américaines, dont Bank of America, J. P. Morgan, Citi, Morgan Stanley et Wells Fargo, avaient cessé leurs prêts aux entreprises pratiquant ce type d'exploitation. Massey Energy, une grande entreprise minière du charbon connue pour ses violations des règles de sécurité et mesures de protection de l'environnement, propriétaire de la mine de Virginie-Occidentale où 29 mineurs ont trouvé la mort en 2010, ne reçoit plus de financements de trois de ces banques.

De plus en plus de fournisseurs d'électricité commencent à admettre que le charbon n'est plus une option à long terme. La Tenessee Valley Authority, par exemple, a annoncé en août 2010 qu'elle avait l'intention de fermer 9 de ses 59 unités de production au charbon. Duke Energy, un autre opérateur majeur du sud-est du pays, lui a emboîté le pas en déclarant qu'il envisageait la fermeture de 7 centrales au charbon en Caroline du Nord et du Sud. Progress Energy, également dans ces deux états, prévoit de fermer 11 unités sur quatre sites. En Pennsylvanie, Exelon Power se prépare à fermer 4 centrales au charbon sur deux sites. Et Xcel Energy, l'opérateur principal du Colorado, a annoncé la fermeture de 7 unités au charbon.

Ces cinq exemples illustrent le nombre croissant d'opérateurs américains engagés dans un mouvement de fermeture des centrales au charbon, au profit du gaz naturel, de l'éolien, du solaire, de la biomasse et des gains d'efficacité.

Dans une analyse sur l'avenir du charbon, Wood Mackenzie, l'un des principaux cabinets de conseil stratégique dans le domaine de l'énergie, voit dans ce mouvement un signe annonciateur de ce qui attend l'industrie du charbon.

Le président de la puissante Commission fédérale de régulation de l'énergie, Jon Wellinghoff, a indiqué début 2009 que les États-Unis n'avaient probablement plus besoin de centrales à charbon supplémentaires. Les législateurs, les banques d'investissement et les dirigeants politiques commencent à prendre conscience de certaines évidences, soulignées depuis quelque temps déjà par des climatologues tels que James Hansen : construire des centrales à charbon n'a aucun sens s'il faut les raser quelques années plus tard.

Compte tenu de l'énorme potentiel de réduction de la consommation d'électricité aux États-Unis, la fermeture des centrales au charbon pourrait être beaucoup plus facile qu'il n'y paraît. Si le niveau d'efficacité des 49 autres états américains se rapprochait de celui de New York – le plus efficace sur le plan énergétique –, l'énergie économisée serait suffisante pour fermer 80 % des centrales à charbon du pays. Les centrales restantes pourraient alors être arrêtées si l'on se tournait vers les énergies renouvelables : fermes éoliennes, centrales thermiques solaires, panneaux solaires, électricité et chaleur géothermiques.

On l'a vu, la transition des États-Unis vers les énergies renouvelables est en cours. Entre 2007 et 2010, l'utilisation du charbon aux États-Unis a chuté de 8 %. Durant la même période et malgré la récession, 300 nouveaux parcs éoliens ont été connectés au réseau, ajoutant une capacité de production éolienne de quelque 21 000 mégawatts.

Le point le plus important est qu'un moratoire de fait s'applique dans ce pays sur la construction de nouvelles centrales à charbon. Plusieurs organisations environnementales dont le Sierra Club et Greenpeace se concentrent à présent sur la fermeture des centrales existantes. Le mouvement devient également international, puisque des campagnes sont actuellement en cours dans plusieurs pays pour empêcher la construction de nouvelles centrales au charbon et fermer celles en activité.

Aucune nouvelle centrale de ce type ne sera probablement plus autorisée aux États-Unis et un tel moratoire constitue un message pour le reste du monde. Le Danemark et la Nouvelle-Zélande ont déjà interdit les nouvelles centrales au charbon. La Hongrie est sur le point de fermer l'une de celles qui lui restaient. La province de l'Ontario, où vivent 39 % des Canadiens, prévoit d'éliminer progressivement le charbon d'ici 2014. L'Écosse a annoncé en septembre 2010 qu'elle envisage d'obtenir 80 % de son électricité à partir de sources d'énergie renouvelable d'ici 2020 et 100 % d'ici 2025 en se passant totalement des centrales à charbon. D'autres pays sont susceptibles de participer à cet effort de réduction des émissions de carbone. Même en Chine, où l'on construisait encore il y a peu une centrale à charbon par semaine, les énergies renouvelables sont en pleine expansion, au point que ce pays est désormais le premier au monde en termes de mise en service de nouvelles installations éoliennes. Pareils développements suggèrent que l'objectif du Plan B visant à réduire les émissions de carbone de 80 % d'ici 2020 est sans doute beaucoup plus accessible que ce que l'on aurait pu penser il y a seulement quelques années.

La restructuration du secteur de l'énergie ne contribuera pas seulement à stabiliser le climat grâce à une baisse spectaculaire des émissions de carbone ; elle permettra également d'éliminer une grande partie de la pollution de l'air que nous connaissons aujourd'hui. L'idée d'un environnement absolument non pollué est difficile à imaginer, tout simplement parce qu'aucun d'entre nous n'a jamais connu de mode de production d'énergie non polluant. Travailler dans les mines de charbon fera bientôt partie de l'histoire. La silicose finira par disparaître, tout comme les « alertes de niveau rouge » nous incitant à éviter tout effort physique en raison du haut niveau de pollution atmosphérique.

Enfin, contrairement aux investissements consacrés aux champs de pétrole et aux mines de charbon, dont l'épuisement et l'abandon sont inévitables à terme, les nouvelles sources d'énergie sont inépuisables. Bien que les éoliennes, les cellules solaires et les centrales solaires thermiques nécessitent réparations et remplacements occasionnels, investir dans ces nouvelles sources d'énergie, c'est investir dans des systèmes énergétiques susceptibles de durer éternellement : ces puits-là ne s'assécheront pas.

Faire vite

Malgré ces perspectives favorables, il est néanmoins crucial de gérer cette transition sur une période suffisamment courte. Pouvons-nous fermer les centrales à charbon assez vite pour sauver la calotte glaciaire du Groenland ? Dans mon esprit, sauver le Groenland est à la fois une métaphore et une condition *sine qua non* du sauvetage de notre civilisation. Si la calotte glaciaire fond, le niveau de la mer s'élèvera de 7 mètres. Des centaines de villes côtières seront abandonnées. Les deltas des fleuves d'Asie où se cultive une grande partie de la production mondiale de riz seront envahis par la mer. Il y aura des centaines de millions de réfugiés climatiques. Le mot qu'évoque une telle idée est : chaos. Si nous ne pouvons pas nous mobiliser pour sauver la calotte glaciaire du Groenland, nous ne pourrons probablement pas sauver la civilisation telle que nous la connaissons.

De même, peut-on éradiquer la pauvreté et combler les failles des systèmes de planification familiale assez vite pour aider les pays qui en subissent les conséquences à sortir de l'emballement démographique ? Peut-on arrêter la croissance du nombre d'États défaillants avant que notre civilisation mondiale ne commence à se disloquer ? Pouvons-nous changer assez vite ? Telle est la question. Au regard de la formidable transformation requise pour remettre l'économie mondiale sur les rails, sans doute est-il utile d'étudier différents modèles de changement social. Le premier est le « modèle de Pearl Harbor » : un événement dramatique modifie fondamentalement la manière de penser et d'agir des Américains. Le deuxième modèle est celui d'une société atteignant un point de basculement, dans un champ particulier, après une période prolongée de changement progressif de la pensée et des attitudes : je l'appellerai le « modèle du mur de Berlin ». Le troisième, enfin, est le « modèle du sandwich », dans lequel un fort mouvement populaire poussant au changement est pleinement soutenu par une volonté politique non moins forte au sommet.

L'attaque surprise lancée par les Japonais sur Pearl Harbor le 7 décembre 1941 a provoqué un sursaut spectaculaire, en inversant complètement la façon dont les Américains percevaient la guerre. Si l'on avait interrogé les citoyens américains le 6 décembre sur la participation des États-Unis au conflit, l'opinion y aurait probablement été défavorable à 95 %. Tandis que le lundi 8 décembre au matin, 95 % de la population aurait probablement plébiscité l'entrée en guerre du pays.

Lorsqu'on demande aux scientifiques d'identifier un scénario de type « Pearl Harbor » dans le domaine climatique, ils évoquent fréquemment la rupture de la calotte glaciaire antarctique occidentale. Des plaques relativement petites se rompent depuis maintenant plus d'une décennie, mais des parties énormes de la calotte pourraient se briser et glisser dans l'océan. Il est possible que cette rupture provoque une élévation alarmante du niveau de la mer, de 60 à 90 centimètres en quelques années. Si nous atteignions ce point, il serait sans doute trop tard pour réduire les émissions de carbone assez rapidement et épargner le reste de la calotte glaciaire antarctique occidentale. Nous aurions passé un point de non-retour.

Le modèle du mur de Berlin est intéressant car son démantèlement, en novembre 1989, a fait éclater au grand jour un changement social beaucoup plus profond. Passé un certain point, les habitants d'Europe de l'Est, encouragés par le vent de réforme qui soufflait sur Moscou, ont rejeté la grande « expérience socialiste », son système politique à parti unique et son économie planifiée centralisée. Sans signe avant-coureur, l'Europe de l'Est a vécu une révolution essentiellement pacifique et qui a changé le mode de gouvernement de tous les pays de la région.

Beaucoup de changements sociaux se produisent quand les sociétés atteignent ce type de point de rupture ou franchissent des seuils critiques. Dans ces circonstances, le changement survient rapidement et souvent de manière imprévisible. L'un des points de basculement les plus connus aux États-Unis est l'opposition croissante au tabac qui a vu le jour dans le courant de la deuxième moitié du XXe siècle. Ce mouvement s'est nourri d'un flot constant d'informations sur les effets nocifs du tabagisme, le processus ayant démarré en 1964 avec un rapport du ministre de la Santé sur les conséquences du tabac sur la santé. Le point de basculement a été atteint quand ce flot d'information a finalement dépassé la campagne de désinformation lourdement financée par l'industrie du tabac.

Bien que de nombreux Américains soient désorientés par la campagne de désinformation financée par les industries du charbon et du pétrole, de nombreux indices suggèrent que les États-Unis sont sur la voie d'un renversement d'opinion au sujet du réchauffement climatique, comme cela a été le cas avec le tabac dans les années 1990, pour les mêmes raisons : les compagnies pétrolières et charbonnières s'appuient en partie sur les mêmes techniques de désinformation que l'industrie du tabac de l'époque pour tenter de convaincre le public de l'absence de lien entre le tabagisme et la santé.

Le modèle de changement social « en sandwich » est à bien des égards le plus intéressant, notamment en raison de sa rapidité, comme l'illustre le mouvement des droits civiques aux États-Unis dans les années 1960. Ainsi, l'EPA a pris un certain nombre de mesures drastiques pour faire respecter les limites légales d'effluents toxiques provenant de centrales à charbon ; ces mesures contribuent fortement à rendre l'usage du charbon beaucoup moins avantageux. C'est aussi le cas des réglementations sur la gestion du stockage de cendres de charbon, ainsi que des décisions empêchant l'extraction du charbon à ciel ouvert par dynamitage des sommets de montagne. Ces régulations, combinées à une puissante mobilisation citoyenne, contraignent les opérateurs à rechercher des options moins coûteuses et annoncent la fin du charbon.

Parmi ces trois modèles de changement social, le scénario Pearl Harbor est de loin le plus dangereux : le sursaut provoqué par un éventuel événement catastrophique lié au changement climatique se produirait sans doute trop tard. Même s'il produit des résultats réels, le scénario « mur de Berlin » prend beaucoup de temps. La situation idéale pour qu'un progrès historique se joue rapidement est celle où une volonté populaire de changement rencontre une politique nationale engagée dans le même sens.

Les leçons de l'histoire

Chaque fois que je commence à me sentir dépassé par l'ampleur et l'urgence de la transition nécessaire, je relis l'histoire économique de l'implication américaine dans la Seconde Guerre mondiale qui illustre de façon particulièrement encourageante comment une dynamique de mobilisation rapide peut s'enclencher. Les États-Unis, refusant d'abord de s'impliquer dans le conflit, n'ont répondu qu'après avoir été directement attaqués à Pearl Harbour. Mais ils ont bel et bien réagi. Grâce à une mobilisation sans précédent du potentiel du pays, l'engagement des États-Unis a contribué à modifier le cours de la guerre et conduit les forces alliées à la victoire en trois ans et demi.

Dans son discours annuel au congrès, le 6 janvier 1942, un mois après le bombardement de Pearl Harbour, le président Roosevelt avait annoncé les objectifs de production d'armement du pays. Les États-Unis prévoyaient de produire 45 000 chars, 60 000 avions, et plusieurs milliers de navires. « Ne laissez personne dire que cela ne peut être fait », avait-il ajouté.

Devant de tels chiffres, l'opinion publique ne manqua pas d'être sceptique, mais Roosevelt et ses hommes savaient que l'industrie automobile des États-Unis représentait alors la plus grande et la plus puissante concentration industrielle au monde. Même à l'époque de la Dépression, les États-Unis produisaient au moins 3 millions de voitures par an.

Après son discours annuel au congrès, Roosevelt a rencontré les dirigeants de l'industrie automobile afin de leur dire à quel point le pays dépendrait d'eux pour atteindre ses objectifs de production d'armements. Au départ, tous pensaient que la production d'armements allait s'ajouter à la construction d'automobiles. Ce qu'ils ne savaient pas, c'est que la vente de ces dernières leur serait bientôt interdite. Pendant presque trois ans, du début de l'année 1942 à la fin 1944, aucune voiture n'a été produite aux États-Unis.

En plus de cette interdiction de production et de vente de véhicules à usage privé, la construction de maisons et d'autoroutes a été stoppée et la conduite de loisir interdite elle aussi. Les gens se sont rapidement mis à recycler tout ce qui pouvait l'être, avant de se lancer dans la production de produits frais suite à l'initiative des « jardins de la victoire ». Les marchandises stratégiques (comme les pneus, l'essence, les carburants, le sucre) ont été rationnées à partir de 1942. La réduction de la demande privée pour ces marchandises a libéré des ressources matérielles vitales à l'effort de guerre. Les besoins en avions militaires étaient énormes. Au-delà des chasseurs, des bombardiers et des avions de reconnaissance, il fallait aussi des avions-cargos pour transporter troupes et matériel sur les fronts éloignés de l'Europe et du Pacifique. Entre 1942 et 1944, les États-Unis ont dépassé de loin l'objectif initial de 60 000 avions, avec 229 600 engins produits, une flotte si grande qu'il est difficile, même aujourd'hui, de s'en faire une idée. Tout aussi impressionnant, vers la fin de la guerre, plus de 5 000 navires avaient été ajoutés au millier de bateaux qui composaient la flotte marchande américaine de 1939.

Doris Kearns Goodwin raconte dans son livre *No Ordinary Time* [Une période hors du commun], comment les différentes entreprises du pays se sont adaptées à cet effort de guerre. Une usine de bougies automobiles a figuré parmi les premières à produire des mitrailleuses. Rapidement, un fabricant de cuisinières s'est lancé dans la production de canots de sauvetage, une usine de manèges a assuré le montage de fusils ; une compagnie de jouets a fabriqué des boussoles ; un fabricant de corsets a confectionné des ceintures de grenades ; et une usine de flippers s'est lancée dans la production de balles perforantes.

Rétrospectivement, la vitesse de cette conversion d'une économie de temps de paix en économie de temps de guerre est stupéfiante. L'exploitation de la puissance industrielle des États-Unis a fait pencher la balance de façon décisive en faveur des forces alliées, changeant le cours de la guerre. L'Allemagne et le Japon étaient déjà mobilisés au maximum de leurs possibilités et incapables de faire face à une telle puissance de feu. Winston Churchill aimait citer, à ce sujet, son ministre des Affaires étrangères, Sir Edouard Grey : « Les États-Unis ressemblent à une chaudière géante. Une fois sous pression, il n'y a aucune limite à la puissance qu'elle peut générer. »

Le fait est qu'il n'a pas fallu des décennies pour restructurer l'économie industrielle américaine. Cela n'a pas pris non plus des années. Cela s'est fait en quelques mois. Si nous avons pu mener à bien une telle réorganisation en si peu de temps, rien ne s'oppose sur le principe à une restructuration de la production énergétique mondiale au cours de la prochaine décennie.

De nombreuses chaînes de montage automobile fonctionnent actuellement au ralenti aux États-Unis. Il serait relativement simple de réorganiser certaines d'entre elles pour produire des turbines d'éoliennes, comme la Ford Motor Company l'a fait durant la Seconde Guerre mondiale avec les bombardiers B-24. Les vastes ressources mondiales en énergie éolienne pourraient alors être exploitées plus rapidement. Cela servirait d'exemple d'une restructuration de l'économie qui pourrait s'effectuer en peu de temps, de façon rentable, et de manière à améliorer la sécurité mondiale.

Nous disposons déjà des technologies et des ressources financières pour réguler le climat, éradiquer la pauvreté, stabiliser la population, restaurer les écosystèmes qui soutiennent l'économie et, par-dessus tout, faire renaître l'espoir. Les États-Unis, la société la plus riche de l'histoire, disposent des ressources et des capacités de gouvernance indispensables à un tel effort.

On peut évaluer en ordre de grandeur les dépenses à consentir pour remettre notre civilisation sur la voie d'un progrès durable. Ne pas mettre le Plan B en œuvre, en revanche, a un coût qui est littéralement incalculable. Comment en effet mettre un prix sur un effondrement sociétal et sur les innombrables morts immanquablement provoquées par une telle catastrophe ?

Les financements nécessaires à l'éradication de la pauvreté et à la stabilisation de la population dans les pays en développement ont été évalués dans les chapitres précédents et s'élèvent à 75 milliards de dollars par an. Toute tentative de lutte contre la pauvreté qui ne serait pas accompagnée d'un effort de restauration de la planète est vouée à l'échec. Protéger la couche arable, reboiser les terres, restaurer les pêcheries océaniques, ainsi qu'un certain nombre d'autres mesures coûtera selon nos estimations environ 110 milliards de dollars supplémentaires par an. Cela donne une dépense annuelle totale de 185 milliards de dollars pour le budget du Plan B (voir ci-contre). C'est en fait le budget associé à la redéfinition du concept de sécurité nationale et internationale présenté plus haut et qui porte sur les plus graves menaces globales. Il équivaut à 12 % des dépenses militaires mondiales et 28 % des dépenses militaires des États-Unis. Malheureusement, les États-Unis continuent à concentrer leurs efforts financiers sur l'accroissement de leur puissance militaire, ignorant largement les menaces constituées par la détérioration continue de l'environnement, la pauvreté et la croissance démographique. Leurs dépenses militaires représentaient 43 % du total mondial de 1 522 milliards de dollars en 2009. Parmi les autres pays dont les dépenses militaires sont particulièrement élevées apparaissent la Chine (100 milliards de dollars), la France (64 milliards de dollars), le Royaume-Uni (58 milliards de dollars) et la Russie (53 milliards de dollars).

BUDGET DU PLAN B

(DÉPENSES ANNUELLES ADDITIONNELLES NÉCESSAIRES
POUR ATTEINDRE DES BUTS SOCIAUX ET RESTAURER LA PLANÈTE)

Objectifs	Budget (en milliards de dollars)
Objectifs sociaux de base	
Éducation primaire universelle	10
Éradication de l'analphabétisme des adultes	4
Programmes de déjeuners scolaires	3
Assistance aux enfants préscolarisés et aux femmes enceintes	4
Soins à la naissance et planning familial	21
Soins basiques universels	33
Total	**75**
Objectifs environnementaux	
Reboiser la planète	23
Protéger les terres arables	24
Restaurer les prairies	9
Restaurer les pêcheries	13
Stabiliser les réserves d'eau	10
Protéger la biodiversité	31
Total	**110**
Total général	**185**
Budget militaire américain	661
Budget du Plan B en pourcentage	28 %
Budget militaire mondial	1 522
Budget du Plan B en pourcentage	12 %

Source : SIPRI (dépenses militaires) et www.earth-policy.org.

Pour moins de 200 milliards de dollars par an, nous pouvons nous débarrasser de la faim, de l'analphabétisme, de la maladie et de la pauvreté, mais aussi restaurer les sols, les forêts et les pêcheries de la planète. Nous pouvons construire une communauté mondiale où les besoins fondamentaux de tous les habitants seront satisfaits, un monde nous autorisant à nous considérer comme civilisés.

D'une manière générale, un indicateur déterminant de l'action politique résidera dans la capacité des dirigeants à transférer les charges qui pèsent actuellement sur le monde du travail vers les activités nocives pour l'environnement. C'est dans une telle réforme fiscale, et non dans de nouvelles affectations budgétaires à l'intérieur du cadre actuel, que réside la clé de la nécessaire restructuration du secteur mondial de l'énergie et la stabilisation du climat qui l'accompagne.

Les forces de progrès peuvent, tout aussi bien que les tendances destructrices, se consolider les unes les autres. Ainsi les gains d'efficacité permettant de réduire la dépendance au pétrole entraînent une baisse des émissions de carbone et de la pollution atmosphérique. Éradiquer la pauvreté contribue à stabiliser la population. La reforestation permet de fixer le carbone, d'augmenter la recharge des nappes aquifères, et de réduire l'érosion des sols. Lorsque ces tendances positives seront suffisamment nombreuses, elles se renforceront mutuellement.

L'une des questions que l'on me pose le plus souvent est la suivante : Que puis-je faire ? Les gens s'attendent souvent à ce que je parle de changement de style de vie, du recyclage des journaux ou du remplacement des ampoules d'éclairage. Si de tels ajustements sont indispensables, ils sont loin d'être suffisants. La restructuration de l'économie globale suppose un engagement politique de la part de chaque citoyen, semblable à celui que l'on trouve à l'origine de la campagne contre les centrales à charbon aux États-Unis. La sauvegarde de la civilisation n'est pas un sport de spectateur.

Informez-vous ; lisez les analyses disponibles sur la nature des problèmes à affronter. Partagez ce livre avec des amis. Choisissez un sujet qui ait du sens pour vous, comme la réforme fiscale en faveur d'un marché transparent, ou l'arrêt des centrales thermiques au charbon, ou la mise en application des meilleures techniques mondiales de recyclage au sein de votre communauté. Ou encore, rejoignez un groupe qui s'emploie à fournir des services de planning familial aux 215 millions de femmes qui cherchent à mieux gérer leur famille sans avoir les moyens de le faire. Vous pourriez aussi animer un groupe de citoyens partageant les mêmes idées pour travailler sur un sujet d'intérêt commun ; vous pourriez commencer en amorçant un dialogue avec d'autres pour choisir une problématique sur laquelle vous concentrer.

Une fois que votre groupe se sera en connaissance de cause fixé un but clairement défini, sollicitez un rendez-vous auprès d'un conseiller municipal ou du député de votre circonscription. Écrivez ou envoyez un courriel à vos élus, au sujet de la nécessité d'un transfert de fiscalité et de l'élimination des subventions aux combustibles fossiles. Rappelez-leur qu'ignorer les coûts environnementaux dans la comptabilité publique ou privée peut donner l'illusion de la prospérité à court terme, mais que cela mène à long terme à l'effondrement.

Pendant la Seconde Guerre mondiale, des millions de jeunes hommes enrôlés de force ont pris tous les risques. Loin de tels sacrifices, il nous suffit d'être politiquement actif et de modifier notre style de vie. Au début du conflit, le président Roosevelt a souvent demandé aux Américains d'adapter leur mode d'existence, ce qu'ils ont fait, en travaillant ensemble pour un but commun. Quelle peut être, aujourd'hui, notre contribution, sous forme de temps, d'argent ou de réduction de consommation, pour aider à sauvegarder la civilisation ?

Le choix vous appartient – nous appartient. Nous pouvons nous en tenir au *business as usual*, et continuer sur la voie d'une économie prête à détruire l'environnement sur lequel elle repose, jusqu'à sa propre destruction ; ou bien, nous pouvons être la première génération à changer de cap, pour remettre le monde sur le chemin d'un progrès durable. Si ce choix est celui de notre génération, il changera la vie sur Terre pour toutes les générations à venir.

Des informations complémentaires sur les sujets abordés dans cet ouvrage peuvent être trouvées dans les références citées ci-dessous (pour l'essentiel, en anglais). L'intégralité du texte anglais, ainsi que les références sur lesquelles s'appuie le texte, les bases de données associées, et des mises à jour régulières peuvent être consultées sur le site de l'Earth Policy Institute :
www.earth-policy.org

Les mises à jour sont régulièrement traduites en français et accessibles sur le site :
www.alternativeplanetaire.org

CHAPITRE 1

- Herman E. Daly, « Economics in a Full World », *Scientific American*, vol. 293, n° 3, septembre 2005.

- Jared Diamond, *Effondrement (Comment les sociétés décident de leur disparition ou de leur survie)*, Gallimard, collection Folio, 2009.

- Global Footprint Network, WWF et Zoological Society of London, *Living Planet Report*, octobre 2010.

- Mathis Wackernagel et alter, « Tracking the Ecological Overshoot of the Human Economy », *Proceedings of the National Academy of Sciences*, vol. 99, n° 14, 9 juillet 2002.

- Ronald A. Wright, *Une très courte histoire du progrès*, Naive, 2006.

RESSOURCES ADDITIONNELLES

CHAPITRE 2

- John Briscoe, *India's Water Economy: Bracing for a Turbulent Future*, Banque mondiale, 2005.

- Organisation des Nations unies pour l'alimentation et l'agriculture, « Système d'information de la FAO sur l'eau et l'agriculture » ; www.fao.org/nr/water/aquastat/countries/indexfra.stm

- Sanjay Pahuja et alter, *Deep Wells and Prudence: Towards Pragmatic Action for Addressing Ground-water Over- exploitation in India*, Banque mondiale, janvier 2010.

- Sandra Postel, *Pillar of Sand: Can the Irrigation Miracle Last?*, W. W. Norton & Company, 1999.

- Tushaar Shah, *Taming the Anarchy: Groundwater Governance in South Asia*, RFF Press, 2009.

CHAPITRE 3

- Convention des Nations unies sur la lutte contre la désertification ; www.unccd.int

- David R. Montgomery, *Dirt: The Erosion of Civilizations*, University of California Press, 2007.

- NASA Earth Observatory ; www.earthobservatory.nasa.gov

CHAPITRE 4

- James Hansen, « How Warm Was This Summer? », 1er octobre 2010 ; www.columbia.edu/~jeh1/mailings

- David B. Lobell and Christopher B. Field, « Global Scale Climate-Crop Yield Relationships and the Impacts of Recent Warming », *Environmental Research Letters*, vol. 2, nº 1, 16 mars 2007.

- National Snow and Ice Data Center ; www.nsidc.org

- Programme des Nations unies pour l'environnement, *Global Outlook for Ice and Snow* ; une synthèse en français est disponible sur Internet ; www.unep.org/geo/geo_ice/

- Joseph Romm, Climate Progress (blog) ; www.climateprogress.org

CHAPITRE 5

- Banque mondiale, *Rising Global Interest in Farmland: Can It Yield Sustainable and Equitable Benefits?*, september 2010.

- GRAIN, *Food Crisis and the Global Land Grab* ; www.farmlandgrab.org

- Organisation des Nations unies pour l'alimentation et l'agriculture, *L'état de l'insécurité alimentaire dans le monde 2010* ; www.fao.org/publications/sofi/fr/

- Joachim von Braun and Ruth Meinzen-Dick, « Land Grabbing by Foreign Investors in Developing Countries », Policy Brief nº 13, International Food Policy Research Institute, avril 2009.

CHAPITRE 6

- Environmental Justice Foundation, *No Place Like Home: Where Next for Climate Refugees?*, 2009.

- Gordon McGranahan et alter, « The Rising Tide: Assessing the Risks of Climate Change and Human Settlements in Low Elevation Coastal Zones », *Environment and Urbanization*, vol. 18, nº 1, avril 2007.

- Koko Warner et alter, *In Search of Shelter: Mapping the Effects of Climate Change on Human Migration and Displacement*, CARE International, 2009.

CHAPITRE 7

- Pauline H. Baker, « Forging a U.S. Policy Toward Fragile States », *Prism*, vol. 1, nº 2, mars 2010.

- Fund for Peace et *Foreign Policy*, « The Failed States Index », *Foreign Policy* ; www.fundforpeace.org

- Political Instability Task Force ; http://globalpolicy.gmu.edu/pitf

- Susan E. Rice et Stewart Patrick, *Index of State Weakness in the Developing World*, Brookings, 2008.

CHAPITRE 8

- Complete Streets Coalition ; www.completestreets.org

- Institute for Transportation and Development Policy ; www.itdp.org

- International Energy Agency, *Energy Technology Perspectives 2010* ; une synthèse en français est disponible sur Internet ; www.iea.org/techno/etp/index.asp

• McKinsey & Co., *Pathways to a Low-Carbon Economy*, 2009 ; www.worldwildlife.org/climate/mckinseyreport.html

• Natalie Mims, Mathias Bell et Stephen Doig, *Assessing the Electric Productivity Gap and the U.S. Efficiency Opportunity*, Rocky Mountain Institute, janvier 2009.

• U.S. Green Building Council [Conseil américain pour l'écoconstruction] ; www.usgbc.org

CHAPITRE 9

• Alison Holm, Leslie Blodgett, Dan Jennejohn et Karl Gawell, *Geothermal Energy International Market Update*, Geothermal Energy Association, mai 2010.

• European Photovoltaic Industry Association, *Global Market Outlook for Photovoltaics Until 2014*, mai 2010.

• Global Wind Energy Council, *Global Wind Report 2010*, 2010.

• Renewable Energy Policy Network for the 21st Century, *Renewables 2010 Global Status Report*, 2010.

• Xi Lu, Michael B. McElroy et Juha Kiviluoma, « Global Potential for Wind-Generated Electricity », *Proceedings of the National Academy of Sciences*, vol. 106, nº 27, 7 juillet 2009.

CHAPITRE 10

• Andrew Balmford et alter, « The Worldwide Costs of Marine Protected Areas », *Proceedings of the National Academy of Sciences*, vol. 101, nº 26, 29 juin 2004.

• Johan Eliasch, *Climate Change: Financing Global Forests*, Her Majesty's Stationery Office, 2008.

• Organisation des Nations unies pour l'alimentation et l'agriculture, *Rapport final sur l'évaluation des ressources forestières mondiales* ; www.fao.org/forestry/fra/fr/

- Programme des Nations unies pour l'environnement, « Campagne pour un milliard d'arbres » ;
  www.unep.org/billiontreecampaign/french/

CHAPITRE 11

- Banque mondiale et Fonds monétaire international, *Rapport de suivi mondial 2010 : les objectifs du Millénaire après la crise*, 2010 ;
  www.banquemondiale.org/publications/pub-landing.htm

- Département des affaires économiques et sociales des Nations unies, *Rapport sur les objectifs du Millénaire pour le développement*, 2010 ;
  www.un.org/fr/millenniumgoals/

- Alex Duncan, Gareth Williams et Juana de Catheu, *Monitoring the Principles for Good International Engagement in Fragile States and Situations*, OCDE, 2010.

- Jeffrey D. Sachs, *Macroeconomics and Health: Investing in Health for Economic Development*, OMS ;
  www.paho.org/English/DPM/SHD/HP/Sachs.pdf

- Susheela Singh et alter, *Adding It Up: The Costs and Benefits of Investing in Family Planning and Maternal and Newborn Health*, Institut Guttmacher et Fonds des Nations unies pour la population, 2009.

- UNESCO, *Rapport mondial de suivi sur l'éducation pour tous : atteindre les marginalisés*, 2010 ; disponible en français sur le site de de l'UNESCO ;
  www.unesco.org/new/fr/unesco/

CHAPITRE 12

- Consultative Group on International Agricultural Research ; www.cgiar.org

- M. Herrero et alter, « Smart Investments in Sustainable Food Production: Revisiting Mixed Crop-Livestock Systems », *Science*, vol. 327, n° 5967, 12 février 2010.

- International Water Management Institute ; www.iwmi.cgiar.org

- National Research Council, *Toward Sustainable Agricultural Systems in the 21st Century*, National Academies Press, 2010.

- Organisation des Nations unies pour l'alimentation et l'agriculture, *Growing Greener Cities*, 2010.

- Organisation des Nations unies pour l'alimentation et l'agriculture, *La situation mondiale des pêches et de l'aquaculture 2010* ; www.fao.org/corp/publications-corp/fr/

- Sandra Postel et Amy Vickers, « Boosting Water Productivity », Worldwatch Institute, *State of the World 2004*, W. W. Norton & Company, 2004.

CHAPITRE 13

- Carbon Tax Center ; www.carbontax.org

- The CNA Corporation, *National Security and the Threat of Climate Change*, 2007 ; www.cna.org/reports/climate.

- International Center for Technology Assessment [Centre international d'évaluation technologique], *The Real Cost of Gasoline: An Analysis of the Hidden External Costs Consumers Pay to Fuel Their Automobiles*, 1998 ; mises à jour dans *Gasoline Cost Externalities*, 2004-2005

- Ted Nace, *Climate Hope*, Coal Swarm, 2010 ;
  www.sourcewatch.org/ index.php?title= CoalSwarm

- Sierra Club, *Stopping the Coal Rush* ;
  www.sierraclub.org/environmentallaw/coal/plantlist.aspx

- U.S. Department of Defense, *Quadrennial Defense Review Report*, février 2010.

- Francis Walton, *Miracle of World War II: How American Industry Made Victory Possible*, 1956.

Comme j'ai déjà eu l'occasion de le dire, s'il faut un village pour élever un enfant, il faut le monde entier pour écrire un livre de cette envergure. Nous nous appuyons sur le travail de milliers de scientifiques et d'équipes de recherches dans de nombreux domaines à travers le monde. Le processus s'achève avec les équipes qui traduisent le livre dans d'autres langues.

Entre les deux, se trouve le plus important, l'équipe de recherche, les relecteurs et le personnel de l'Earth Policy Institute (EPI). L'équipe de recherche est dirigée par Janet Larsen. Janet est également mon alter ego, ma meilleure critique, et le meilleur des interlocuteurs pour échanger sur des idées nouvelles. Dans son travail pour ce livre, l'équipe a passé au peigne fin des milliers de rapports, d'articles et de livres, rassemblant, organisant et analysant l'information.

J. Matthew Roney et Alexandra Giese ont accompli un travail de recherche héroïque en m'alimentant avec un flux constant de données récentes et importantes. Amy Heinzeling a joué un rôle-clé jusqu'à ce qu'elle nous quitte pour ses études doctorales. Les stagiaires Lauren Kubiak et Brigid Fitzgerald Reading ont aidé à la collecte de données, à la vérification d'informations et à la relecture. Je suis profondément reconnaissant à chacun d'entre eux pour leur enthousiasme et leur dévouement sans relâche.

Certains auteurs écrivent, mais pour ma part, je dicte. Mes profonds remerciements vont à Kristina Taylor, qui a transcrit les nombreux brouillons et aussi assuré le travail de réseau social de l'EPI.

Reah Janise Kauffman, notre vice-présidente, assure non seulement la gestion de l'Institut (ce qui me permet ainsi de me concentrer sur les activités de recherche), mais est aussi en charge des relations publiques de l'EPI. Entre autres choses, elle coordonne notre réseau planétaire d'éditeurs, organise les tournées de promotion des livres et travaille avec les médias. L'efficacité et la polyvalence de Reah Janise sont essentielles au succès de l'Institut. Nos vingt-quatre années de collaboration professionnelle témoignent de la valeur qu'elle a à mes yeux.

Millicent Johnson, notre directrice des ventes, dirige non seulement notre département des publications, mais remplit aussi le rôle de chef de bureau et de bibliothécaire. Millicent, qui gère dans la bonne humeur les milliers de bons de commande de livres qui nous parviennent, est très fière de ses délais de réponse qui n'excèdent pas la journée.

De nombreux relecteurs ont contribué à la mise en forme finale du livre. Mes collègues de l'EPI ont relu plusieurs versions et fait des commentaires et suggestions perspicaces. Parmi les relecteurs extérieurs, Doug et Debra Baker ont, avec leur très large culture scientifique allant de la physique à la météorologie, fait des observations détaillées. D'autres relecteurs nous ont aussi fait des retours utiles : Peter Goldmark, qui a été pendant de très nombreuses années l'éditeur de l'*International Herald Tribune* ; Edwin (Toby) Clark, qui a été administrateur adjoint au sein de l'Agence américaine pour la protection de l'environnement ; William Mansfield, membre du conseil d'administration de l'EPI et ancien directeur adjoint du Programme des Nations unies pour l'environnement ; Maureen Kuwano Hinkle et ses 26 années d'expérience passées à travailler sur les problématiques agricoles au sein du Fonds pour la défense de l'environnement et de l'association Audubon ; Frances Moore, ancien chercheur de l'EPI qui poursuit désormais ses études doctorales ; et enfin Jessica Robbins, une ancienne stagiaire.

Mes remerciements vont aussi aux personnes qui nous ont été d'une grande utilité en nous fournissant des informations spécifiques : Upali Amarasinghe, Mathias Bell, Amos Bromhead, Colin J. Campbell, Martha M. Campbell, Jim Carle, Shouhua Chen, Robert W. Corell, Alberto Del Lungo,

Rolf Derpsch, Junko Edahiro, Mark Ellis, David Fridley, Reed Funk, Nathan Glasgow, Monique Hanis, Bill Heenan, Ryde James, Michael Kintner-Meyer, Doug Koplow, Felix Kramer, Kathleen Krust, Rattan Lal, Li Junfeng, Eric Martinot, Heitor Matallo, Hirofumi Muraoka, Margaret Newman, Hassan Partow, John Pucher, Richard Register, William Ryerson, Richard Schimpf, Stefanie Seskin, John E. Sheehy, Swati Singh, Kara Slack, J. Joseph Speidel, Jennifer Taylor, Jeff Tester, Jasna Tomic, Walter Vergara, Martin Vorum, Wang Tao, Liz Westcott, Yao Tandong et Walter Youngquist.

Comme toujours, nous devons beaucoup à notre éditeur, Linda Starke, qui a plus de 30 ans d'expérience internationale dans l'édition de livres et de rapports sur l'environnement. Elle nous a guidés d'une main sûre, non seulement pour l'édition de ce livre mais aussi pour celle de tous mes autres ouvrages durant cette période.

Le livre a vu le jour en un temps record grâce aux efforts consciencieux d'Elizabeth Doherty, qui a préparé les épreuves dans un délai très court.

Nous disposons du soutien d'un réseau de traducteurs et d'éditeurs spécialisés représentant 23 langues, dont les plus pratiquées dans le monde. Nos livres sont disponibles non seulement en anglais, mais aussi en allemand, en arabe, en bulgare, en chinois, en coréen, en espagnol, en farsi, en français, en hindou, en hongrois, en italien, en japonais, en marathi, en norvégien, en polonais, en portugais, en roumain, en russe, en slovène, en suédois, en thaï et en turc. Nous bénéficions du concours de trois éditeurs anglais (États-Unis/Canada, Royaume-Uni/Commonwealth et Inde/Asie du Sud), de deux en langue espagnole (Espagne et Amérique latine), et de deux en chinois (Chine et Taiwan).

Ces traductions sont souvent le résultat du travail de personnalités engagées dans les questions environnementales. En Iran, Hamid Taravati et sa femme, Farzaneh Bahar, sont tous deux médecins et dirigent une ONG dans le domaine de l'environnement. Ils ont obtenu grâce à leur traduction de *Plan B* un prix littéraire national. Les ministères de l'Environnement et de l'Agriculture achètent régulièrement des exemplaires en grandes quantités pour les distribuer.

En Chine, Lin Zixin, qui assure la publication de mes livres en chinois depuis plus de 20 ans, a recruté une équipe remarquable – le WWF chinois et le Shanghai Scientific & Technological Education Publishing House – pour *Plan B 4.0.* Le Premier ministre, Wen Jiabao, et le ministre adjoint de la Protection de l'Environnement, Pan Yue, ont tous deux cité *Plan B 2.0* au cours de déclarations publiques et dans des articles. L'édition chinoise de *Plan B* a reçu en 2005 un prix littéraire très prisé de la Bibliothèque nationale de Chine.

Au Japon, Soki Oda, qui fut l'initiateur il y a 20 ans de Worldwatch Japan, dirige notre activité éditoriale et organise là-bas d'excellentes campagnes de promotion pour nos livres, via des interviews auprès des médias et des événements publics. C'est un travailleur infatigable. Les frères Toshishige et Masatsugu Kurosawa distribuent des milliers d'exemplaires aux leaders d'opinion japonais.

Gianfranco Bologna, avec qui j'entretiens une relation merveilleuse depuis plus de 25 ans, gère la publication de nos livres en italien. En tant que directeur du World Wildlife Fund en Italie, il occupe une situation privilégiée pour s'acquitter de cette tâche. Il est aidé, pour le travail de traduction, par une équipe dirigée par Dario Tamburrano, membre du groupe des « Amis de Beppe Grillo de Rome ».

En Roumanie, nous sommes aidés par l'ancien président Ion Iliescu, qui a commencé à publier nos livres il y a 23 ans quand il dirigeait la maison d'édition Editura Technica. Il s'occupe aujourd'hui personnellement du lancement de nos livres dans ce pays, avec l'aide efficace de Roman Chirila, l'actuelle éditrice de Editura Technica.

En Turquie, TEMA, la principale ONG dans le domaine de l'environnement, spécialement active dans la reforestation du pays, publie mes livres depuis de nombreuses années. Suivant l'exemple de Ted Turner[1], ils ont distribué 4 250 exemplaires du *Plan B 3.0* aux décideurs.

En Corée du Sud, Yul Choi, fondateur de la Korean Federation for Environmental Movement (KFEM), maintenant à la tête de la fondation Korea Green, a publié mes livres et supervisé leur lancement par l'intermédiaire de la maison d'édition Doyosae.

1 Propriétaire de CNN et capitaine de « l'équipe du Plan B » qui assure la promotion aux États-Unis.

Les personnes les plus remarquables sont celles qui sortent spontanément du rang et s'engagent dans la publication et la promotion de nos livres. Lars et Doris Almström ont par exemple traduit deux versions successives du *Plan B*, et réussi à les faire publier en suédois. Ils travaillent aujourd'hui activement à la mise en œuvre du Plan B en Suède.

En France, Pierre-Yves Longaretti et Philippe Vieille ont répondu à l'appel à l'action du *Plan B 2.0*. Ils n'ont pas seulement traduit le livre, mais aussi réussi à impliquer un éditeur de rang international, Calmann-Lévy. Ils ont de plus créé une association, Alternative planétaire et un site Internet pour faire la promotion du Plan B en France (www.alternativeplanetaire.org).

Bernard Hamm, professeur à l'université de Trier, s'est arrangé pour faire publier *Plan B 2.0* par l'éditeur allemand Kai Homilius Verlag. Cette maison a depuis publié *Plan B 3.0* et *Plan B 4.0.*

Les éditions espagnoles de *Plan B 2.0*, *Plan B 3.0* et *Plan B 4.0* en Amérique latine ont été réalisées à l'initiative de Gilberto Rincon du Centre d'études pour un développement durable en Colombie.

L'édition hongroise de *Plan B 3.0* et *Plan B 4.0*, disponible sous forme électronique sur le site Internet de l'EPI, est le fruit des efforts constants de David Biro, instituteur en Hongrie.

Les personnes qui œuvrent à promouvoir le Plan B (voir la rubrique « People in Action » sur le site de l'EPI) sont de plus en plus nombreuses, et leur impact de plus en plus important.

Nous sommes aussi redevables envers nos donateurs de leur soutien, sans lequel ce livre n'existerait pas. Parmi ceux-ci figurent la Foundation for the Carolinas, le Fonds des Nations unies pour la population, les fondations Farview, Flora L. Thornton, Shenandoah, Summit, et Wallace Genetic, et enfin le fonds de charité du site de petites annonces Craigslist.

L'Earth Policy Institute est aussi soutenu par des donateurs individuels. Je voudrais en particulier remercier pour leurs importantes contributions Ray Anderson, Doug et Debra Baker, Tiziano Ciampetti, Junko Edahiro, Judy Gradwohl, Maureen Kuwano Hinkle, Betty Wold Johnson, Sarah Lang, Elena Marszalek, John Robbins, Peter Seidel, Emily Troemel, le Del Mar Global Trust, Jeremy Waletzky, et beaucoup d'autres.

Mes remerciements vont enfin à l'équipe de W.W. Norton & Company, qui a assuré l'édition américaine de ce livre. C'est un grand plaisir pour nous de travailler avec une équipe de gens si talentueux, et d'être édité par W.W. Norton depuis plus de trente ans.

Enfin, merci à vous, nos lecteurs. Le succès de cet ouvrage dépend en fin de compte de vous, et de votre soutien dans la mise en œuvre du Plan B.

Lester R. Brown

En 2007, lors de la parution de *Plan B (Pour un pacte écologique mondial)* coédité par Souffle court éditions et Calmann-Lévy, de nombreux partenaires français avaient répondu présents à l'appel à la mobilisation de Lester Brown. Nicolas Hulot et sa Fondation pour la Nature et l'Homme, le Centre des jeunes dirigeants (CJD), l'École supérieure d'agrodéveloppement international (Istom) et l'association Alternative planétaire – qui a traduit en langue française *Plan B* et le présent ouvrage. Tous avaient alors initié un certain nombre de démarches destinées à relayer, amplifier et transformer en actions les alertes émises par Lester Brown.

En 2011, les alertes, pour nécessaires qu'elles soient, ne suffisent plus. Le monde est confronté à une crise financière, économique et sociale sans précédent, qui tend à éclipser l'urgence environnementale. Le gouvernement français a abandonné le projet de taxe carbone, élément central du Pacte écologique de Nicolas Hulot – signé par cinq des douze candidats aux élections présidentielles de 2007, dont Nicolas Sarkozy. La taxe carbone constitue pourtant un maillon essentiel du transfert de la fiscalité du travail vers une fiscalité écologique, prôné non seulement par Lester Brown mais par de nombreux économistes à travers le monde. Ce transfert est l'un des éléments-clés sur le plan économique des propositions faites par Lester Brown. Le traitement de la taxe carbone dans le débat public français ayant passablement brouillé le message à ce sujet, tant sur son objectif que sur les modalités de son application, il nous paraît important d'y revenir ici.

Deux sondages réalisés en septembre 2009 ont souligné l'hostilité de l'opinion publique française à ce dispositif : un sondage CSA révèle que 74 % des Français y sont défavorables, dont 56 % « tout à fait » défavorables. Pour justifier cette opposition, 59 % affirment que cette taxe serait « injuste » car elle pénaliserait les personnes contraintes d'utiliser leur voiture tous les jours. Un autre sondage TNS Sofres/Logica montre l'hostilité des deux tiers des Français, 73 % la jugeant même inefficace pour réduire la consommation d'énergie. Cette hostilité traverse la totalité du spectre politique : la taxe carbone recueille 67 % de taux d'opposition parmi les sympathisants de gauche, 63 % parmi les sympathisants de droite, 69 % parmi les sympathisants du centre, et même 60 % parmi les écologistes. Face à une telle impopularité, il s'est trouvé bien peu d'acteurs pour expliquer et défendre une mesure qui faisait initialement consensus. Même si sa formulation définitive avait conduit à un certain « détricotage » lors du débat parlementaire, elle constituait une vraie rupture symbolique et un premier pas – qui aurait pu mener ensuite à une amélioration progressive de son périmètre et de son montant.

Rappelons les différentes étapes qui ont émaillé la courte existence de la « Contribution climat-énergie », dont la mise à l'étude faisait partie des engagements pris par Nicolas Sarkozy lors du Grenelle de l'Environnement.

Le 28 juillet 2009, une conférence d'experts, présidée par l'ancien Premier ministre Michel Rocard, remet au gouvernement un rapport préconisant une taxation des émissions de CO_2 à hauteur de 32 euros la tonne en 2010 – pour atteindre 100 euros la tonne en 2030. Le président de la République valide le dispositif, mais fixe le prix à 17 euros par tonne de CO_2 émise – correspondant, selon lui, au prix du marché. Cela doit conduire à une taxe de près de 4,5 centimes par litre de fioul et de gasoil, de 4 centimes par litre d'essence et d'environ 0,4 centime par KWh de gaz. Il est au passage instructif de comparer ce montant au niveau de la taxe intérieure sur les produits pétroliers (TIPP), qui est d'environ 60 centimes par litre d'essence sans plomb; cette comparaison donne une idée du niveau de pression très faible que cette taxe carbone initiale pouvait représenter – au moins en ce qui concerne l'utilisation de carburant automobile.

Quoi qu'il en soit – et c'est un point clé en termes de justice sociale – cette évolution devait se faire à charge fiscale constante : la contribution aurait été introduite de manière progressive, et accompagnée d'une compensation pour tous les ménages français. Ce sont environ trois milliards d'euros financés par ce prélèvement qui auraient été reversés aux ménages sous forme de réduction d'impôt forfaitaire, ou de « chèque-vert » pour les foyers non imposables. En fait, pour les plus défavorisés, il aurait probablement fallu aller plus loin et prévoir des mesures spécifiques d'accompagnement pour éviter d'accroître les inégalités face aux besoins en chauffage et en transport, notamment lors des augmentations ultérieures du montant de cette contribution. Mais au moins, un premier pas avait été fait dans ce sens. Les entreprises, quant à elles, se sont vues promettre la suppression de la taxe professionnelle sur les investissements dès 2010, à titre de compensation. Mais, coup de théâtre, deux jours avant son entrée en vigueur prévue le 1er janvier 2010, la Contribution climat-énergie est déclarée non conforme par le Conseil constitutionnel. Raison avancée : elle pesait surtout sur les ménages, exemptant trop de secteurs. Le gouvernement annonce tout d'abord qu'elle sera modifiée et soumise à nouveau au vote des parlementaires dès le mois de février, puis reporte ce débat. La taxe carbone est finalement abandonnée peu de temps après les élections régionales de mars 2010, suite à la pression exercée par une majorité d'élus. Le chef de l'État conditionne alors sa mise en place en France à la création d'un tel mécanisme au niveau européen, perspective qui pour l'instant reste lointaine.

Cette histoire apporte la preuve, s'il en était besoin, que le consensus d'experts et le volontarisme politique ne suffisent pas à impulser une rupture écologique dans les modes de vie et la gestion de la *res publica*, et qu'un soutien fort d'une partie de la société est indispensable à cette rupture.

Ce livre de Lester Brown a pour ambition de provoquer ce type de mouvement dans l'opinion publique. Un basculement de tout un peuple peut intervenir à tout moment et changer la face du monde ; on l'a vu de façon spectaculaire avec la chute du mur de Berlin. C'est ce basculement-là que Lester Brown souhaite provoquer, pour éviter un autre basculement qui, lui, conduirait à l'effondrement. *Basculement* ne constitue cependant pas un programme politique au sens habituel du terme. Certaines des mesures proposées, bien que ne reposant que sur des solutions effectivement disponibles, ne pourront être déclinées et appliquées suffisamment rapidement qu'à condition d'un certain niveau de « gouvernance mondiale », qu'il reste à mettre en place. Mais d'autres évolutions, les plus importantes peut-être, relèvent de la mise en mouvement des citoyens – comme l'illustre bien le moratoire sur la construction des centrales à charbon aux États-Unis, obtenu sous l'effet d'une pression constante et acharnée du public. Comme le répète inlassablement Lester Brown aux quatre coins de la planète, le programme de *Basculement* – un Plan B revu en raison de l'évolution accélérée de la dégradation environnementale – ne se préoccupe pas du politiquement correct, mais définit les contours du strict minimum pour éviter un effondrement économique et environnemental mondial.

Achevé au cours du quatrième trimestre de 2010, *Basculement* anticipe les événements qui se déroulent depuis le printemps 2011 au sein du monde arabe et au-delà. Les observateurs s'accordent à penser que la flambée des prix alimentaires a joué un rôle majeur dans le déclenchement de révoltes qui ont conduit à la démocratisation d'un certain nombre de régimes. Au moment où le monde semble s'emballer, souhaitons que le travail de Lester Brown, diffusé dans trente pays à travers le monde, aide nos dirigeants à s'orienter dans ce futur incertain et à prendre, avec l'appui des populations, les mesures qui remettront le développement humain sur une trajectoire durable.

Bruno Lhoste, directeur de la collection Initial(e)s DD
Pierre-Yves Longaretti, Alternative planétaire
Philippe Vieille, Souffle court éditions et Alternative planétaire

En France, différents acteurs se mobilisent depuis plusieurs années pour répondre à l'appel lancé par Lester Brown. Les coéditeurs tiennent ici à mentionner :

- L'Istom (École supérieure d'agrodéveloppement international), créée en 1908, a formé des générations d'agroéconomistes et d'ingénieurs en agro-développement qui exercent aujourd'hui à travers le monde – principalement en Afrique, en Asie et en Amérique Latine. Sa vocation est de « préparer ses futurs ingénieurs à la conception, la mise en œuvre et la gestion de projets de développement agroéconomiques dans les pays en développement ». Depuis ses premiers échanges avec Lester Brown en 2007, l'Istom a intensifié sa réflexion sur l'intégration du développement durable dans son cursus ingénieur. Elle mise sur la transdisciplinarité des enseignements, nécessaire à la compréhension de la mutation systémique que connaissent actuellement nos sociétés. Naturellement tournée vers l'international et l'enjeu global de l'alimentation et de l'agriculture, l'Istom participe à la diffusion du message de Lester Brown auprès de ses étudiants et de son important réseau d'anciens élèves en France et à l'étranger.

• www.istom.net

- Le Centre des jeunes dirigeants (CJD)
En novembre 2007, le CJD avait accueilli Lester Brown à l'occasion de la publication de *Plan B*. Ce mouvement de jeunes dirigeants, « représentatifs du tissu économique et qui défendent l'idée d'un libéralisme responsable », s'est depuis lancé dans une démarche volontariste baptisée « Défi écologique », afin d'inciter les entrepreneurs à intégrer la dimension environnementale dans leurs décisions stratégiques. En même temps que *Basculement* est ainsi publié un livre de témoignages d'entrepreneurs engagés, intitulé *Rebond*. Préfacé par Hubert Reeves, il illustre de façon stimulante que le monde de l'entreprise a su répondre à l'appel de Lester Brown, et que chacun peut agir, à sa mesure.

• www.basculement-rebond.org

Direction de collection
Bruno Lhoste

Conception graphique
Stéphanie Boulay

Collaboration rédactionnelle
Anne-Laure Blusseau, Hélène Fitamant et Pierre-Yves Longaretti

Édition
Souffle court éditions : Philippe Vieille
Rue de l'échiquier : Anne Fitamant Peter et Thomas Bout

Le papier de cet ouvrage – Offset Coral Book 90 g – est composé
de fibres naturelles, renouvelables, recyclables et fabriquées à partir
de bois provenant de forêts gérées durablement.

N° d'impression : 109135
Imprimé en France par la Nouvelle Imprimerie Laballery